日本旅游文化读本

山口百々男 著
李晓东 译

商务印书馆
The Commercial Press

2018年·北京

图书在版编目(CIP)数据

日本旅游文化读本／(日)山口百々男著；李晓东译．—北京：商务印书馆，2018
ISBN 978-7-100-16147-3

Ⅰ.①日… Ⅱ.①山…②李… Ⅲ.①旅游文化—介绍—日本 Ⅳ.①F593.13

中国版本图书馆 CIP 数据核字(2018)第 109534 号

EIGODE TSUTAERU NIPPON NO BUNKA KANKOU SEKAIISAN
Copyright © 2015 Momoo Yamaguchi
Chinese translation rights in simplified characters arranged with
SANSHUSHA PUBLISHING CO., LTD. through Japan UNI Agency, Inc., Tokyo

权利保留，侵权必究。

日本旅游文化读本
〔日〕山口百々男　著
李晓东　译

商　务　印　书　馆　出　版
（北京王府井大街36号　邮政编码100710）
商　务　印　书　馆　发　行
北京中科印刷有限公司印刷
ISBN 978-7-100-16147-3

2018年12月第1版　　开本 880×1230　1/32
2018年12月北京第1次印刷　　印张 10¼
定价：32.00元

目 录

第1部 日本的文化·日本的旅游   1

第1章 昔日的江户城·今日的皇宫 ———————————— 3
示例对话和相关知识 皇宫（江户城）→天皇→皇室（雅乐·新年诗会）→一般朝贺

Q&A 1 国歌（君之代）　　Q&A 2 国名（日本）　　Q&A 3 国旗（太阳旗）

第2章 日本人心灵的绿洲·明治神宫 ———————————— 13
示例对话和相关知识 明治神宫（明治天皇·昭宪皇太后）→玉砂利·神签→境内（内苑·外苑·神乐殿）

Q&A 4 明治神宫的魂灵　　Q&A 5 明治神宫的鸟居　　Q&A 6 明治神宫的建筑

第3章 浓郁下町风情的庶民街区·浅草 ———————————— 23
示例对话和相关知识 浅草寺→雷门→观音→神轿→三社祭→东京天空树

Q&A 7 浅草寺和浅草观音　　Q&A 8 浅草神社和三社权现

Q&A 9 神轿及其意义　　Q&A 10 东京天空树

第4章 变化中的年轻人街区·秋叶原、原宿和台场 ———————————— 33
示例对话和相关知识 秋叶原→动漫人物手办和角色扮演→原宿→台场

Q&A 11 秋叶原　　Q&A 12 原宿　　Q&A13 台场

第5章 散发美男子气息的大佛之都·镰仓 ———————————— 43
示例对话和相关知识 镰仓大佛（高德院）→长谷寺→鹤冈八幡宫→江之岛→钱洗弁财天

Q&A 14 禅·坐禅　　Q&A 15 阿弥陀佛　　Q&A 16 流镝马

第6章 异域风情的城市·横滨 ———————————— 53
示例对话和相关知识 山下公园→海洋塔→横滨湾大桥→中华街→港之见丘公园→外国人墓地

Q&A 17 山下公园的起源　　Q&A 18 横滨港　　Q&A 19 横滨港未来 21

第7章 日本首屈一指的观光胜地富士·箱根·伊豆 ———————————— 61
示例对话和相关知识 富士山→热海→箱根

Q&A 20 富士山的起源　　Q&A 21 箱根关所的由来　　Q&A 22 大名列

第8章　不到日光休言好 —————————————— 69
示例对话和相关知识　东照宫（阳明门）→华严瀑布（日本三大瀑布）→伊吕波坡道

Q&A 23 东照宫的三雕刻　　Q&A 24 东照宫的三猿　　Q&A 25 千人武士队列

第9章　合掌造村落·白川乡和五箇山 —————————— 79
示例对话和相关知识　合掌造村落→鸬鹚捕鱼→高山祭

Q&A 26 合掌造的目的　　Q&A 27 鸬鹚捕鱼　　Q&A 28 高山祭

第10章　整座城即历史博物馆·京都 —————————— 89
示例对话和相关知识　舞姬和艺伎→西阵织（纹织·缀织）→祇园祭（花车巡游）

Q&A 29 舞姬　　Q&A 30 西阵织　　Q&A 31 祇园祭

第11章　世界旅游文化城市·京都 ——————————— 99
示例对话和相关知识　时代祭→金阁寺→龙安寺→清水寺

Q&A 32 五山送火　　Q&A 33 除夕夜的钟声　　Q&A 34 日本庭园

第12章　日本人心灵的故乡·奈良 ——————————— 109
示例对话和相关知识　奈良的大佛→法隆寺→法起寺→东大寺→兴福寺→唐招提寺→药师寺→元兴寺→春日大社→春日山原始林→平成宫迹

Q&A 35 佛教　　Q&A 36 五重塔　　Q&A 37 精进料理

第13章　日本人信仰的起点·伊势神宫和珍珠里·伊势志摩 ——— 121
示例对话和相关知识　伊势神宫→志摩半岛（珍珠养殖）

Q&A 38 神道　　Q&A 39 三种神器　　Q&A 40 珍珠养殖

第14章　美食之城·大阪 ——————————————— 131
示例对话和相关知识　大阪城→通天阁→文乐

Q&A 41 大阪城　　Q&A 42 文乐　　Q&A 43 天神祭（日本三大祭）

第15章　日本首个世界遗产·姬路城 —————————— 139
示例对话和相关知识　姬路城→夜晚的六甲山（百万美元的夜景）→有马温泉（日本三大著名温泉）

Q&A 44 忠臣藏　　Q&A 45 武士道　　Q&A 46 剑道

第16章　原子弹爆炸受害者长眠之地·广岛和日本三大景之一·宫岛 —— 147
示例对话和相关知识　原子弹爆炸圆顶屋→原子弹爆炸死难者纪念碑→宫岛→严岛神社

Q&A 47 放河灯　　Q&A 48 鸟居

第17章 散发日本传统气息的小京都·金泽 —————————— 155
示例对话和相关知识　兼六园➡武家宅邸➡长町友禅馆➡忍者寺
Q&A 49 加贺友禅　　　Q&A 50 日本三大名园　　　Q&A 51 九谷烧

第18章 面朝日本海的历史观光胜地·山阴地区 —————————— 165
示例对话和相关知识　鸟取县（沙丘）➡岛根县（出云大社）➡山口县（秋吉台·秋芳洞）
Q&A 52 歌舞伎的起源　　　Q&A 53 秋芳洞　　　Q&A 54 锦带桥

第19章 热情奔放的阿波舞之城·德岛 —————————— 173
示例对话和相关知识　阿波舞➡鸣门海峡的涡潮➡大鸣门桥➡明石海峡大桥
Q&A 55 阿波舞　　　Q&A 56 鸣门涡潮　　　Q&A 57 四国灵场八十八所

第20章 阳光和绿色的王国·宫崎 —————————— 183
示例对话和相关知识　宫崎神宫➡神乐➡高千穗峰
Q&A 58 神乐　　　Q&A 59 天孙降临

第21章 东西方文化交汇的城市·长崎 —————————— 191
示例对话和相关知识　天主浦上教堂➡大浦天主教堂➡日本26圣人殉教地➡岛原半岛和岛原城➡平户岛➡五岛列岛➡天草诸岛
Q&A 60 和平祈祷像　　　Q&A 61 日本26圣人殉教地

第22章 美丽珊瑚礁环绕之岛·冲绳 —————————— 201
示例对话和相关知识　琉球王国（首里城）➡冲绳战迹国定公园➡姬百合之塔➡玉泉洞
Q&A 62 守礼门　　　Q&A 63 姬百合之塔

第23章 日本三大景之冠·松岛 —————————— 211
示例对话和相关知识　松岛➡五大堂➡瑞严寺➡仙台城迹
Q&A 64 松岛海岸　　　Q&A 65 瑞严寺

第24章 让北国之夏沸腾起来的东北三大祭 —————————— 221
Q&A 66 睡魔祭　　　Q&A 67 竿灯祭　　　Q&A 68 仙台七夕祭

第25章 森林和湖泊之世外桃源·北海道 —————————— 233
示例对话和相关知识　摩周湖➡阿寒湖➡屈斜路湖➡阿伊努部落
Q&A 69 阿伊努民族　　　Q&A 70 鹤的象征

第2部　日本的世界遗产　文化遗产·自然遗产

文化遗产

【1】法隆寺地区的佛教建筑 —— 244
　　Q&A 71 法隆寺　　Q&A 72 西院和东院　　Q&A 73 法起寺

【2】姬路城 —— 252
　　Q&A 74 姬路城

【3】古都京都的文化遗产 —— 255
　　Q&A 75 京都的寺院群

【4】白川乡·五箇山的合掌造村落 —— 259
　　Q&A 76 合掌造

【5】广岛和平纪念碑（原子弹爆炸圆顶屋）—— 262
　　Q&A 77 原子弹爆炸圆顶屋

【6】严岛神社 —— 265
　　Q&A 78 严岛神社和弥山

【7】古都奈良的文化遗产 —— 268
　　Q&A 79 奈良的寺院群　　Q&A 80 春日大社和春日山原始森林

【8】日光的神社和寺院 —— 272
　　Q&A 81 东照宫　　Q&A 82 二荒山神社　　Q&A 83 日光轮王寺

【9】琉球王国的城堡及相关遗产群 —— 276
　　Q&A 84 首里城　　Q&A 85 玉陵

【10】纪伊山地的灵场和参拜道路 —— 280
　　Q&A 86 纪伊山地的灵场　　Q&A 87 熊野古道　　Q&A 88 高野山

【11】石见银山遗迹及其文化景观 —— 285
　　Q&A 89 石见银山

【12】平泉——代表佛教净土的建筑·庭园以及考古学遗迹群 —— 289
　　Q&A 90 平泉　　Q&A 91 毛越寺的庭园　　Q&A 92 金色堂

【13】 富士山——信仰的对象和艺术之源 ——————————— 294
　　　　Q&A 93 富士山　　　Q&A 94 富士五湖　　　Q&A 95 忍野八海

【14】 富冈制丝厂和丝绸产业遗产群 ——————————— 301
　　　　Q&A 96 富冈制丝厂

自然遗产

【15】 屋久岛 ——————————————————————— 304
　　　　Q&A 97 屋久岛

【16】 白神山地 ——————————————————————— 308
　　　　Q&A 98 白神山地

【17】 知床 ———————————————————————— 312
　　　　Q&A 99 知床

【18】 小笠原群岛 ————————————————————— 315
　　　　Q&A 100 小笠原群岛

第 1 部

日本的文化・日本的旅游

第1章
昔の江戸城・今の皇居
昔日的江户城・今日的皇宫

サンプルダイアローグ / 示例对话

ガイド：東京に着くと観光客は必ずといってよいほど皇居を訪れます。
観光客：皇居は、都心のひときわ目立つランドマークになっているのですか。
ガイド：はい、そうです。約400年前、皇居は**江戸城**（徳川幕府の本拠地）の一部でした。
観光客："Edo"とはどのような意味ですか。
ガイド：東京の古称です。徳川幕府廃止後の1869年、天皇が当時日本の首都であった京都から江戸にお移りになりました。
観光客：なるほど。ところで、あの橋は皇居への正門ですか。
ガイド：はい、そうです。「**二重橋**」と言います。背後には、今も江戸城の櫓(やぐら)が残っています。
観光客：今は、どなたが皇居にお住まいですか。
ガイド：現在は、天皇・皇后両陛下がお住まいです。1869年以来、**皇居**は皇族の正式な居住地となっています。
観光客：なるほど。天皇陛下は現人神(あらひとがみ)（★キーワード参照）として崇拝されていたらしいですね。
ガイド：戦前まではその通りでしたが、現在はすっかり変わっています。
観光客：今でも、大勢の日本人が天皇陛下に深い敬意を示しているように思いますが。
ガイド：そのとおりです。天皇陛下は国の象徴として尊敬されているのです。例えば、英国の国王や王妃と同じような身分と捉えられています。
観光客：現在の天皇はどなたですか。
ガイド：125代目の明仁天皇です。皇族は約1500年もの間君臨してきました。
観光客：ずいぶん長いですね。
ガイド：はい。年に2回、1月2日（新年）と12月23日（天皇誕生日）には、皇居が一般に公開されます。
観光客：皇室の方々がバルコニーに姿をお見せになって、国民の皆さんから**お祝いの挨拶（一般参賀）**を受けられるのですね。
ガイド：そのとおりです。

导游：可以说，游客们到了东京后，是一定要参观皇宫的。
游客：皇宫已经成为东京市中心格外显眼的地标了吗？
导游：是的。大约400年前，皇宫曾经是江户城（德川幕府的大本营）的一部分。
游客："江户"是什么意思？
导游：江户是东京的旧称。1869年德川幕府倒台后，天皇从当时的首都京都迁到了江户。

4

游客：原来如此。那么，那个桥是通往皇宫的正门吗？
导游：是的。叫作"二重桥"。桥后面至今仍保留着江户城的瞭望台。
游客：现在谁住在皇宫里呢？
导游：天皇和皇后陛下住在里面。1869年以后，皇宫就是皇室的正式官邸。
游客：哦！似乎天皇此前一直作为现世人神被崇拜的。
导游：二战结束前是这样的，但是现在完全改变了。
游客：即使现在，好像还有很多日本人对天皇怀有深深的敬意。
导游：确实如此。天皇陛下作为国家的象征一直备受尊敬。像英国的国王和王妃一样拥有相同的地位。
游客：现在的天皇是哪一位？
导游：第125代明仁天皇。皇室已经延续了大约1500年之久。
游客：历史真是悠久啊！
导游：是的。在每年的1月2日（新年）和12月23日（天皇诞辰），皇宫向公众开放两次。
游客：届时皇室成员将现身楼厅露台，接受民众的祝福吧。
导游：是的。

アテンドの知識 / 相关知识

　日本を訪れる外国人だけでなく、地方から上京する日本人も、必ずと言ってよいほど足を向ける観光名所に「皇居」があり、また洋の東西を問わず関心の深い「皇室」があります。

　東日本の表玄関・東京駅から丸の内ビル街を通り抜けると、皇居前広場（the Imperial Palace Plaza [Square]）に出ます。皇居（the Imperial Palace）は、昔の江戸城（Edo Castle）です。1457年に室町時代後期の武将・大田道灌（1432-1486）が築き、1590年には徳川家康（1452-1616）の居城（江戸城）となりました。1603年に徳川家康が徳川幕府（the Tokugawa shogunate）を開くと、政治の中心として本格的に町づくりが進められ、今日の東京の原型（the model for Tokyo）が生まれました。明治維新（the Meiji Restoration）で徳川幕府が倒れると、1868年（明治元年）に「江戸」は「東京」と改称されました。皇居も京都から江戸城に移り、現在は天皇（the Emperor）の公的な居住地（the official residence）で、国賓を迎える宴会を催す豊明殿（the *Homeiden* State Banquet Hall for entertaining state guests）などがあります。

　不仅是外国人，就连日本国内各地游客必定要去的胜地就包括"皇宫"和在世界上受到高度关注的"皇室"。

从日本东大门——东京站出发，穿过丸之内大厦街区就是皇宫前广场。皇宫即曾经的江户城，1457 年由室町时代后期的武将大田道灌（1432-1486）修建，1590 年成为德川家康（1452-1616）的居城（江户城）。1603 年，德川家康开创了德川幕府，江户作为当时的政治中心开始了正式的都城建设，形成了今日东京的雏形。1868 年明治维新结束了幕府时代，"江户"改名为"东京"。皇宫也从京都迁至江户，现在成为了天皇的正式官邸，里面有举办迎接国宾宴会的丰明殿等。

皇室 / 皇室

　　皇室(the Imperial Household)は天皇を中心とするその一族のことで、「皇族」(the Imperial Family) とも呼ばれています。現在の天皇は、紀元前 660 年（皇紀元年）に即位（enthronement）された初代神武天皇（the first Emperor Jimmu）から数えた直系（a direct line of descent）で 125 代目の天皇に当たります。明治時代（the Meiji era）には、政治権力と軍事力を持っていましたが、第二次世界大戦（the Second World War; World War II）の敗戦後は、政務には直接関与せず、「国の象徴」(a symbol of the nation) となりました。皇室に関する公的な執務は、宮内庁（the Imperial Household Agency）が行っています。

　　皇室では日本の古来の伝統文化、例えば、雅楽、歌会始、蹴鞠、また古式馬術などが多数行われます。

　　皇室指以天皇为中心的一个家族，也称为"皇族"。从公元前 660 年继位的第一代神武天皇算起，现任天皇是直系第 125 代天皇。在明治时期，天皇拥有政治权力和军事权力，但在第二次世界大战战败后，天皇成为了"国家的象征"不再直接干预政务。皇室相关的公务由宫内厅负责。

　　皇室会举办雅乐、新年诗会、蹴鞠，还有古典马术等多种日本传统文化活动。

雅楽 / 雅乐

　　雅楽（Gagaku; ancient court music and dance native to Japan in the Heian period; ceremonial music and dance of the Imperial Court of Japan today）は、5 世紀頃、仏教文化（Buddhist culture）の伝来と前後して、中国や朝鮮半島（the Korean Peninsula）から古代アジア大陸諸国の音楽と舞が伝えられたことに始まります。これらが日本の風土と融合して新たに完成したのが雅楽で、皇室の保護を受けながら伝承されてきました。演奏形式は、楽器を演奏する管弦、舞踊をする舞楽（Bugaku; Japanese traditional court dance with music）、声楽を主とする歌謡（a Japanese song or ballad）とに区別されます。雅楽は宮中の儀、春・秋の園遊会（a garden party）などで演奏され、さらには海外公演も行われています。宮内庁

楽部が演奏する雅楽は、国の重要無形文化財（Important Intangible Cultural Property [Asset]）に指定されており、また2009年にはユネスコ無形文化遺産（UNESCO Intangible Cultural Heritage）に登録されました。

雅乐，始于古代亚洲大陆诸国的音乐和舞蹈在5世纪左右和佛教文化经中国和朝鲜半岛相继传入日本。这些音乐、舞蹈和日本风土相融合产生了雅乐，并且在皇室的保护下得以传承。雅乐的演奏形式分为演奏乐器的管弦、舞蹈的舞乐和以声乐为主的歌谣。在宫中仪式、春秋游园会等活动中会演奏雅乐，在海外也有公演活动。宫内厅乐部演奏的雅乐被认定为国家重要的非物质文化遗产，并于2009年入选联合国教科文组织的非物质文化遗产名录。

歌会始 / 新年诗会

歌会始（New Year's Poetry Reading Party held at the Imperial Court）では、宮中の新年の祝賀（imperial cerebration of the New Year）として短歌（a tanka; 31-syllable Japanese poem）が詠まれます。この伝統は平安時代に始まり、室町時代・江戸時代には薄れたものの、明治時代以降には恒例行事（customary [time-honored] event）となりました。以降連綿と続けられ、今では一般市民も参加できるようになりました。長い歴史を有する宮中の年中行事である歌会始めは、現在では世界に類をみない国民参加の文化行事であり、皇室と国民の心を親しく結びつけています。

在新年诗会中，人们会咏唱短歌作为宫中的新年祝贺。该传统始于平安时代，衰落于室町时代和江户时代，到了明治时代以后，成为了一种惯例得以延续。如今，普通市民也可以参与其中。新年诗会作为拥有悠久历史的宫中新年活动，将皇室和国民的心紧密地连结在一起。现在已然成为世界上绝无仅有的国民文化活动。

蹴鞠 / 蹴鞠

蹴鞠（a komari; an ancient Japanese imperial kick-ball game played by court nobles）は、大和朝廷（the Yamato Imperial Court）時代に、中国から伝来し、奈良時代の公家（court nobles）、鎌倉時代の武家（high-ranking feudal lords）階級の間で発展しました。現在では有志による保存会が結成されています。

蹴鞠，于大和时代从中国传入日本，历经奈良时代的公家和镰仓时代的武家阶层得以发展。现在，有识之士组成了保护协会。

一般参賀 / 一般参贺

戦後の1948年以降、皇室は公開されるようになり、一般参賀（congratulatory greetings to the Imperial Family from well-wishers）が行われるようになりました。

この日、参賀者は天皇の長寿（longevity）と皇族方の幸福（happiness）をお祈りします。

若いときに、アメリカの平和主義者エリザベス・ヴァイニング（a pacifist, Elizabeth Gray Vining）夫人の個人教師から「人間の平等性」（equality of human beings）を学ばれた今上天皇は、保守的な宮内庁に様々な新風を吹き込まれました。天皇は常に一般市民と共にありたいという考えのもと、ご自分の伴侶（美智子妃殿下）を一般市民から選ばれたのです。さらに、子どもの幼い頃は両親から隔離されて養育を受けるという皇室の慣例（the imperial custom）に終止符を打ち、ご夫妻自身の手でご子息を養育されました。

战后的 1948 年之后，皇室向公众开放，开始了一般参贺。这一天，朝拜者将祈祷天皇的长寿和皇室成员的幸福。

明仁天皇在年轻的时候，曾向其私人教师——美国的和平主义者伊丽莎白·格雷·维宁夫人学习了"人的平等性"，给一向保守的宫内厅带来各种新风气。天皇想和普通市民在一起，甚至配偶美智子妃子殿下也是选自普通市民。此外，明仁天皇还打破了孩子在年幼时期和父母相隔离养育的皇室惯例，由夫妻二人亲自抚养子女。

二重桥

第1章　昔の江戸城・今の皇居

Q&A 1　国歌（君が代）

 「君が代」には、どのような意味がありますか。そして、いつごろ制定されましたか。
"君之代"包含了什么意义？创作于什么时期？

【主旨】
　「君」とは「天皇」のこと、また「代」とは「（天皇が世の中を統治する）時代」のことを指します。したがって、「君が代」は「天皇の時代」を意味する日本の国歌です。
　国歌の歌詞は、元来10世紀（905年）に編纂された古今和歌集の中にあります。詩人の名は不明です。歌詞には、「天皇の時世が、小石が大岩になり、苔が生えるまで永遠に続くように」と祈願されています。メロディは、1880年に雅楽家の林広守（1831-96）が作曲し、ドイツの音楽家フランツ・エッケルトが編曲しました。こうして現在の「君が代」が完成し、1880年（明治13年）に宮内庁により国歌として採用されました。

　　"君"指"天皇"，"代"指"（天皇统治朝代）世代"。因此，"君之代"是旨在讴歌"天皇的时代"的国歌。
　　国歌的歌词原本来自10世纪编纂的古今和歌集。诗人姓名不详。歌词中祈愿"吾皇盛世兮，沙砾成岩兮，遍生青苔，长治久安兮"。雅乐师林广守（1831-1896）谱曲，德国音乐家弗朗兹·埃克特编曲，1880年（明治13年）由宫内厅指定为国歌。

Q&A 2　国名（日本）

 「ニッポン」と「ニホン」とは、どのように違うのですか。
"NIPPON"和"NIHON"有什么区别？

【主旨】
　日本国に対する2通りの呼び名の起源は7世紀頃で、聖徳太子が中国に送った

9

第1部　日本の文化・観光

第2部　日本の世界遺産　文化遺産・自然遺産

親書において日本を「日出ずる国」と表現したことに由来します。この表現が中国に渡り、文書において日本の国名を表す2字の漢字に翻訳されました。これらの漢字は当初「ヤマト」と発音され、現在の「ニッポン」または「ニホン」という呼称は、奈良時代に入ってから用いられるようになりました。

2通りの読み方を区別する一般規定はありません。1934年（昭和9年）には、日本の正式呼称として「ニッポン」が文部省（現・文部科学省）の臨時国語調査会で指定されました。国際競技大会や郵便切手など正式の場合には「ニッポン」がよく用いられます。「ジャパン」は、「ニッポン」または「ニホン」の国を英語で表現する正式名です。

【注】「固有名詞」は要注意です。例：「日本橋（東京）」(ニホンバシ)。「日本橋（大阪）」(ニッポンバシ)。

这两种对日本的通称起源于7世纪左右，来自圣德太子向中国递交的亲笔信中将日本喻为"日出之国"的表达。这一表达传入中国后，在文书中被翻译为表示日本的国名的两字汉语。这些汉字当初发"YAMATO"音，现在的"NIPPON"和"NIHON"的发音是进入奈良时代后才开始使用的。

没有规则用以区别二者发音。1934年（昭和9年），文部省（现在的文部科学省）临时国语调查委员会将"NIPPON"指定为日本的正式名称。在国际体育赛事和邮票展览等正式场合，一般用"NIPPON"音。"JAPAN"是用英语表达"NIPPON"或"NIHON"的正式名称。

Q&A 3 国旗（日章旗）

日本の国旗には、どのような意味がありますか。そしていつごろ採用されましたか。
日本的国旗有什么寓意？什么时候开始使用的？

【主旨】

日本の「国旗」は、「昇る太陽」という意味を表す「日の丸」または「日章旗」と呼ばれています。旗には白地のちょうど中心に太陽を象徴する赤い円があります。

昔、太陽神である「天照大神」(★キーワード参照) を崇拝していた人々は、太陽は日本から昇ると信じていました。「日の丸」のデザインは、神社の旗や幟に用いられました。16世紀に入ると、「日の丸」は日本船の国籍を表す旗として徳川幕府に容認され、1870年には、日本商船に掲げる日本の国旗として、明治政府によって正

式に採用されました。

日本的国旗象征着"升起的太阳",被称作"日之丸"或"太阳旗"。旗的白底中央有一个象征太阳的红心圆。

以前,崇拜太阳神"天照大神"的人们深信,太阳是从日本升起的。"日之丸"的设计被广泛用于神社的旗帜。到了 16 世纪,德川幕府允许"日之丸"作为代表日本船舶国籍的旗帜。1870 年,明治政府正式将"太阳旗"作为日本国旗悬挂在日本商船上。

キーワード / 关键词

★現人神 / 現世人神

現世に人の姿で現れる神(a deity who is a human being)。人の姿をした神としての天皇(a "living-god" emperor)。戦前、特に第二次世界大戦中は天皇の神格化(deification of the Emperor; the Emperor viewed as a god)が強かった。しかし戦後の 1946 年には天皇の神性が否定され、昭和天皇は「人間宣言」(Humanity Declaration: the Emperor viewed as a human being)を宣言・公布された。

　　指以人形出现在世间的神;以人形现身的天皇。战前,尤其是二战中,天皇的神格化得到强化。但是,战后的 1946 年,昭和天皇发表了皇室诏书"人间宣言",从而否定了天皇的"神格"

★天照大神 / 天照大神

三重県伊勢神宮の内宮に「八咫の鏡」とともに祀られている。鏡は皇室の初代祖先である天照大神の御身体を表すと信じられ、日本の国民的神として仰がれている。☆神話によると、天照大神はイザナギとイザナミの女で、皇室の祖先(the supreme deity of Shintoism and the ancestral goddess of the Imperial Family)である。「日の神」(the Sun Goddess)と仰がれ、太陽と同一視される神道神話の女神(the female deity of Shinto mythology who is identified with the sun)。

　　天照大神和"八尺镜"同被祭在三重县伊势神宫的内宫里。神镜代表着皇室始祖天照大神的身体,被尊奉为日本国民之神。☆神话中,天照大神是伊邪纳岐和伊邪那美的女儿,是皇室的祖先。天照大神被尊奉为"太阳神",更被视为太阳般的神道神话中的女神。

第2章
日本人の心のオアシス・明治神宮

日本人心灵的绿洲・明治神宫

サンプルダイアローグ / 示例对话

観光客：**明治神社**は、賑やかな東京の中とは思えないほど静かな場所にありますね。
ガイド：はい。「**明治神宮**」と呼ばれています。
観光客：あれは、神宮（神社）への入口の門ですね。
ガイド：はい、「**鳥居**」と言います。これは、日本最大の木製鳥居（⇒ Q&A 5）ですよ。
観光客：この神宮には誰が祀られているのですか。
ガイド：**明治天皇と昭憲皇太后**の御霊(みたま)に捧げられています（⇒ Q&A 4）。両陛下は、約100年前に崩御されました。
観光客：なるほど。
ガイド：明治天皇は明治維新を実現させ、日本の開国を通して海外諸国との友情関係を推進しました。昭憲皇太后は女性教育を促進し、日本赤十字社の設立に貢献された方です。
観光客：そのようなわけで、この神宮（神社）は両陛下の聖徳を記念して創建されたのですね。
ガイド：そのとおりです。ここに祀られた御霊に敬意を表すため、大勢の日本人が参詣します。参拝の前後に鳥居をくぐる際には、必ず一度お辞儀をします。
観光客：なるほど。ところで、多くの人が神宮の前で礼拝していますね。どのようにすればいいのか教えていただけますか。
ガイド：本殿に進む前に、手を洗うための水溜め「**手水舎**(てみずや)」（★キーワード参照）に立ち寄って、身を清めなくてはいけません。
観光客：どうすればよいのですか。
ガイド：石盤から水を汲んで、まずは左手それから右手を洗います。次に柄杓(ひしゃく)から水をすくって口をすすぎます。でも唇で直接柄杓を触らない（柄杓に口をつけない）ように注意してください。最後に柄杓を洗います。
観光客：わかりました。他の人の作法を見てまねしてみます。
ガイド：それはいい考えですね。では、本殿に行きましょう。いいですか。
観光客：はい。行きましょう。
ガイド：**賽銭箱**の前に着きました。この箱に硬貨を投げ入れてください。まず、拝殿に向かって丁寧に2回お辞儀をします（二拝）。そして、2回両手を鳴らします（二拍手）。願い事をお祈りしてもいいですよ。最後に、もう一度丁寧にお辞儀をします（一拝）。この動作を「柏手(かしわで)」といいます。
観光客：ありがとうございました。
ガイド：本殿近くでの写真やビデオ撮影は禁止ですよ。本殿は神聖な場所としての品位を保たなければなりません。

游客：明治神社位于繁华的东京市内一块安静的令人难以置信的地方啊！
导游：是的。被称作"明治神宫"。

14

第 2 章　日本人の心のオアシス・明治神宮

游客：那个就是通往神社的入口吗？
导游：是的，叫作"鸟居"。这可是日本最大的木质鸟居喔！
游客：这个神宫里供奉着谁？
导游：供奉着明治天皇和昭宪皇太后。两位陛下约是100年前驾崩的。
游客：原来是这样啊！
导游：明治天皇实现了明治维新，通过打开日本国门促进了同海外各国的友好关系。昭宪皇太后推动了女性教育，为日本红十字会的创立做出了贡献。
游客：这么说来，这个神宫（神社）是为纪念两位陛下的功德而建立的啦。
导游：是的！为了向供奉在此的魂灵表达敬意，很多日本人都会过来参拜。参拜前和参拜后穿过鸟居时，一定要鞠躬。
游客：哦！看，好多人在神宫前礼拜呢，可以告诉我们怎么做吗？
导游：进入正殿前，首先到洗手的"手水舍"，将身体的污秽清洗掉。
游客：怎么做呢？
导游：从石盘子中舀水，先洗左手后洗右手。然后用长把勺子舀水漱口。不过请注意不要用嘴唇直接接触勺子。最后再清洗勺子。
游客：明白了。模仿一下别人的做法。
导游：好主意！那么，我们去正殿吧！好么？
游客：好的，出发吧！
导游：现在我们来到了功德箱的前面。请往箱子里投块硬币。首先，面向前殿恭敬地鞠躬两次。然后，拍手两次。这时可以许愿喔！最后，再恭敬地鞠躬一次。这个动作叫作"击掌合十"。
游客：谢谢！
导游：正殿附近禁止拍照和录像，必须保持正殿作为神圣之地的威严。

アテンドの知識 / 相关知识

　　明治神宮へ初詣に来た学生に、明治神宮はいつごろ創建されたかというアンケート調査（a questionnaire survey）が行われたことがあります。その結果は、古くは奈良時代、近くは昭和という様々な回答がありました。明治時代と回答したものも40%だったそうです。外国人ならいざ知らず、日本人として知っておきたい知識なのですが…。明治神宮は2000年で鎮座(ちんざ)（enshrinement）80年記念、2020年（平成32年）には鎮座百年記念を迎えます。

曾向初次参拜明治神宫的学生们做过一个关于明治神宫何时建立的问卷调查。结果，出现了远及奈良近至昭和等各种回答。据说回答是明治时期的学生占40%。很遗憾，若是外国人这么回答尚能理解，可是这是作为日本人应该了解的知识。明治神宫在2000年迎来了建宫80周年，2020年将迎来100周年。

明治神宮 / 明治神宫

　　明治神宮（Meiji Shrine）は、1920年（大正9年）に、近代日本の礎を築かれた明治天皇と昭憲皇太后の御霊を祀る（enshrine the deified spirits of the Emperor and Empress）ために創建されたのです。明治神宮の社殿（the sanctuary of a Shinto shrine）は、1945年の戦災で焼失しましたが、1958年に再建されました。境内には20万本以上の樹木が茂り、広大な緑に包まれています。

　　ところで、「〜神社」（Shinto shrine）や「〜大社」（grand Shinto shrine）があるのに、なぜ「（明治）神宮」と言うのでしょうか。それは古代から皇室と深い関係がある神社、あるいは天皇を祀る神社だからです。例えば、京都にある有名な「平安神宮」（Heian Shrine）は、1895年に平安遷都（the transfer [relocation] of the Imperial Capital to Kyoto）1,100年を記念して造営されました。この神宮には京都創建（the founding of Kyoto as the capital of Japan）の帝（a *mikado*; an emperor）である桓武天皇（737-806）と京都統治最後の帝である孝明天皇（1831-1867：明治天皇の父）の2柱が祀られています。京都三大祭りの1つである「時代祭」（Festival of Ages）は、平安遷都1,100年を記念して始められた平安神宮の祭りで、毎年10月に行われています。

　　明治神宫是在1920年（大正9年）建立的，为供奉奠定了近代日本基石的明治天皇和昭宪皇太后之灵位。明治神宫的正殿毁于1945年的战火，1958年得以重建。神社内植有20多万株树木，枝繁叶茂，完全被绿色覆盖。

　　然而，有"～神社"和"～大社"，为什么称为"（明治）神宫"呢？因为这是自古就与皇室有着密切关系或者供奉天皇的神社。例如，京都有名的"平安神宫"就是为纪念1895年平安迁都1100周年而建造的。这座神社里供奉着缔造了京都的恒武天皇（737-806）和京都最后一任天皇孝明天皇（1831-1867：明治天皇的父亲）的尊位。京都三大祭之一的"时代祭"就始于为纪念平安迁都1100周年的平安神宫的祭祀活动，在每年10月份举行。

玉砂利 / 玉砂利

　　さて、明治神宮の参道には歩きにくい玉砂利（gravel; pebbles）があります。どうしてなのでしょうか。玉砂利の「玉」ですが、「御霊」の「霊」（the spirit of the deceased person）と同じ意味があり、また「大切なもの」「美しいもの」を指し

ます。「玉にきず」(a flaw in the gem [crystal; a precious stone]) という諺や「玉のような赤子」(a cute [lovable] baby) という慣用表現でおなじみです。「砂利」は「細かい石」(pebbles) の意味です。したがって「玉砂利」とは「御霊の宿る大切な美しい石」のことです。参道 (the approach leading to a Shinto shrine) を進むとき、人々は清い石を踏むことにより心身を清めながら、神様に近づいて行くのです。

　明治神宫的参拜通道上铺满了不方便行走的玉砂利（大粒砂子）。为什么呢？玉砂利中的"玉"同"御灵"中的"灵"意思相同，指"重要的事物""美丽的事物"。谚语"白玉微瑕"和惯用句"如玉般剔透的宝贝"大家都很熟悉吧。"砂利"即为"细小石子儿"的意思。因此，"玉砂利"就是"有神灵置身的珍贵的美石"的意思。沿着参拜通道前行，人们走在洁净的石头上，身心得以净化，渐渐靠近神灵。

おみくじ / 神签

　ところで、神社にはおみくじ (an *omikuji*; a fortune-telling paper) がつきものです。本来「神様の意思を占うもの」(an oracle bearing a certain Chinese character corresponding to a good or bad luck fortune written on a slip of paper) ですが、明治神宮では明治天皇と昭憲皇太后の教訓的な歌を厳選し、それに解説文を入れたものとなっています。

　说来，神社里面都有神签。原本是"预测神灵意志之意"，可是在明治神宫里则指的是，对那些严格选自明治天皇和昭宪皇太后的训歌附以解说的神签。

都民の憩いの場 / 市民的休憩场所

　明治神宮には、清らかで森厳な神宮の本殿 (the sanctuary of Shinto shrine) を中心とした「内苑」(the inner garden)、そして明治天皇の偉業を描いた絵画を展示する聖徳記念絵画館 (Meiji Memorial Picture Gallery) を中心とした「外苑」(the outer garden) があり、菖蒲田 (the iris garden) の花菖蒲の美しさは有名です。特に6月下旬から7月初旬の見頃には、多くの観光客が足を運びます。また神楽殿 (a *kagura* hall [stage]) で見られる日本古来の「神楽舞」(a *kagura* dance and music performed by shrine maidens) は、見る者を古代日本の心の故郷へと誘います。

　こうしたことから、明治神宮は東京のオアシスと称えられ、都民の憩いの場 (a place of recreation and relaxation for the citizens) として親しまれており、最近では地球環境保全 (global environment conservation [preservation]; Earth environment protection) の役割を担う「緑の空間」(Green space, the Natural Environment) と

17

して注目されています。

　明治神宫里有内苑和外苑。内苑以幽静森严的神宫正殿为中心，外苑以展示着明治天皇丰功伟绩绘画的圣德纪念绘画馆为中心。菖蒲园里的玉蝉花也美名远扬。尤其 6 月下旬到 7 月上旬是最佳观赏时期，许多游客都慕名而来。另外，在神乐殿可欣赏到的日本古典"神乐舞"，则将观众带回古代日本人心灵的故乡。

　因此，明治神宫被称作东京的绿洲，是市民非常喜爱的休憩场所。近些年，其作为担负着保护地球环境功能的"绿色空间"而备受关注。

菖蒲园

Q&A 4　明治神宮の御霊

「明治神宮」の創建はいつですか。神宮には、どなたの御霊が祀られていますか。
"明治神宮"何时建立？神宫里祭奠着谁？

【主旨】
　明治神宮は、明治天皇と昭憲皇太后の御霊に捧げられた神宮です。両陛下の崩御後、ご聖徳を讃える人々の声が上がり、永久に敬意を表すために、1920年この神宮が国の資金で創建されました。神宮は、1945年の空襲の火災で破壊されましたが、1958年には個人の献金で再建されました。
　例祭が11月3日の明治天皇の誕生日に行われます（文化の日）。

　　明治神宫里供奉着明治天皇和昭宪皇太后的灵位。两位陛下驾崩后，称赞其圣德的呼声很高。为了永久性表达敬意，于1920年用国家资金建造了该神宫。1945年神宫毁于空袭引发的火灾，1958年利用个人捐款得以重建。
　　例行祭祀仪式在每年11月3日明治天皇的生日举行（文化节）。

明治神宮

Q&A 5 明治神宮の鳥居

明治神宮の「鳥居」が台湾産というのは本当ですか。
明治神宫的"鸟居"真的是台湾产的吗?

【主旨】
　本当です。この神宮の参道にある大きな「鳥居」は、台湾の丹大山(だんだいやま)(3,240m)から伐採された樹齢1,500年以上と言われるヒノキの材木で作られています。
　南参道と北参道の出会い口の所にある鳥居は、日本最大（最高ではない）の木製鳥居です。高さ12メートル、柱の太さは直径1.2メートルです。（⇒Q&A 48：鳥居）

　　确实如此。神宫参道上的大"鸟居"牌坊是用伐自台湾丹大山(3240m)上据说树龄达1500多年的扁柏木制作而成。
　　南参道和北参道交汇处的鸟居是日本最大的（不是最高）木质鸟居。高12米，柱粗直径1.2米。

Q&A 6 明治神宮の建物

明治神宮には、どのような建物がありますか。
明治神宫里有什么样的建筑呢?

【主旨】
　明治神宮は、下記の3地域から構成されています。
　まずは「神宮内苑」で、ヒノキの材木で建造された社殿を中心とし、菖蒲庭園でも有名です。次に「神宮外苑」で、聖徳記念絵画館、そして東京オリンピック大会の主要競技場となった国立競技場・体育館・室内プール・野球場などのスポーツ施設があります。最後は「明治記念館」で、明治神宮直営の結婚式場があります。

第2章　日本人の心のオアシス・明治神宮

　明治神宮由以下三个区域构成。首先是"神宫内苑"，以扁柏木质大殿为中心，菖蒲园也很著名。其次是"神宫外苑"，包括圣德纪念绘画馆、东京奥运会国立竞技馆、体育馆、室内游泳馆和棒球场等体育设施。然后是"明治纪念馆"，里面有明治神宫直接经营的婚礼场所。

キーワード / 关键词

★手水舎（「ちょうずや」とも言う）/ 手水舍
（心身を清めるため）手を洗い、口をすすぐための屋根付き建物。参詣者が手と口を清めるための水盤がある。神社の本殿に通ずる参道にある。☆キリスト教国の欧米人に対しては the font for ablution というほうが理解しやすい。font ablution（カトリック用語）：font はカトリック教会で洗礼に用いる水の入った「聖水盤」または「洗礼盤」のこと。ablution は宗教儀式で手や足などを「洗い清める」こと。

　（为清洗身心）洗手、漱口用的带棚顶的小屋。里面有供参拜者洗手漱口用的水池。位于通往大殿的参道上。☆对于信奉基督教的欧美人士而言，讲成 the font for ablution 更容易被理解。font ablution（天主教用语）：font 指在天主教会上盛着洗礼用水的"圣水盘"或"洗礼盘"。ablution 指在宗教仪式中"清洗净化"手足等。

第1部　日本の文化・観光

第2部　日本の世界遺産　文化遺産・自然遺産

21

第3章
下町情緒あふれる庶民の街・浅草

浓郁下町风情的庶民街区・浅草

サンプルダイアローグ / 示例对话

観光客：ここは、閑静な明治神宮とは打って変わって、東京の中でも賑やかな地域ですね。

ガイド：浅草は、東京の伝統的な下町情緒を今に伝える人気観光エリアの１つです。

観光客：軒下に大きな赤提灯を吊した門は何ですか。

ガイド：あの派手な色の門は、お寺の正門で「**雷門**」といい、浅草のランドマーク（シンボル）です。門の両側には「**風神**」と「**雷神**」の２つの像が立っています。

観光客：売店が並ぶ商店街には、いろいろなお土産物や日本の伝統品が売られているのですか。

ガイド：はい。このアーケードは「仲見世通り」と言って、東京最古の寺院である浅草寺（⇒ Q&A 7）本殿の入口に通じています。

観光客：このお寺は、いつ建てられたのですか。

ガイド：7 世紀ごろ、小さな金色の**観音像**を祀るために創建されました。この観音像は、隅田川で魚の網にかかったものだと伝えられています。だから、このお寺は「浅草観音寺」とも呼ばれているのですよ。

観光客：知りませんでした。ところで、大勢の参拝者が大きな香炉から線香の煙を両手で引き寄せ、頭にこすりつけています。あれはなぜですか。

ガイド：この煙を浴びると病気が癒され、もっと賢くなれると信じられているのです。

観光客：なるほど。私も試してみます。

ガイド：是非やってみてください。５月の中頃に浅草を訪れるチャンスがあれば、東京三大祭りの１つ、**三社祭**が楽しめますよ。

観光客：お祭りでは何があるのですか。

ガイド：浅草神社（⇒ Q&A 8）の境内で**神輿**行列（⇒ Q&A 9）が見られます。男神輿、女神輿また子ども神輿など（老若男女が神輿）を肩に担いで賑やかに運ぶお祭りです。祭りの最終日には、お神楽も演じられます。

観光客：大勢の観光客がこの行列を見に来るのですか。

ガイド：信じられないかもしれませんが、なんと、毎年幾万人もの見物客が訪れます。

観光客：いつかぜひ見たいです。

游客：这里和幽静的明治神宫截然不同，是东京较繁华的地方吧。

导游：浅草是东京的热点旅游区域之一，至今仍散发着浓郁的传统下町风情。

游客：屋檐下吊着大红灯笼的门是什么？

导游：那个色泽艳丽的门是寺庙的正大门，叫作"雷门"，是浅草的象征。门两侧立着"风神"和"雷神"两尊塑像。

第 3 章　下町情緒あふれる庶民の街・浅草

游客：商业街上商店林立，是不是销售着各种特产和日本的传统礼品？
导游：是的。这个拱顶商业街叫作"仲见世大道"，通向东京最古老的寺院——浅草寺的大殿入口。
游客：这座寺庙是何时建立的？
导游：7 世纪前后，为了供奉一尊小小的金黄色观音像而建立的。据传说，这尊观音像是在隅田河中的渔网里发现的。因此，这座寺庙也叫作"浅草观音寺"。
游客：以前完全不知道呢。那么多参拜者双手从巨大香炉里取线香的烟雾往头上浇，是为什么呢？
导游：人们认为沐浴在这种烟雾中可以治愈疾病，变得更加聪慧。
游客：原来如此啊！我也试试去。
导游：一定要试一试。如果 5 月中旬有机会参观浅草的话，可以欣赏到东京三大祭之一的"三社祭"。
游客：祭典上有什么呢？
导游：能看到浅草神社里的神轿游行队伍。庙会上，男女老幼将男神轿、女神轿和孩童神轿抬在肩膀上热闹地游行。在祭典最后一天还有神乐表演。
游客：会有很多游客过来看这个游行活动吗？
导游：也许你不相信，每年大约有几万人的游客会来游玩。
游客：什么时候一定要看看。

アテンドの知識 / 相关知识

「火事と喧嘩は江戸の華」(Fires and fights are the soul of Edo. / Fires and fighting are what invigorate Edo.) は、下町に住む「ちゃきちゃきの江戸っ子」(a genuine [trueborn] Edokko; a Tokyoite to the backbone) の威勢の良さを表しています。火災の多かった江戸の名物は、命懸けの火消活動の最中に起こる町火消の喧嘩で、派手に喧嘩早くて鯔背で男気のある町火消は「江戸の華」とされていました。池波正太郎の小説『鬼平犯科帳』で有名な「火付盗賊改方」(the riot police against arsonists and burglars) や、歌舞伎の演目でも知られる「め組の喧嘩」にもその活躍が描かれています。

"火灾和吵架是江户之魂"表现的是居住在下町的"地道江户人"的热情。火灾多发的江户出了名的就是拼命灭火过程中町消防队的喧嚣。言行夸张，且性急好斗充满大男子气概的町消防队被视为"江户之魂"。在池波正太郎的小说《鬼平犯科账》中著名的"纵火盗窃纠察组织"和歌舞伎节目中"〆组的喧嚣"中也有其活动描写。

浅草寺 / 浅草寺

どの旅行社の東京観光ツアー（sightseeing tour in Tokyo）を見ても、必ずと言ってよいほど組み込まれているのが江戸っ子の下町、浅草です。また、外国からの来客を個人的に観光案内するときにも欠かせない場所の1つに東京都内最古の浅草寺（Senso-ji Temple）とその仲見世（shopping arcade）があります。浅草寺の歴史（創建628年）は古く、日本人であればその寺の名を知らぬ者はいないでしょう。

浅草寺の草創の伝承によると、「浅草寺」（正しくは金龍山浅草寺）の歴史は、実に約1400年前にさかのぼります。漁夫の兄弟が隅田川で漁をしていたところ、その日に限って魚が1匹もかからず、その代わりに「金の像」（a golden statue）がかかりました。その像を持ち帰り、近くに住む学者に見せると、それは「聖観世音菩薩」（Sho-Kanzeon-Bosatu, the Deity of Mercy：浅草寺の本尊）の尊像（a respectable [an honorable] statue）だと言われました。そこで、兄弟は魚が捕れるようお祈りすると翌日は大漁（a big catch）となりました。それを聞いた学者は自宅に聖堂（a chapel）を設け、観音像を安置したのです。これが現在の「浅草寺」の起こりと言われています。

任何一家旅行社的东京旅游团，行程中一定包含地道江户风情的下町、浅草。另外，个人陪同外国游客观光时，东京都内最古老的浅草寺和那条商业街是不可或缺的景点。浅草寺历史悠久（创于628年），没有日本人不知道这座寺庙。

据浅草寺的创建传承，"浅草寺"（严格地说是金龙山浅草寺）的历史可追溯至1400年前。渔夫弟兄二人一直在隅田河捕鱼，唯独那天一条鱼都没捕获，却捞上了一尊"金像"。兄弟二人将金像带回去让住在附近的学者一看，才知道竟是"圣观世音菩萨"（浅草寺的主佛）的尊像。于是，兄弟俩祈求能够多捕到鱼，结果第二天满载而归。那位学者听后在自家设了圣堂，将观音像安置了下来。这就是如今的"浅草寺"的起源。

浅草神社 / 浅草神社

また、後世になって、兄弟と学者は「三社権現」（the Three Deified Guardians）として祀られ、これが今の「浅草神社」（Asakusa Shrine）となりました。毎年行われる恒例の浅草神社の例大祭（an annual festival of a Shinto shrine）は、「三社祭」（the Sanja Festival）と呼ばれ、東京三大祭りの1つとなっています。

后来，兄弟二人和学者被祭为"三社权现"，这就是今天的"浅草神社"。浅草神社的年度例行祭典被称作"三社祭"，是东京三大祭之一。

観音 / 观音

ところで、「観音さまは男か女か」と聞かれることがあります。元来、観音（Kannon, the deity of mercy）は中性的（neutral; sexless）ですが、観世音菩薩はヒンドゥー

教（Hinduism; the Hindu religion）の女神（a goddess）の影響が強くあります。また、観音とは「世の中の音を見る」という意味で、人々に対する慈悲の心が深く、人々の苦しみを救う仏です。したがって「観音」のことを英語で the deity of mercy と表現できます。辞書によって the god of mercy（男性）または the goddess of mercy（女性）といった表現がありますが、本書では中性的存在（neutral super-sex being）の the deity of mercy を使用します。観音像については、奈良の法隆寺「夢殿」や京都の「三十三間堂」で、その粋（the best; the pith）を見ることができます。

时有被问："观音是男是女？"。原本观音是中性的，然而，观世音菩萨是印度教的女神，其影响力较大。"观音"即"观世间之音"的意思，是对人间抱有深厚的慈悲之心，并救人于苦难的佛。因此，"观音"可以用英语表示为 the deity of mercy。词典中有 the god of mercy（男性）和 the goddess of mercy（女性）的表述，但本书中采取中性的含义。关于观音像，则可在奈良法隆寺的"梦殿"和京都"三十三间堂"中发现其精髓。

三社祭と神輿／三社祭和神轿

　三社祭（the Sanja Festival）の日には、数多く（約百基）の町神輿（a portable shrine of the town）が市中を練り歩きますが、最大の呼び物（attractions）は２兄弟と彼らの師を祀った３基の本社神輿の宮出し（carrying the *mikoshi* out of the shrine precincts）と宮入り（carrying the *mikoshi* into the shrine precincts）で、三手に別れて江戸下町情緒の強く残る市中を朝早くから夜遅くまで渡御すること（*mikoshi* procession）です。さて、神輿をどのように説明すればよいでしょうか。神輿は文字通おり「運搬できる、神霊を安置する輿」のことですから、the portable Shinto shrine ですが、今ではれっきとした a mikoshi という国際語になっています。少し説明を加えて、It is a sacred palanquin that rests on two or four long horizontal poles. It is used as a god's vehicle to carry the spirit of deity.（２または４本の長い横棒に支えられた輿で、神霊を運ぶ神の乗り物として使用します）と表現できます。通訳ガイドをする上で非常に大事なので、その表現法は Q&A 9 で後述します。

　三社祭当天，约有一百顶町里的神轿在市中心游行，最精彩的当属供奉着两兄弟和他们师父的三顶神轿的出宫和入宫仪式。神轿缓缓游行在保留着浓郁江户下町风情的市区，从清晨开始一直持续到深夜。那么，该如何解说神轿呢？神轿正如文字所表，是"可搬运的、用于安放神灵的轿子"，现在其日语读音 mikoshi 俨然成了一个国际语。稍加说明，可以解说为"由两根或四根横木支撑，用来抬送神灵的乘坐物"。这点对做译员导游非常重要，其解说方法将在 Q & A 9 中叙述。

下町、浅草の魅力 / 下町、浅草的魅力

　雷門（Thunder Gate）から仲見世通り（a shopping arcade; a shopping street lined along the temple in the precincts）を通過して観音堂（浅草寺）に入ると、そこには宝蔵門（Two-story Treasure House Gate）、五重塔（★キーワード参照）、伝法院（Denboin Temple）、さらには浅草神社（Asakusa Shrine）とその石造鳥居（a stone-made *Torii* Gate）など、「神」（deity）と「仏」（Buddha）が習合しながら点在しています。その裏通りを抜けると、日本最古の遊園地である浅草花屋敷（Asakusa Amusement Park）、また演芸ホールや映画館などがある大衆歓楽街（popular entertainment district）である浅草六区（Asakusa Rokku or Downtown Six Districts of Asakusa）、かつての遊郭地吉原といった庶民の人間界があります。神仏（deities and Buddhas）と人間臭さ（humanity; a human touch）が渾然一体をなす町、これが下町の浅草なのです。

　2012年には東京スカイツリー（⇒Q&A 10）が電波塔・観光施設として開業しました。自立式鉄塔（free-standing steel tower）の電波塔としては世界一位の高さ（634m）であり、2011年にはギネス世界記録に「世界一高いタワー」として認定されました。ただし人工の建造物としてはアラブ首長国連邦ドバイ（Dubai）にあるブルジュ・ハリファ（Burj Khalifa:828m）に次ぐ世界第2位です。

　なにはさておき、懐かしい江戸・東京を再発見する日帰りの旅（one-day trip）「浅草・東京スカイツリー」で訪れる観光スポットは、東京下町特有の文化の力強い息吹を感じさせられるものと言えます。

　从雷门穿过商店街进入观音堂（浅草寺）后，里面有宝藏门、五重塔、传法院以及浅草神社和石造鸟居等，"神"和"佛"折衷共存。穿过后面那条街，就是日本最古老的游乐场——浅草花园，有演艺大厅和电影院的大众欢乐街——浅草第六区，以及曾经的花街柳巷吉原等庶民生活地段。这里是神佛和人情味儿浑然一体的街区。这就是下町的浅草。

　2012年，东京天空树作为信号发射塔暨观光设施开业了。其自立式铁塔的发射塔为世界最高（634米），2011年被吉尼斯世界纪录认定为"世界第一高塔"。不过，天空树作为人工建筑仅次于位于阿联酋迪拜的哈利法塔（迪拜哈利法塔828米），居世界第二。

　可以说，令人怀旧的江户·东京一日游——"浅草·东京天空树"之旅中参观的这些景点，能让人感受到东京下町特有的浓厚的文化氛围。

第3章　下町情緒あふれる庶民の街・浅草

Q&A 7　浅草寺と浅草観音さま

Q　「浅草寺」のことを「浅草観音寺」と呼ぶのはどうしてですか。
为什么将"浅草寺"称作"浅草观音寺"？

A

【主旨】
　浅草寺は、7世紀に創建された東京最古のお寺です。浅草寺は、観音さまが安置されているので通称「浅草観音寺」とも呼ばれています。
　伝統的な故事によれば、2人の兄弟漁夫が小さな黄金の観音像を漁網で隅田川から引き上げ、観音の聖像を礼拝堂に納め、この礼拝堂は寺院となりました。人々は、観音をご本尊として崇拝するために礼拝堂に参詣するようになりました。この寺院は、その後の10世紀間に渡り再建・増築を重ねた末、現在の「浅草寺」を見るに至ったのです。

　浅草寺创建于7世纪，是日本最古老的寺庙。浅草寺里安放着观音菩萨，因此，通常也称作"浅草观音寺"。
　据传说，俩渔夫兄弟从隅田河里用渔网捞起了一尊小小的金黄色观音像，于是将观音的圣像安放在礼拜堂内，这个礼拜堂后来就成了寺院。人们将观音作为正尊崇敬，因此开始到礼拜堂参拜观音。这个寺院在后来的10个世纪里，历经再建和扩建才形成了现在的"浅草寺"。

Q&A 8　浅草神社と三社権現

Q　「浅草神社」にはどなたが祀られているのですか。
"浅草神社"里面供奉着什么人？

A

【主旨】
　浅草神社は、「三者権現」または「三社さま」とも呼ばれています。というのも

第1部　日本の文化・観光

第2部　日本の世界遺産　文化遺産・自然遺産

三尊の御霊がここに祀られているからです。三尊とは、628年隅田川で小さな黄金の観音像を発見したと言われる2兄弟の檜前浜成と檜前竹成、そして観音像を自宅に祀ったと言われる彼らの師である土師中知のことです。1649年（慶安2年）には第三代将軍徳川家光公が本殿を創建しました。

毎年5月になると、3人の権現を記念して東京三大祭りの1つである「三社祭」が行われます。

浅草神社也称作"三者权现"或"三社神"。也就是说有三尊灵位安祭于此。三尊是指，628年在隅田河发现了小金观音像的桧前浜成和桧前竹成两兄弟、以及他们的师父——将观音像供奉在自家的土师中知。1649年（庆安2年）第三代将军德川家光重建了大殿。

每年5月，将举办东京三大祭之一的"三社祭"，以纪念三位大神。

Q&A 9　神輿とその意味

Q「神輿」とはどのようなものですか。どうして市中で運ぶのですか。

"神轿"究竟为何物？为什么要在抬着在市区内游行？

A

【主旨】

「神輿」というのは、祭事のときに神霊を一時的に安置する運搬可能な神社のことです。2本または4本の長い横棒の上に置かれた小さな神社は、通常金箔で修飾された黒い漆塗の材木で作られています。その屋根は優雅な金箔の鳳凰鳥の彫刻物で飾られています。法被と白い短パン姿の男女が神輿を肩に担ぎ、「ワッショイ、ワッショイ、ワッショイ」(★キーワード参照) という歓声をあげながら運びます。

神輿が運ばれるときは、悪霊を追い払い、天恵を与える、神の清めの力がその地域に広められていると信じられています。

所谓"神轿"就是在举办庙会时，可以临时安放神灵的一种可移动的神社。小小的神社被置于两根或四根横木之上，通常是用金箔装饰的黑漆木材制作而成。其屋顶装饰着优雅的贴金凤凰雕刻图案。身着锦缎和白色短裤的男男女女肩上扛着神轿，在"嘿哟！嘿哟！嘿哟！嘿哟！"的欢呼声中前行。

人们相信神轿移动时，可以驱逐恶灵，蒙受天恵，神扫除污秽的力量在这一区域传入。

第3章　下町情緒あふれる庶民の街・浅草

Q&A 10　東京スカイツリー

Q 東京スカイツリーについて手短にお話しください。
请简洁地讲解下东京天空树。

A

【主旨】

　東京スカイツリーは、下町人情の漂う浅草から東に約1km、相撲の競技場（国技館）で知られる両国の北東約2kmに位置しています。

　この自立式鉄鋼塔は放送電波塔としての役割も担っていて、634メートルの高さを誇ります。「634」という数字は「武蔵(むさし)」の語呂合わせで、「武蔵（の国）」は、現在の東京都、埼玉県の大部分、神奈川県の一部（川崎と横浜）から成る日本の旧国名を指します。東京スカイツリーの外観は、日本の伝統建築にみられるような、日本刀に似た優雅な曲線を備えています。

　東京スカイツリーの建設には、「心柱制震構造」と呼ばれる建築技術の粋(いき)が施されています。これは、五重塔（★キーワード参照）にも用いられている日本古来の建築設計を現代に再現したものです。この構造は、地震の振動や強風の衝撃を最小限に押さえることができると言われています。

　东京天空树距离下町风情浓厚的浅草地区东部约1千米处，位于因相扑体育馆(国技馆)而著名的两国地区东北方向约2千米处。

　这座自立式铁塔也承担着信号发射台的功能，高达634米。"634"谐音"武藏"。"武藏（国）"包括现在的东京都、埼玉县大部分地区、神奈川县的一部分(川崎和横滨)，曾为日本旧国名。东京天空树的外观具有日本传统建筑里那种日本刀似的优雅的曲线。

　东京天空树的建设中使用了被誉为建筑技术之精华的"心柱防震结构"。这是在当代对五重塔中展现的日本传统建筑设计的再现。据说，该构造可以将地震和强风的冲击控制在最小。

キーワード / 关键词

★**五重塔** / 五重塔

5層になった仏塔。祭壇には聖遺物として仏舎利、経典、仏像が安置されている。☆仏教の教えによると、「5層」は「地（earth）・水（water）・火（fire）・風（wind）・空（heaven）」の5つをかたどり、現世はこの5要素（the five elements of the universe）から成るとされる。人が死去すれば、この5要素に還元される。

　　五层佛塔。祭坛上安放着舍利、佛经和佛像等神圣遗物。☆据佛教教义，"五层"形象地指"地、水、火、风、空"，尘世由这五要素构成。人死后，又还原为这五要素。

【参考】奈良・法隆寺の五重塔（約33m）は607年建立、現存する最古のもの。京都・東寺の五重塔（約55m）は796年創建、火災後1644年に再建されたもので、現存する最大かつ最高のもの。
日本古来の五重塔の内部には耐震性を強化するため「柔構造」の理論が用いられている。柔軟な構造を用いることにより、建築物に影響する地震の力を和らげ、建築物の破壊を制御する構造である。五重塔の心柱は独立していて他の構造体と接していない構造になっている。

　【参考】奈良法隆寺的五重塔（高约33米）建于607年，是现存最古老的木质塔。京都东寺的五重塔（高约55米）建立于796年，遭遇火灾后于1644年重建，是现存最大最高的木塔。
　　日本传统的五重塔内部采用了旨在强化抗震性的"柔性构造"理论。通过使用柔性构造，可以减轻地震对建筑物的影响力，从而有效控制对建筑物的破坏。

★**ワッショイ** / 嘿哟

この語源には諸説ある。『東京風俗志』には「和を背負う」と記載されている。すなわち、「和の心をもって平和を担ぐ」の意味である。また「和一処」（皆がひとつになって力を合わせる）とも言われる。一般には、「和して背負え」（みんな仲良く神輿を背負え）と解釈されている。

　　该词源有诸多见解。《东京风俗志》里记载到"肩负和平"。即，"以平和友善之心肩负和平"之意。此外，也可说成"和一处（ワイッショ）"（大家齐心协力）。一般可理解为"大家齐心协力背负神轿"。

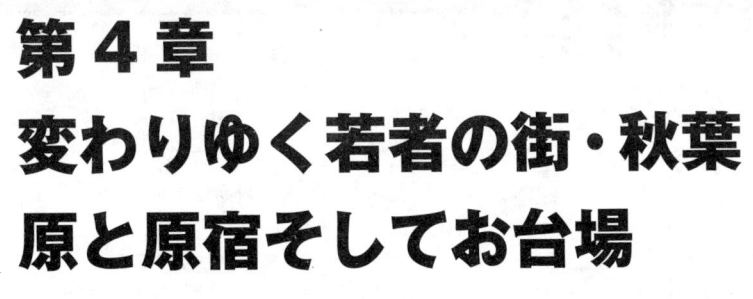

第4章
変わりゆく若者の街・秋葉原と原宿そしてお台場

变化中的年轻人街区・秋叶原、原宿和台场

サンプルダイアローグ / 示例対话

ガイド：**秋葉原**（⇨ Q&A 11）**に到着しました**。略して「アキバ」と呼ばれることもあります。カメラをお探しなら、秋葉原のランドマーク「ヨドバシAkiba」で買うのがお勧めです。

観光客：父のお土産に、手ごろな値段のカメラを買いたいと考えています。

ガイド：様々な種類の商品が揃っているので、気に入ったものが見つかりますよ。

観光客：いいですね。ところで、お店の棚にはアニメや漫画のゲームソフトがたくさん並んでいて驚きました。

ガイド：アニメや漫画だけでなく、他にもいろいろな種類のソフトがあります。

観光客：ショーウィンドウに、コスチュームやフィギュアが並んだお店が多いですね。

ガイド：秋葉原は、**電気街**からアニメやゲーム、それに十代の少女向けのお洒落なコスプレ衣装の**商店街**へと変わりました。

観光客：なるほど。…のどが渇いたので、どこか喫茶店に入ってなにか冷たいものでも飲みましょう。

ガイド：いいですね。秋葉原に来たからには、「メイドカフェ」に入りましょう。

観光客：それはどんな意味ですか。

ガイド：メイドカフェは、秋葉原発祥のコスプレ飲食店の一種です。可愛いメイド服を着た十代の女の子が、カフェのお客様ではなく自宅のご主人様のようにもてなしてくれます。

観光客：メイドカフェでは、どのような接客をするのですか。

ガイド：メイドカフェに入ると、メイド服の女の子がお手伝いさんの役になりきって、「お帰りなさいませ、ご主人様」というように**並はずれて丁寧な挨拶**をするのです。

観光客：メイドカフェでは、お客さんがゆったりとリラックスできるように、アットホームな雰囲気でもてなしてくれるのですね。

ガイド：その通りです。若者といえば、午後には**原宿**（⇨ Q&A 12）にある竹下通りに行きましょう。原宿エリアでは、流行の洋服で着飾った「原宿ガール」が見られますよ。その中にも、「コスプレ」として知られるアニメやマンガのキャラクター衣装を着ている人がいます。

観光客：おもしろそうですね。

ガイド：ファッション店に興味があるなら、**表参道**に行きましょう。プラダやシャネル、ルイ・ヴィトンといった高級ブランドの支店が軒を連ねていて、「東京のシャンゼリゼ通り」と呼ばれることもあります。モダンなショッピングモール「表参道ヒルズ」もありますよ。

観光客：いいですね。午後、原宿に行くのを楽しみにしています。

ガイド：夕方、ホテルに帰る途中にはお台場に寄り道しましょう。

観光客："Odaiba" とは何ですか。

第4章　変わりゆく若者の街・秋葉原と原宿そしてお台場

ガイド：**お台場**（⇒ Q&A 13）は、東京湾にある大きな人工**埋め立て地**です。都心とお台場を結ぶレインボーブリッジを越えた所にあり、東京の**主要商業地**、**住宅地**、**レジャー地域**となっています。東京人だけでなく観光客にも人気のショッピングエリア・観光地です。

観光客：おもしろそうですね。

ガイド：ぜひ訪れるべきです。今夜は東京湾での美しい日没と、大規模な花火が楽しめますよ。

导游：我们来到了秋叶原。也可以简称为"AKIBA"。如果大家想买照相机的话，推荐大家到秋叶原的地标"YODOBASHI AKIBA（ヨドバシアキバ）"。

游客：我想买一个价位适中的相机作为礼物送给父亲。

导游：各类商品一应俱全，会发现自己喜欢的。

游客：真不错！店铺柜台上摆着那么多的动画和漫画游戏软件，惊呆了。

导游：不光是动画和漫画，还有很多其他类型的软件。

游客：好多店铺的橱窗里都摆着化妆品和动漫人物手办啊！

导游：秋叶原已经从电器街转变成了经营动漫和游戏，面向十几岁少女的华丽的角色扮演服饰的商业街。

游客：哦！……口渴了，我们去咖啡馆喝点什么冷饮吧。

导游：好啊！既然来到了秋叶原，就去"女仆咖啡"吧。

游客：什么意思呢？

导游：女仆咖啡是发祥于秋叶原的角色扮演（cosplay）餐饮店的一种。穿着可爱女仆装的十几岁的少女，把你不是当作咖啡店客人而是像家里主人一样来服侍。

游客：女仆咖啡店里是怎么接待客人的？

导游：一进入女仆咖啡店，女仆打扮的女孩子就以佣人的角色超级恭敬地向您招呼："您回来了！主人"。

游客：在女仆咖啡馆里，为了让客人能舒适放松，营造了一种"家"的氛围。

导游：是的。年轻人的话，下午去原宿的竹下大道吧！在原宿这一带，可以看到穿着西洋盛装的"原宿女孩"喔！也有人穿着动画和漫画中角色的服饰，也就是"角色扮演"。

游客：很有意思啊！

导游：如果对时尚店有兴趣，我们去表参道吧！普拉达、香奈儿和路易威登等高端品牌的店铺鳞次栉比，也被称作"东京的香榭丽舍大道"，

35

还有摩登的购物中心"表参道 HILLS"。
游客：太棒啦！好期待下午去原宿。
导游：傍晚返回途中，顺道去台场吧！
游客："台场"是什么地方？
导游：台场在东京湾一块大的人造陆地上，穿过那座连结东京都中心和台场的彩虹大桥后就到了。已经成了东京的主要商圈、住宅区和娱乐场所集中地。
游客：听起来挺有意思的。
导游：绝对值得参观。今晚还能欣赏到东京湾美丽的日落和大规模的烟花。

アテンドの知識 / 相关知识

秋葉原 / 秋叶原

　　秋葉原といえば「世界有数の電気街（an electric town）」であり、洋の東西を問わず、世界から秋葉原に足を運ぶ人の数は絶えません。祝祭日ともなれば歩行者天国（a pedestrian [car-free] mall; a vehicle-free promenade）になり、雑踏の中で必ずといってよいほど家電量販店（an electronics retail store; a household appliance general merchandising store）の紙袋を手にする日本人・外国人を見かけます。家電製品（a home electrical appliance）が安く買える家電量販店がひきしめ合っています。駅前に建てられた巨大なヨドバシカメラマルチメディア店の開業は秋葉原の大衆化に一層拍車を掛けました。しかし今、時代の変遷の波が打ち寄せ、電気街とは別にパソコンマニアが集まるサブカルチャーの街に変貌しました。秋葉原はもともと「マニア」の街ですが、近年インターネットの普及とともに「オタク」（geek; nerd）向けの文化・産業が急激に広まりました。「秋葉原電気街」は「オタクの街・アキバ系の街」に変貌し、昔のアキバのイメージとは違った様相を呈しています。

　　提起秋叶原，那可是"世界上为数不多的电器街"，来自世界各地的游客络绎不绝。倘若遇上节假日，秋叶原就成了步行者的天堂，人群中一定会看到拎着家电量贩纸袋的日本人和外国人。可以低价买到家电产品的商店前熙熙攘攘。建在车站前面的 YODOBASHI CAMERA 开业后加速了秋叶原的大众化。但在今天，在时代变化大潮中，秋叶原已经有别于电器街，变身为电脑迷们聚集的亚文化街区。秋叶原本是"发烧友"的天堂，但近年随着互联网的普及，迎合"御宅族"的文化产业迅速发展。"秋叶原电器街"已变身为"御宅族的天堂"，展现出和曾经的秋叶原大不相同的印象。

第4章　変わりゆく若者の街・秋葉原と原宿そしてお台場

フィギュアやコスプレ / 动漫人物手办和角色扮演

　フィギュア（figure）は元来英語で「人の形を模したもの」の意味ですが、昨今の日本では主に「漫画・アニメ・コンピューターゲーム等のキャラクター人形」を指します。「アニメ」（和製英語）は英語の animation で「漫画映画」または単に「動画」のことを言う場合がありますが、最近の国際社会、特に米国では「マンガ」は英語で MANGA と言い、ANIME の用語もあり、逆輸入語になっています。「メイド喫茶」（maid café）は「コスプレ系飲食店」（cosplay restaurant）の一種です。特に「コスプレ」（和製英語）は英語の costume play で、「仮装」または狭義で「アニメなどの登場キャラクターに扮する行為」のことを言います。最近では、海外でも cosplay が通用するようになってきており、Concise Oxford English Dictionary などの英英辞典にも記載されています。cosplayer は「コスプレ行為を行う人」のことです。秋葉原では「コスプレ系飲食店」、特にコスプレイヤーによる「メイド喫茶」が数多くあります。また、コスプレ集団は、今では秋葉原だけでなく原宿でもよく見かけます。近年、欧米やアジア諸国でも否定的な先入観なく、日本発の新しい文化として受容する場合が多くなっています。

　动漫人物手办（figure）原来在英语中意思的是"模仿人物形象"。但是，最近在日本，主要指"漫画、动画、电脑游戏等角色人偶"。"动画（アニメ）"来自英文 animation, 也表"漫画电影"或仅仅"动画"之意。最近，国际社会上特别是在美国，用英文 MANGA 表示"漫画（マンガ）"，也有 ANIME 这样的英文，俨然成了逆输入语。"女仆咖啡"（maid cafe）属于"角色扮演餐饮店"的一种。特别是"角色扮演"来自英文的 costume play, 意指"装扮"或者狭义上的"扮演动漫中的角色"。最近，cosplay 一词在海外也通用开来了，并且载入了牛津英语词典等英英词典。在秋叶原有很多"角色扮演餐饮店"，特别是由角色扮演者提供服务的"女仆咖啡馆"。如今，不仅在秋叶原，在原宿地区也能常见到角色扮演者的身影。近年来，欧美和亚洲各国也不再抱有成见，开始接纳来自日本的新潮文化。

原宿 / 原宿

　原宿といえば、江戸時代には鎌倉街道（the Kamakura Road）の宿場町（a post-station town）として栄え、江戸の大名（the feudal lords in the Edo period）が多数居住していました。1920 年に明治神宮が創建され、神宮参詣者の増加に伴い、表参道の顔となりました。1964 年の東京オリンピック（the Tokyo Olympic Games）では選手村の建設に伴い、外国文化の洗礼を受けた若者たちによる「原宿族」が出現しました。1978 年ラフォーレ原宿（Laforet Harajuku）のオープンに伴い原宿はファッションの中心地となったのです。また 1980 年代には歩行者天国や代々木公園でラジカセを囲み踊る「タケノコ族」の若者が現れ、原宿の名は全国に広

37

がりました。裏原宿系（神宮前から千駄ヶ谷までの一帯に広がる服装用品店の総称）などが先端的流行の発信地となりました。

原宿の竹下通り（Takeshita Street）は、若者向けのブティックが多数見られ、週末や祝日、また春休みや夏休みとなれば、コスプレや個性的なファッションの若者で混雑します。世界的にもファッションの街として知られており、近年では中国人やアジア系の観光客が急増しています。また日本の名物「100円ショップ」(a hundred-yen shop; a store in which every piece of merchandise sells for a hundred yen）も人気が高く、日本の土産物として100円ショップの品物を求める外国人観光客も目立ちます。

原宿の「表参道」には海外の有名なファッションブランド店が林立し、2006年には「表参道ヒルズ」（Omotesando Hills）がオープンしました。地上6階、地下6階で、地下3階から地上3階には国内外の有名ブランドなどがあります。内部は6層の吹き抜け構造（a wellhole-style entrance hall; an entrance hall built in wellhole style）になっており、その周りに床をスロープ状に傾斜させたスパイラルスロープの通路がらせん状につながっています。建物はケヤキ（keyaki [zelkova] tree）並木の街路とよく調和しています。

说起原宿，在江户时代曾作为镰仓街道的驿站繁荣一时，许多江户的幕僚大臣居住于此。1920年，建立了明治神宫。随着神宫参拜者的增加，原宿成为了正参拜大道的"门面"。1964年东京奥运会中，随着奥运村的建设，出现了由接受了外国文化洗礼的年轻人们组成的"原宿族"。1978年，随着Laforet原宿购物中心的开业，原宿成了时尚中心。20世纪80年代，在步行者天堂和代代木公园内出现了围绕着收录机跳舞的年轻人"竹子族"，于是原宿这一地名迅速传遍全国。后原宿系（从神宫前到千驮谷一带的服装店总称）等成为了流行前沿的发源地。

原宿的竹下大道上有很多面向年轻人的时装店，到了周末、节假日或者春假和暑假，挤满了各种角色扮演和衣着个性时尚的年轻人。竹下大道作为世界性的时尚街区而闻名，近些年中国游客和亚洲其他国家游客急剧增加。此外，日本的明星产品"百元店"也人气大涨，而购买日本百元特产的外国游客也很引人注目。

原宿的"表参道"上，海外知名时尚品牌店鳞次栉比。2006年"表参道HILLS"开业了，地上六层，地下六层。其中，地下三层到地上三层有很多国内外知名品牌。内部采用六层通风结构，其周围的地板被倾斜成螺旋上升形，道路也呈螺旋状。建筑和榉树林荫大道相映成趣。

お台場 / 台场

お台場は、東京都港区台場（東京湾埋立13号地北区）の通称です。今でこそ、

第4章　変わりゆく若者の街・秋葉原と原宿そしてお台場

人で賑わう行楽地ですが、江戸時代末期は、ペリー艦隊が来航して幕府に開国を要求した地でもあります。脅威を感じた幕府は、その防御のため洋式の海上砲台を建設させました。それが「品川台場」(品海砲台)で、後年、幕府はこの砲台を使わずに開国しましたが、幕府が築いた台場にちなみ「御台場」と呼ばれるようになりました。「第6台場」の名残は、今もレインボーブリッジ上を走る車窓から見ることができます。

お台場では、海浜公園が開放され、シンボルプロムナード公園内の夢の大橋(歩行者・自転車専用の橋)や自由の女神像(a replica of the Statue of Liberty)が見られます。フジテレビ(Fuji Television Network, Inc.)の巨大なビルや「アクアシティお台場」(Aqua City shopping center)、大観覧車(Ferris Wheel)を擁する「パレットタウン」(Palette Town)、「ヴィーナスフォート」(Venus Fort shopping mall)などがあります。

近くには日本科学未来館(Japan's International Museum of Emerging Science and Innovation)や船の科学館(Museum of Maritime Science)、また東京国際展示場(Tokyo International Exhibition Center)、通称東京ビッグサイト(Tokyo Big Sight)などがあります。レインボーブリッジ(the Rainbow Bridge)は芝浦埠頭とお台場を結び、都心からのアクセスを容易にしています。

　　台场是东京都港区台场(东京湾填海造地13号地北区)的通称。现在是繁华的娱乐中心,但是在江户时代末期,这里曾经也是佩里舰队要求幕府开国的地方。感受到了威胁的幕府,建设了防御用的西洋式海上炮台,即"品川炮台"。但接下来,幕府并未使用这个炮台就被迫开国了,幕府建造的这座"台场"就被称作"御台场"了。现在还可以从疾驰在彩虹桥的车窗内看到"第6台场"的余韵。

　　在台场,海滨公园是开放的,可以看到Symbol Promenade公园内的梦之大桥和自由女神像。里面有包括富士电视台大厦和Aqua City购物中心、有着摩天轮的Palette小镇、Venus Fort购物中心等等。

　　附近有日本科学未来馆和船科学馆、东京国际会展中心也就是俗称的东京Big Sight。彩虹桥连接着芝浦码头和台场,使和东京都中心的往来便捷了很多。

Q&A 11 秋葉原

Q 秋葉原地区についてお話しください。
请您告诉我们一些关于秋叶原地区的情况。

A

【主旨】

　世界有数の秋葉原電気街は、新品や中古品を含め大小の電気製品や電子器具類を販売する主流商店街です。新品は通常表通りにあり、中古品は裏通りにあります。過去数年の傾向としては、一般的な家庭用電気製品から離れ、コンピューターの新時代に向けて変化したことです。最近では、電気製品やパソコンの街からさらにインターネットの新時代やアニメやフィギュア商店のような所謂「オタク」文化のメッカへと変貌しました。ブランドコンピューター販売が減少するに伴い、それに代わってオタク向けのアニメ商店が台頭しました。いくつかの専門店では、幅広いジャンルのフィギュアを扱っています。その特徴は豊富な品揃えで、ミニフィギュアから大きなものまで、様々な人気アニメキャラクターを取り揃えています。等身大フィギュアやコスプレ衣装も販売されています。

　秋叶原是世界上屈指可数的主流电器街，销售着包括新品和二手货在内的大大小小电器产品和电子机械类产品。新产品一般在正面大街上，二手商品在里面的街道。过去几年的趋势是逐渐从一般家用电器产品向电脑新时代的转变。最近几年，秋叶原正从电器产品和电脑街蜕变成了网络新时代和动漫、手办商店那种所谓"御宅族"文化的圣地"麦加"。随着品牌电脑销售的缩减，取而代之的是面向御宅族的动画商店逐渐兴起。在一些专卖店里面，摆放着多种类型的手办。其特点就是品类齐全，从迷你型手办到大型手办，各种动漫角色一应俱全。就连真人大小的手办和角色扮演用的服饰也有销售。

第4章　変わりゆく若者の街・秋葉原と原宿そしてお台場

Q&A 12　原宿

Q 原宿について簡単に説明してください。
请您简单介绍下原宿。

A

【主旨】
　原宿は、明治神宮、NHK放送センター、1964年の東京オリンピック時に建設された国立室内競技場を含むエリアの総称です。最先端のブティックが並ぶ原宿は、若者に絶大な人気を誇る流行の発信地として、また国際色豊かなグルメストリートとしても世界的にも知られています。
　原宿の東側には主なショッピングストリートが2つあります。1つは十代の若者の集まる竹下通りで、流行のファッションを扱う小さな商店や、ファーストフード店が立ち並んでいます。もう1つは、近年東京のシャンゼリゼと呼ばれる表参道です。おしゃれなショッピングモール「表参道ヒルズ」や有名ブランド店が新たに開店し、シャネル、プラダ、ディオール、ルイ・ヴィトンといった高級ブランドの支店が続々と増えています。原宿は東京の若者文化中心地であり、表参道はヨーロッパの街路のような雰囲気をまとっています。
　最近の原宿ガール［原宿地域で流行のファッションに身を包んだ十代の若者］は、「コスプレ」と言われるアニメやマンガのキャラクターの衣装を着ている場合もあります。原宿の中でも、原宿駅から代々木公園にいたる鉄橋の上は、そういった若者が数多くたむろする場所となっています。

　　原宿是包括明治神宫、NHK放送中心、1964年东京奥运会时建设的国立室内体育馆在内的一块区域的总称。原宿汇集了最时尚的女性潮流服饰店，对年轻人而言既是时尚的发源地，又是极富国际风尚的美食街而闻名于世。
　　原宿东侧有两条主要的购物街。一条是十几岁年轻人汇集的竹下大道，林立着经营各种流行商品的商店和快餐店。另一条是近几年被称为东京的香榭丽舍的表参道。这里新开了时尚的购物中心"表参道HILLS"和著名的品牌店铺，像香奈儿、普拉达、迪奥、路易威登等奢侈品的分店也越来越多。原宿是东京年轻人文化中心地带，表参道则充满了浓郁的欧洲大街的氛围。

最近，也常看到原宿女孩儿（身着原宿流行服饰的十几岁年轻人）穿着"角色扮演"中的动漫和漫画角色衣服的情景。从原宿车站到代代木公园的铁桥上也成了这些年轻人大量聚集的场所。

Q&A 13　お台場

Q お台場について手短に教えてください。
请简短地介绍下台场

A

【主旨】

　　お台場は東京湾にある人工埋め立て地です。お台場へは新橋とお台場を結ぶレインボーブリッジを渡る新交通システムゆりかもめに乗って行きます。

　　お台場は都市の新しい歓楽街として、また東京人と観光客にとって等しく人気の高い買い物と観光の行き先地として多くの若者の心を引きつけています。主たる観光スポットとしてアクアシティお台場とパレットタウンがあります。前者には長さ300メートルのブティック通路のあるショッピングモール、最新の音響装置やスクリーン技術を備えた複合型映画館、15,000平方メートル以上のグルメゾーン（この種のものでは日本最大）があります。後者には17～18世紀ヨーロッパの美しい街並みを再現した内装の「女性のためのテーマパーク」というショッピングモール（160店舗収容）があります。

　　台场是东京湾的一块人造陆地。去往台场可乘坐连接新桥和彩虹桥的新交通系统"红嘴鸥"。

　　台场作为城市新的娱乐中心，是备受东京人和游客们喜爱的购物旅游胜地，使年轻人们流连忘返。主要的观光景点有 Aqua City 御台场和 Palette 小镇。Aqua City 御台场包括长达300米的女性潮流服饰购物街、配备了最新的音响设备和银幕技术的复合型电影院、15000多平方的美食街。Palette 小镇里面有一条"女性主题公园"的购物街（有160家店铺），其内饰再现了17-18世纪欧洲的美丽街容。

第5章
美男におわす
大仏の都・鎌倉

散发美男子气息的大佛之都・镰仓

サンプルダイアローグ / 示例対话

ガイド：鎌倉観光といえば、大仏で有名な**高徳院**はかかせません。鎌倉のシンボルになっています。
観光客：以前、写真でこの大仏を見たことがあります。
ガイド：大仏は、**仏神**の１人である**阿弥陀**（⇒ Q&A 15）のブロンズ像です。威厳ある**穏やかな表情**を浮かべ、あぐらをかいて鎮座しています。
観光客：手のひらを上に両手をひざにのせて、親指を触れ合わせたポーズなのはなぜですか。とても不思議です。
ガイド：このポーズは、ゆるぎない深い信仰を表しているのです。
観光客：なるほど。
ガイド：大仏の中に入りたければ、肩の高さまで登って背中の窓から外の景色を見晴らすことができますよ。
観光客：おもしろそうですね。
ガイド：時間があれば、大仏から歩いて約５分の所にある**長谷寺**を訪れることをお勧めします。十一面観音像が見られますよ。
観光客：この観音には、何か特徴があるのですか。
ガイド：この像は高さ９メートルの１本のクスノキから彫りだされていて、日本最大の木造彫刻とされています。
観光客：大仏を見た後、立ち寄ってみたいですね。
ガイド：また、応神天皇とその母親（神功皇后）に捧げられた**鶴岡八幡宮**も見逃せません。八幡と呼ばれ、**軍神**として崇拝されています。
観光客：なるほど。
ガイド：鎌倉は海岸保養地としても人気で、「東洋のマイアミビーチ」とも言われています。
観光客：本当ですか。
ガイド：鎌倉には、富士山の見える場所として有名な**江の島**もあります。また、海水浴場や 1964 年の東京オリンピックのために作られたヨットハーバーで知られる片瀬もありますよ。

导游：说起镰仓的旅游，不得不提因大佛而著名的高德院。已经成为了镰仓的标志。
游客：以前曾在照片上看过这尊大佛。
导游：大佛是神佛之一的阿弥陀佛的铜像。表情威严安详，盘腿而坐。
游客：将手掌朝上置于膝盖之上拇指相扣的姿势，是为什么呢？
导游：这个姿势表示坚定不移的虔诚的信仰。
游客：原来如此。
导游：如想进到大佛里面去，可以登到大佛肩膀高处从其背部的窗户欣赏

第 5 章　美男におわす大仏の都・鎌倉

到外面的风景。
游客：这个挺有意思的！
导游：如果有时间，建议大家参观一下长谷寺，距离大佛步行约 5 分钟。可以看到十一面观音像喔。
游客：这尊观音像有什么特点呢？
导游：这尊像是用一根高达 9 米的樟木雕刻而成，是日本最大的木质雕刻。
游客：参观大佛后，好想顺道去看看。
导游：另外，供奉着应神天皇和其母亲（神功皇后）的鹤冈八幡宫也不要错过。称作八幡，被崇拜为军神。
游客：哦，原来是这样。
导游：镰仓作为滨海疗养地很受欢迎，也被赞为"东方的迈阿密"。
游客：是吗！？
导游：镰仓有可以看到富士山的著名的江之岛。还有海滨浴场和为 1964 年东京奥运会修建的游艇码头片濑。

アテンドの知識 / 相关知识

　昔、詩人の与謝野晶子（1878-1942）は鎌倉の大仏を見て「鎌倉や御仏なれど釈迦牟尼は美男におはす夏木立かな」と詠みました。でも、鎌倉の大仏は釈迦牟尼ではなく阿弥陀仏です（⇒ Q&A 15）。ちなみに釈迦牟尼は釈迦如来（＝奈良の大仏）のことで、釈迦は仏教の開祖です。いずれにせよ、鎌倉の大仏さまは美男子なのです。

　诗人与谢野晶子（1878-1942）看到镰仓大佛后曾咏道："镰仓有大佛，世尊原是美男子，夏日木葱郁"。不过，镰仓的大佛不是释迦牟尼，而是阿弥陀佛。顺便说下，释迦牟尼指释迦如来（奈良的大佛），释迦是佛教的开山鼻祖。不管怎样，镰仓的人佛的确是位美男子。

鎌倉の大仏 / 镰仓的大佛

　日本観光通訳協会刊行の Guide Text には、The Great Statue of Buddha has 656 curls on the head, all winding clockwise. のように記されています。「鎌倉の大仏の頭には 656 本の巻き毛があり、その巻き毛は時計回り（clockwise）、つまり右巻き」です。大仏の額（the forehead）には大きなホクロのような丸い白毫（a round boss）がありますが、これは「仏の知恵の象徴」（a symbol of Buddha's wisdom）です。眉（an eyebrow）の間には 1 本のカールがあり、そこから光を放ち、世の人々に対して「悟り」（permanent enlightenment）の境地を開かせると言われています。

　鎌倉の大仏 (the Great Statue of Buddha at Kotoku-in Temple in Kamakura, with

45

its seated height of 11.4m）は、正式には高徳院の本尊（the principal statue of the Buddha）ですが、最初から露座（sitting in the open air）していたのではなく、1252年に現在の金銅仏（the gilt bronze statue of the Buddha）が鋳造（casting）され、そのときは大きな木造建築物の中に安置されていました。しかし1495年の津波（tsunami; a tidal wave）で大仏殿（the Hall of the Great Statue of the Buddha）は破壊され、大仏そのものも台風や地震で被害を受けました。現在の姿に修復されるに至ったのは昭和初期です。大きさでは奈良の大仏（the Great Statue of Buddha at Todai-ji Temple in Nara, with its seated height of 15m）には及ばないのですが、美しさでは日本一の「阿弥陀如来座像」（a seated statue of Amida Nyorai Buddha [Amitabha]）だと言われています。その手の組み方は「揺るぎない信仰」（steadfast faith）を表しています。大仏の胎内（the body of the Great Buddha）は拝観でき、そこに入ると下から一段ずつ溶接（welding）していった工程がよく分かります。

　　日本导游译员协会发行的导游教材中有如下内容："镰仓大佛头部有656根卷发，卷发按顺时针方向往右卷"。大佛的额头处有一块大大的黑痣似地白毛卷，这是"佛的智慧的象征"。据说眉宇中间有一根卷发散发着光芒，据说可让尘世的人们开悟。

　　镰仓大佛作为高德院的主佛，最初并非在露天。1252年，铸造了现在的这尊金铜佛像后，佛像被安放在了木质建筑里面。但是，在1495年的海啸中，大佛殿遭毁坏，大佛也因台风和地震受到了损害。到了昭和初期才修复成今天看到的样子。规模方面虽不及奈良，但是漂亮程度上可谓是日本第一的"阿弥陀如来坐像"。其手的交叉方式表示"坚定不移的信仰"。大佛的内部可以参观，进去后会发现从下面开始逐层焊接的施工痕迹。

鶴岡八幡宮 / 鹤冈八幡宫

　　鶴岡八幡宮（Tsurugaoka-Hachiman-gu Shrine）は、奥州を平定して鎌倉に帰った河内源氏2代目の源頼義（988-1075）によって、1063年鎌倉の由比郷鶴岡（現・材木座1丁目）に鶴岡若宮として創設されました。そして3代目の源義家（1039-1106）が1081年に修復を加えました。1180年には、平家打倒の兵を挙げ鎌倉に入った鎌倉幕府の初代征夷大将軍（generalissimo）である源頼朝（1147-1199）によって現在地に移されました。1191年には現在の姿に整えられ、鎌倉幕府（the Kamakura shogunate）の儀式や行事はすべてここで行われ、京都と並び政治文化の中心地となりました。この神社は武家源氏・鎌倉武士の守護神（a guardian god; a tutelary deity）としての軍神（the god of war）です。

　　鎌倉時代に行われていた「流鏑馬神事」（horseback archery; the traditional rite of shooting arrows on horseback）（⇒Q&A 16）が、現在でも4月と9月に行われ、

大勢の人々を楽しませてくれます。社務所（a shrine office）から鳥居に至る参道が流鏑馬の馬場となり、猟装束(かりしょうぞく)（colorful hunting costume）の騎馬武者（a samurai warrior on horseback）が馬を疾走させながら次々と3か所の木製の的（a wooden target）を射って行きます。3つの的は、矢（an arrow）の当たりはずれによって早稲(わせ)（the early rice-plant）、中稲(なかて)（the mid-season rice-plant）、晩稲(おくて)（the late rice-plant）の出来・不出来を占う（the fortune-telling of a good or poor harvest）のです。

鹤冈八幡宫是由平定奥州回到镰仓的河内源氏第二代源赖义（988-1075），1063年在镰仓的由比乡鹤冈创建的鹤冈若宫。并且，第三代的源义家（1039-1106）于1081年进行了修复。1180年，由举兵打倒平家后进入镰仓的镰仓幕府初代征夷大将军源赖朝（1147-1199）迁移至此。1191年，八幡宫被整理成如今的样子，镰仓幕府的所有仪式活动均在此举办，成为和京都并列的政治文化中心。该神社被视为武家源氏·镰仓武士的守护神。

镰仓时代的"流镝马神事"现在于每年的4月和9月举办，让很多观众大开眼界。从社务所到鸟居的参道成为流镝马的马场，身着狩猎装的骑马武士策马疾驰的同时，依次射中三个木质靶子。根据箭是否命中，用三个靶子来占卜早熟稻子、中熟稻子和晚熟稻子是否丰收。

鎌倉 / 镰仓

鎌倉は最初の武家政権が開かれた地であり、江戸と並ぶ武士によって築かれた都市です。江戸が東京となってからは当時の名残を留めていないのに対して、鎌倉はかつての景観が今も残存し、息づいています。このため2012年には「古都鎌倉の寺院・神社遺産」としてユネスコ世界遺産の登録を希望したのですが、イコモス（ICOMOS=International Council on Monuments and Sites 国際記念物遺跡会議）によって取り下げられました。

北鎌倉には座禅（⇒Q&A 14）が体験できるお寺が多数あります。

镰仓是武家政权最初开始的地方，和江户一样是由武士建造的城市。江户改名东京后当时的余韵已消失殆尽，但是镰仓得以延续依旧存留着昔日的景观。为此，2012年，曾申请作为"古都镰仓的寺院·神社遗产"入围联合国教科文组织的世界遗产名录，但是被ICOMOS（国际纪念物遗迹会议）否决。

北镰仓有众多可以体验坐禅的寺庙。

長谷寺 / 长谷寺

大仏殿の近くには、奈良時代からあったと伝えられる古寺(こじ)（an old temple; a temple with a long history）の「長谷寺(はせでら)」（創建736年）があります。安置されている本尊「長谷観音」の名で親しまれている「十一面観音立像」(the standing statue of the eleven-faced Kannon Bodhisativa）は高さ約9.2メートルで、見上げ

47

るほどの巨大な木造の仏像は日本最大（the largest wooden statue in Japan）級と言われています。この観音は 8 世紀（721 年）に徳道上人(とくどうしょうにん)（656-735）が奈良で 1 本のクスノキ（camphor wood）から 2 体の十一面観音（同本異体）を作り、1 本は奈良の長谷寺（＝桜井市初瀬にある真言宗豊山派総本山）に安置し、もう 1 本を海に流したところ、それが鎌倉に流れ着いたといわれています。人々は上人を招き長谷寺を建てて観音を祀ったと伝えられています。観音堂（the Kannon Chapel）が建っている平地には見晴らし台が設けられ、そこからは「東洋のマイアミビーチ」（the Miami Beach of the Orient）と言われる鎌倉の海や長谷の町並みが見渡され、晴天の日には三浦半島（the Miura Peninsula）まで一望することができます。

大佛殿附近有一座据说从奈良时代就存在的古寺——长谷寺（创建于 736 年）。供奉于此的主佛"长谷观音"有一个令人喜爱的名字"十一面观音立像"，高达 9.2 米，巨大的木质佛像为日本之最。这座观音像是 8 世纪（721 年）由德道上人（656-735）在奈良用一根楠木制作成的两尊十一面观音（同本异体）之一，一根安放在奈良的长谷寺（位于樱井市初濑的真言宗丰山派总本山），另一根被冲进大海，据说后来漂流到了镰仓。据传说，人们纷纷邀请德道上人建立观音寺并供奉观音。在建观音堂的那块平地上设计了瞭望台，从那里可以一览被誉为"东方迈阿密海滨"的镰仓海的风景和长谷的街区容貌。晴天的日子里，可以一眼望到三浦半岛。

江の島 / 江之岛

江の島（Enoshima Island）は片瀬海岸（Katase Beach）にある周囲約 4 キロの小さな陸繋島(りくけいとう)（a small offshore island）で、海岸の砂州(さす)（sandbar）と橋で結ばれています。島には日本三大弁天の 1 つに数えられる「江島神社」（Enoshima Shrine）があります。

年間を通して多くの観光客が訪れる、今も昔も変わらぬ風光明媚な湘南を代表する観光スポットです。周辺は釣り場としても人気が高く、ヨットハーバーとしても恰好の場所です。近くには、東京に近い海水浴場で知られる「由比ヶ浜(ゆひ)」、江の島と富士山の美しい風景が一望できる「七里ヶ浜(しちり)」があります。今では世界初の飼育下 5 世とみられるバンドウイルカの誕生で一躍有名になり、さらには巨大な「相模湾大水槽」（Big Sagami Bay Tank）で人気が高い「新江ノ島水族館」（Shin-Enoshima Aquarium）があります。

江之岛是一座距离片濑海滩周围约 4 千米的小小离岛，和海岸沙滩由桥相连在一起。岛上有日本三大弁天之一的"江岛神社"。

常年有众多游客到访，代表了亘古不变旖旎明媚的湘南景点。周围的钓鱼场颇有人气，也很适合当作游艇码头。附近有"七里海滨"，从这里可以饱览距离东京较近的海滨浴场"由比海滨"、江之岛和富士山的美。如

第 5 章　美男におわす大仏の都・鎌倉

今、因世界首次人工饲养第五代坂东海豚的出生而名扬天下。此外还有凭借巨大的"相模湾大水槽"而人气大涨的"新江之岛水族馆"。

銭洗弁財天 / 钱洗弁财天

　鎌倉駅から 20 分ほど歩くと、正式名は「銭洗弁財天宇賀福神社」(1185 年創建)、通称「銭洗弁財天」(Money-Cleansing Shrine) があり、境内につながる岩山のトンネルをくぐる洞窟 (a grotto; a small cave) があります。ここの清水 (the waters of a spring) で銭貨を洗うと何倍にも増える (multiply the money washed in it) という言い伝えがあり、ザル (bamboo basket) を片手にお金を洗う姿が見られます。最近ではキャッシュカード (plastic card; bank card; ATM card) を洗う人もいるそうです。

　从镰仓车站出发步行 20 分钟左右，有一座正式名为"钱洗弁财天宇贺福神社"（1185 年創建）的神社，通称"钱洗弁财天"。有一个穿过岩石山隧道通至神社内部的石窟。据传说，用这里的清水洗一洗钱币就可以得到数倍的钱币，可以看到人们只手提竹篮洗钱币的情景。听说也有人用来洗信用卡的。

钱洗弁财天

远望江之岛

第 1 部　日本の文化・観光

第 2 部　日本の世界遺産　文化遺産・自然遺産

49

Q&A 14 禅・座禅

Q 「禅」また「座禅」とは、どのようなものですか。
"禅"和"坐禅"是什么?

A

【主旨】
　円覚寺は、建長寺と並び有名な禅寺です。両寺院は、12世紀末仏僧栄西によって中国から導入された臨済宗の禅寺です。
　「禅」というのは、心の平静を成就することによって得られた悟りの境地のことです。従って、禅の目的は、静かに瞑想しながら心の迷いを無くして真理に目覚め、悟りを開くことです。悟りに到達するために行われる修業のひとつに「座禅」があり、かすかに目を開けたままあぐらをかき、静かに黙想することです。
　今では多くの人が真理を求めるために禅寺に参詣して、精神修業の一環として「座禅」を行います。

　　圆觉寺是与建长寺齐名的禅寺。两座寺院是12世纪末由佛僧荣西从中国引入的临济宗禅寺。
　　"禅"是指由静思瞑想得到开悟的境地。因此，禅的目的在于闭目深思，祛除心中杂念以发现真理进而开悟。为了达到开悟境地的修行之一就是"坐禅"，双眼微启，盘腿而坐，静思冥想。
　　如今，许多人为了追求真理而参拜禅寺，作为精神修行的一环节而"坐禅"。

Q&A 15 阿弥陀

Q 「阿弥陀」について簡単に説明していただけますか。
能否简单介绍下"阿弥陀佛"？

A

【主旨】
　鎌倉の大仏は、浄土宗高徳院の境内にあるブロンズの阿弥陀像です。阿弥陀（別

第5章　美男におわす大仏の都・鎌倉

名：阿弥陀如来）は、日本では浄土宗・浄土真宗のご本尊として崇められている大乗仏教の仏さまです。阿弥陀は、西方の極楽浄土に住むと言われています。

信仰をこめて念仏(ねんぶつ)（「南無阿弥陀仏」★キーワード参照）を何度も唱える人は、死後極楽に行けるとされています。「阿弥陀」は、通常蓮の花の台座にあぐらをかき、両手を膝にのせているか、あるいは左手を膝におき右手を挙げた状態で表現されます。鎌倉の大仏は、禅定に入っている阿弥陀像としての姿を見せています。
【注】如来＝悟りを開いた人（⇒奈良の大仏 116 頁、122 頁参照）

　　鎌仓大佛是位于浄土宗高德院内的铜铸阿弥陀佛像。阿弥陀佛（又称：阿弥陀如来）在日本是作为浄土宗・浄土真宗的主佛而备受尊崇的大乘佛教的佛。阿弥陀佛居于西方的极乐净土。

　　人们相信虔诚地咏念佛法的人死后会到极乐世界。"阿弥陀佛"通常盘腿坐在莲花台之上，双手置于两膝盖，抑或是左手置于膝盖而右手举起。镰仓大佛则呈现出入山修行的阿弥陀佛像的姿态。

Q&A 16　流鏑馬

Q 鶴岡八幡宮で行われる「流鏑馬」が、いちばん代表的なものだというのはどうしてですか。
为什么说鹤冈八幡宫举行的"流镝马"是最具代表性的？

A

【主旨】
　鶴岡八幡宮は、戦軍の神、または弓術の神に捧げられています。「八幡」というのは応神天皇の戒名(かいみょう)（★キーワード参照）で、戦軍の神として神格化されています。そのため毎年9月15日か16日には、「流鏑馬」がこの神社で行われています。鎌倉時代の色鮮やかな狩衣を着用した参加者は、馬に乗って疾走しながら弓矢で静止した3つの的を射るのです。

　元来「流鏑馬」は、豊作を祈願する神道の儀式として行われていましたが、後世に至り武士道を養成するために取り入れられ、武士たちは馬術と弓道を相互に競い合いました。今では神社の伝統的な祭事として行われています。

　　鹤冈八幡宫被尊为战神或箭术之神。"八幡"是应神天皇的法号，被神格化为军神。因此，每年9月15或16日，在这个神社里举办"流镝马"活动。选手们身着镰仓时代色泽亮丽的狩猎服，骑马疾驰中用弓箭射中静止的三个靶子。

51

"流镝马"原来是祈祷丰收的神道仪式，到了后世被用来培养武士道精神，武士们借此相互较量马术和箭术。现如今，已经成为神社的一种传统活动。

キーワード / 关键词

★念仏 / 念佛

阿弥陀仏への祈願 ☆「念仏」とは「仏、特に阿弥陀仏の名号(みょうごう)を唱えること」(the sincere repetition of the sacred name of Amitabha while chanting a prayer ―"Namu Amida Butsu" [I sincerely believe in Amitabha]）で、浄土宗・浄土真宗・時宗などの念仏宗での祈祷。

向阿弥陀佛许愿 ☆ "念佛"指"口念佛特别是阿弥陀佛的佛号"，是净土宗・净土真宗・时宗等念佛宗派中的祈祷。

★南無阿弥陀仏 / 南无阿弥陀佛

「阿弥陀仏を敬い、その教えに従います」☆「南無」は I worship [pray to] and obey one's doctrine [teachings]（敬い、その教えに従う）、「阿弥陀」は Amida、「仏」は Buddha である。浄土教で阿弥陀仏に帰依し（believe in Amitabha）、絶大に信頼を寄せる（depend on Amitabha）こと。これを唱えることを「念仏」と言う。

"尊敬阿弥陀佛，遵从其教化"☆ "南无"指"尊敬、遵从教化"，"阿弥陀"读作"Amida"，"佛"为英文中的"Buddha"。净土教中指皈依阿弥陀佛，信赖阿弥陀佛。将念颂"阿弥陀佛"叫作"念佛"。

★戒名 / 戒名

①僧侶が死者（故人）に付ける名前。数個の漢字で書かれ、仏壇（または墓石）におく位牌に刻まれる。☆浄土真宗では「法名」また日蓮宗では「法号」という。⇔俗名(ぞくみょう)。②戒を受けて仏門に入った者に与えられる名。⇔俗名。

① 僧人给已故者取的名字。用几个汉字书写，并刻在佛坛（或墓碑）的牌位上。☆在净土真宗里称作"法名"，日莲宗里称作"法号"。②授予接受戒律步入佛门的人的名字。⇔俗名。

著名的禅寺——圆觉寺

第6章
エキゾチックな街・横浜

异域风情的城市・横浜

サンプルダイアローグ / 示例对话

観光客：日本にいる間に、一度は横浜を訪れたいと思います。
ガイド：ぜひそうすべきです。横浜は東アジア最大の港町で、日本の海の玄関口となっています。
観光客：横浜の名所を案内していただけますか。
ガイド：**喜んで**。日本初の臨海公園である「山下公園」(⇒ Q&A 17) まで案内しましょう。とても気持ちがよく、海岸通り沿いの**散策**に最適の場所ですよ。
観光客：この公園の周辺には、どこか名所がありますか。
ガイド：横浜ベイブリッジを見ることができます。全長は 860 メートルで、**2つの塔からケーブルで吊られ**ています。このタイプでは世界最大級の吊り橋の 1 つです。
観光客：本当ですか。
ガイド：地上からの高さが世界最高級の灯台であった、マリンタワーもあります。
観光客：そうですか。
ガイド：中華料理が好きなら、ちょっと中華レストランに行きましょう。
観光客：有名な横浜**中華街**ですか。
ガイド：その通りです。この中華街は、神戸や長崎の中華街よりも大きいでしょう。
観光客：なるほど。中華料理を食べるのを楽しみにしています。
ガイド：食後は、横浜の買い物天国として有名な元町ショッピングストリートに寄りましょう。
観光客：時間があれば、少しウィンドウショッピングを楽しみたいですね。
ガイド：いいですね。次に、**横浜外国人墓地**を見学しましょう。横浜で生活し、ここで亡くなった外国人のために造られたものです。
観光客：いいですね。
ガイド：その後は、港の見える丘公園まで登ってみましょう。頂上からは海岸沿いに広がる山下公園と横浜港の全景が一望できます。
観光客：楽しそうですね。

游客：在日本期间，我想访问一次横滨。
导游：一定要去一次。横滨是东亚最大的港口城市，也是日本的海上大门。
游客：您能带我们去横滨的名胜吗？
导游：当然可以。我们先去日本第一个滨海公园山下公园吧。那里非常惬意，是沿着滨海大道散步的最佳地点。
游客：公园周边有什么名胜吗？

第 6 章　エキゾチックな街・横浜

导游：可以看到横滨湾大桥。全长 860 米，由两座塔之间钢缆吊成。属于世界上最大的吊桥之一。
游客：真的吗？
导游：还有地上高度为世界之最的灯塔——海洋塔。
游客：喔！
导游：喜欢中餐的话，我们就去中餐馆吧。
游客：就是著名的横滨中华街吗？
导游：是的。这条中华街比神户和长崎的中华街还大。
游客：果然啊。很期待吃顿中国菜了。
导游：用餐后，顺道去横滨的购物天堂元町购物街吧。
游客：如果有时间，倒很想来一次橱窗购物（window shopping）。
导游：很好啊！然后参观横滨外国人墓地吧。这个墓地为那些生活在横滨，安息在横滨的外国人而建造的。
游客：好啊！
导游：然后，我们登上港之见丘公园吧。从顶上可以一览延绵至海边的山下公园和横滨港的全貌。
游客：似乎很不错啊！

アテンドの知識 / 相关知识

　　横浜といえば、横浜ベイブリッジや 21 世紀の新しい港湾都市計画の「みなとみらい 21」（New Port City Plan for the 21st Century）（⇒Q&A 19）などがあります。しかし横浜を語るとき、一度は足を向けたい懐かしい観光ルート（sightseeing route）があります。

　　提起横滨，就会想起横滨湾大桥和 21 世纪新港口城市计划的"港口未来 21"等等。但是，说起横滨，还有一条怀旧观光线路至少想去一次。

山下公園 / 山下公园

　　山下公園（Yamashita Park）は、横浜港に面して大桟橋（pier）の入り口から山下埠頭（wharf）まで 1 キロにわたる臨海公園（waterfront park）です。芝生や花壇、ベンチが置かれ、晴れた日に家族がのんびりと過ごす、海を見ながら恋人同士がベンチでゆったり過ごす、港を眺めながらソフトクリームをなめてぼんやりと過ごす…そんな公園です。

　　山下公园是一座滨海公园，面朝横滨港，从大栈桥入口到山下码头延绵一公里。山下公园是这样一座公园：里面有草坪和花坛，有长凳，天气晴朗的日子里一家人悠哉悠哉地打发时间；情侣们在长凳上一边看海一边

惬意呢喃；悠闲舒适地一边眺望着港口一边舔着冰激凌……。

マリンタワー / 海洋塔

マリンタワー（Marine Tower）は横浜港（⇒ Q&A 18）のシンボルで、横浜開港100年を記念して建てられた展望塔です。高さ106メートルのタワーの展望台（observatory）からは、港に停泊する外国航船、遠くは富士山や三浦半島（the Miura Peninsula）まで一望できます。このタワーは2008年までは灯台（lighthouse）としての機能をもっていました。

海洋塔是横滨港的标志，是为纪念横滨开港100年而建的瞭望塔。从高达106米的瞭望台可以一览停留在港口的外国船舶、富士山和三浦半岛。该塔在2008年前一直有灯塔的功能。

横浜ベイブリッジ / 横滨湾大桥

横浜ベイブリッジ（Yokohama Bay Bridge）は、全長860メートル、高さ172メートルの2本の塔からワイヤーで橋げたを吊る巨大な斜張橋（cable-stayed bridge）です。264灯の投光器で主塔部分をライトアップし、魅力的な横浜港の夜景を演出しています。吊り橋（suspension bridge）の一種であるこの橋は、特に夜景が素晴らしく、埠頭にはカップルのためのペアシート（a seat for a good couple）も随所に見られます。

横滨湾大桥全长860米，是一座巨大的斜拉桥，从高172米的两座塔上用钢索吊起桥面。用264盏投光灯点亮主塔部分，演绎出一副极富魅力的横滨港夜景。该桥属于吊桥一种，夜晚时分尤其漂亮，码头上供情侣们使用的情侣座椅也随处可见。

中華街 / 中华街

近くには中華街（Chinatown）があり、北京（Peking）、上海（Shanghai）、広東（Canton）、四川（Szechwan）の4大中華料理が楽しめます。「中華街」と朱で大書された西側入口の「善隣門」をくぐると、150軒以上の中華飯店が連なっています。客がズルズルと大きな音を立て中華ソバ（Chinese noodles）を食べているので、この大通りは「ズルズル通り」とも呼ばれているそうです。

附近有中华街，可以品尝到北京、上海、广东和四川的中国四大菜系。穿过写着朱红大字"中华街"的西侧入口"善邻门"，里面有150多家中餐馆。食客们"滋溜滋溜"地大口吃着中华面条，因此，这条路也被叫作"滋溜滋溜路"。

港の見える丘公園 / 港之见丘公园

横浜の観光スポットとして忘れてはならないのが「港の見える丘公園」（Harbor-

第 6 章　エキゾチックな街・横浜

Viewing Park）です。公園内の展望台からは、海岸沿いに広がる山下公園や横浜港の全景が一望できます。さらには「横浜ベイブリッジ」の夜景や日本一の高さを誇っていた横浜ランドマークタワー（Yokohama Landmark Tower）の姿も満喫できます。超高層ビルとしては 2014 年開業の「あべのハルカス」（Abeno Harukas: 高さ 300m、地上 60 階建）に日本一の座を奪われ、第 2 位の高さとなりました。しかし地下 3 階、地上 70 階で高さ 296 メートルの横浜ランドマークタワーは、最大分速約 750m の世界最高速エレベーターを有しています。ただし「降り」の速度のみで、「昇り」は 2004 年開業の「台北 101」のエレベーターが世界最速です。横浜ランドマークタワーは大規模な事務所・ホテル・ショッピングモール・文化施設など多彩な機能をもった日本最大級の複合開発型の超高層ビルです。

　　横滨的观光景点中不可忘记的就是"港之见丘公园"。从公园的瞭望台可以一览延绵至海边的山下公园和横滨港的全景。并且，可以尽情欣赏"横滨湾大桥"的夜景和号称日本第一高的横滨地标塔。作为一栋超高层建筑，被 2014 年开业的"阿倍野 Harukas（高 300 米，地上 60 层）"夺取日本第一的宝座，成为了第二高。但是，拥有地下 3 层地上 70 层、高达 296 米的横滨地标塔有着最高分速约 750 米的世界最高速的电梯。横滨地标塔是一栋拥有大规模事务所、酒店、购物中心、文化设施等多功能的日本最大的综合型超高层建筑。

横浜外国人墓地 / 横滨外国人墓地

　　港の見える丘に行く途中には横浜外国人墓地があります。その昔、ペリー提督が黒船で東京湾に入港した後、1859 年に横浜が開港になり、1861 年には外国人の居留地となりました。そのとき、日本の近代化に尽力し、横浜に大きな功績を残した約 40 か国 4,000 人の外国人が眠るエキゾチックな墓地です。

　　去往港之见丘公园途中，有一座横滨外国人墓地。佩里司令官率领舰队进入东京湾后，1859 年横滨开放港口，1861 年成为了外国人的聚居地。这里就是当时致力于日本的现代化，为横滨做出巨大贡献的大约来自 40 个国家的 4000 多名外国人长眠的墓地。

57

Q&A 17 山下公園の起源

Q 山下公園はいつ作られましたか。
山下公园是什么时候建立的?

A

【主旨】
　山下公園は、散策するためには最高の公園、または老いも若きも（★キーワード参照）休憩するには最高の場所として知られています。
　この公園は、関東大震災の復興事業の一環として1930年に作られました。破壊された建物などのがれきを一掃して埋め立てられ、そしてこの整地が芝生、樹木や花々のある美しい公園になったのです。公園にある噴水池に立つ「水の守護神」像は、1960年に横浜の姉妹都市であるサンディエゴから贈られた物です。
　山下公园作为最适合散步的公园，亦或是不分老幼最佳休憩场所而著名。
　这个公园建于1930年，是关东大地震复兴计划的一部分。将受到破坏的建筑物等残骸清理掩埋后，整块地就成了有草坪、树木和各种花儿的美丽公园。立在公园喷泉池中的"水神"像，是1960年来自横浜的姉妹城市圣地亚哥的赠礼。

Q&A 18 横浜港

Q 横浜港についてお話し願えますか。
请您介绍下横滨港好吗?

A

【主旨】
　日本は1639年に鎖国しましたが、1853年にアメリカの船が横浜に来て、通商を求めました。1858年に交わされた最初の日米通商条約の署名後、横浜は外国に

第6章 エキゾチックな街・横浜

向けて開港することとなりました。その後、横浜港は貿易港として発展したのです。港では、自動車やカメラなどの輸出、また石油や機械類などの輸入の通商を行ってきました。横浜港は、日本の文明開化において大きな役割を果たしてきたのです。

近くには1989年9月に開通した横浜ベイブリッジがあります。この橋は、今では横浜のランドマークとなっています。

日本于1639年闭关锁国，1853年美国舰队来到横滨要求通商。1858年最早的日美通商条约签署后，横滨向外国开放港口。之后，横滨港作为贸易港口得以发展起来。港口里进行着汽车和相机的出口、石油和机械类商品的进口贸易。横滨港在日本文明开化中发挥了巨大的作用。

附近有1989年9月开通的横滨港湾大桥。这座桥在今天已成为横滨的标志。

Q&A 19 横浜みなとみらい21

Q「横浜みなとみらい21」とは何ですか。
"横滨港未来21"是什么？

A

【主旨】
「みなとみらい」とは「未来の港」という意味で、21世紀に横浜の明るい未来があるという夢の象徴です。

横浜は、国際貿易港、また東京に次ぐ日本第2位の大都市としての役割を担っています。単に「みなとみらい」と親しまれることもある「みなとみらい21」は、現在東京都市圏における最新の都市商業センターの一角として繁栄の途上にあります。

いくつかの主要ホテルや、横浜ランドマークタワー、パシフィコ横浜国際会議場といったオフィスタワーからなる商業地区があり、歩行者天国沿いには、横浜美術館や多数の商店を含むショッピングセンターがあります。

また、ひと頃は世界最大であった100mの大観覧車コスモクロック21、ショッピングモールや宴会場のある赤レンガ倉庫などの観光スポットが多数点在します。観光客は博物館としてみなとみらい埠頭につけられている日本丸を楽しむことも

59

できます。みなとみらい 21 は近隣の横浜中華街とともに大勢の観光客を魅了しています。

　"港未来"是"未来的港口"的意思，象征着 21 世纪横滨将有美好未来的梦想。

　横滨承担着国际贸易港口，并且仅次于东京的日本第二大城市的角色。"港未来 21"有时也被亲切称为"港未来"，作为东京城市群中最新的商业中心崭露头角。

　商业区域由几家主要酒店和横滨地标塔、太平洋横滨国际会展中心等写字楼构成，步行者天堂一带有包括横滨美术馆和众多商店在内的购物中心。

　此外，还有众多观光景点，如一度为世界最大的直径 100 米的巨型摩天轮 Cosmo Clock21、设有购物街和宴会厅的红瓦仓库等等。游客还可以观赏作为博物馆被安放于港未来码头的日本丸号帆船。港未来 21 和附近的横滨中华街一起让游客们流连忘返。

第7章
日本屈指の観光名所
富士・箱根・伊豆

日本首屈一指的观光胜地
富士・箱根・伊豆

サンプルダイアローグ / 示例対話

観光客：日本に来たからには、世界でも有名な**富士山**（⇒ Q&A 20）を一目見たいと思います。
ガイド：それなら、富士箱根伊豆国立公園の周遊をお勧めします。富士五湖が広がる富士山、芦ノ湖のある箱根、そして温泉と美しい海岸風景が見られる伊豆半島といった3つの観光名所が含まれています。この地域のどこからでも、富士山がきれいに見えますよ。
観光客：日本のシンボル富士山を見るのが楽しみです。ところで、箱根にはどんな特徴があるのですか。
ガイド：**箱根**は日本有数の人気休暇地です。温泉やハイキングコース、多くの観光名所があります。
観光客：なるほど。
ガイド：芦ノ湖は**逆さ富士**で有名です。晴れた日、特に夜明けごろには湖水に映る富士山が見られます。
観光客：**伊豆半島**はどんなところですか。
ガイド：**温泉**や美しい**海岸風景**、美味しい海の幸で知られています。
観光客：熱海は、日本一有名な海岸沿いの温泉地だと聞いているのですが。
ガイド：その通りです。熱海は伊豆半島の玄関口で、有名な温泉地である伊東や熱川と並び、東伊豆に位置しています。
観光客：南伊豆にある下田と言えば、日本の**鎖国政策**を廃して開国したペリー提督を思い出します。
ガイド：そうですね。下田は、海に奇岩怪石が突き出した石廊崎で有名で、多くの日本人に愛されています。晴天の日には、伊豆諸島の美しい風景を望むことができますよ。
観光客：日本にいる間に一度は温泉地に立ち寄って、温泉（★キーワード参照）に浸かりたいです。
ガイド：いいですね。おすすめは、日本で最も人気のある熱海温泉です。さらには、日本旅館の窓から「百万ドルの夜景」も満喫できるかもしれません。
観光客：よさそうですね。

游客：既然来到日本了，就想看一眼闻名于世的富士山。
导游：那我建议大家到富士箱根伊豆国立公园周边游览。包括了富士五湖围绕的富士山、芦之湖所在地箱根、有温泉和可以看到美丽海边风光的伊豆半岛这三处胜景。从这一带任何地方都可以清晰地看到富士山。
游客：很期待能看到日本的象征富士山。不过，箱根有什么特色呢?
导游：箱根是日本为数不多的人气疗养地。有温泉和漫步道等很多观光胜地。
游客：哦！
导游：芦之湖的富士山倒影很出名。晴天里，尤其是黎明时分，可以欣赏倒映在湖面上的富士山。

第 7 章　日本屈指の観光名所富士・箱根・伊豆

游客：伊豆半岛是什么样的地方呢？
导游：有温泉和美丽的海岸风景，还有美味的海鲜都很著名。
游客：听说热海是日本排名第一的沿海温泉胜地。
导游：是的。热海是伊豆半岛的门户，紧挨着著名的温泉胜地伊东和热川，位于东伊豆。
游客：说到南伊豆的下田，我想起了打破日本锁国政策，迫使日本开国的佩里提督。
导游：是啊！下田因奇岩怪石突出的石廊崎而出名，深受日本人的喜爱。晴朗的日子里，可以眺望伊豆半岛的美丽风光。
游客：在日本期间，真的好想去温泉胜地泡一次温泉啊！
导游：好主意啊！推荐您去在日本人气最旺的热海温泉。并且，从日本旅馆窗户里，或许还能欣赏到"百万美元的夜景"。
游客：看起来不错啊！

アテンドの知識 / 相关知识

　今、外国人の間で静かなブームとなっているものの１つが温泉です。温泉紀行ものがテレビの人気番組になっているように、日本人の間でも、老若男女（men and women of all ages）を問わず関心が高いようです。そうした意味でも「富士箱根伊豆国立公園」は、国の内外を問わず、多くの観光客を根強く集めており、その中心は何と言っても「富士山と伊豆・箱根の温泉」です。

　　如今，在外国人中间悄悄兴起的潮流之一就是泡温泉。就像温泉旅行成为人气节目那样，在日本人之间也是不管男女老幼都对温泉表现出极大兴趣。在这种意义上说，"富士箱根伊豆国立公园"吸引了大量的国内外的游客，其精髓正是"富士山和伊豆・箱根温泉"。

富士山 / 富士山

　富士山（Mt. Fuji, 3,776 meters high）は、高さや形が日本一であるだけでなく、日本のシンボル、世界の秀峰です。昔から「フジヤマ・サクラ・ゲイシャ」と言われるほど有名な日本観光の３大名物です。日本３名山（富士山・立山・白山）の１つである富士山を見るために芦ノ湖にやって来た外国人が、富士山が見えずにがっかりしたことがあったとき、ガイドさんがこんなことを言ったそうです。「富士山は、日本人の娘さんのようにちょっと恥ずかしがっているのですよ」（Mt. Fuji is so shy and seems to be like some of the Japanese girls.）。その真偽のほどは別として、富士山は、1707 年に最後の噴火をした活火山（an active volcano）です。あの穏やかな富士山もいつ噴火するかは誰も予知できません。富士山の形状は円錐形で、成層火山（stratovolcano）です。その「山開き」のことは the official

63

opening of the climbing season と表現できます。2013年に富士山はユネスコ世界文化遺産（⇒第2部「日本の世界遺産」）に登録され、2014年には2016年より施行される「山の日」（Mountain Day）が国の祝祭日に制定されたこともあり、富士山への注目度は増々高まっています。

　富士山不仅是高度和形态是日本第一，也是日本的象征，世界上的秀美之山。历来，"富士山、樱花、艺伎"被视为著名的日本旅游三绝。据说，当来到芦之湖欣赏日本三大名山（富士山、立山、白山）之一富士山的外国人因看不到富士山而大失所望时，导游便这么说："富士山就像日本姑娘一样，比较害羞。"其真伪姑且不提，富士山是一座活火山，1707年最后一次喷发。谁也无法预测这座温和的富士山何时会喷发。富士山呈圆锥形，属于成层火山。"开山"可以表达为"官方的开放登山季节"。2013年，富士山入选联合国教科文组织世界文化遗产名录；在2014年，"山之日"（Mountain Day）被指定为国家节日，将于2016年开始实施。人们对富士山的关注度越来越高。

温泉地、熱海・箱根 / 温泉胜地、热海・箱根

　伊豆半島の表玄関である熱海は日本一の温泉街（the spa city with hot springs）です。そして箱根は温泉や芦ノ湖といった景勝地に恵まれ、ホテル・旅館・別荘が充実した一大国際観光地です。箱根（Hakone）のことを「ヘイコーン」と発音する外国人もいて、慣れるまでは少々閉口（ヘイコー）します。箱根山は世界でも珍しい典型的な三重式火山（triple volcano）、芦ノ湖は箱根山の火山活動でできた細い長い典型的なカルデラ湖（a caldera lake; a crater formed by the collapse of the central part of a volcano）です。この湖は富士山をバックに四季折々の美しさを見せ、湖面に映し出す美しい「逆さ富士」（an inverted image of Mt. Fuji reflected on the water）は絶景です。日本には火山が多く、その噴火のおかげで温泉に恵まれており、地熱を利用した発電所があります。鹿児島の桜島は活火山で、火山が噴煙を上げる姿が美しく、それが有名な観光名所になっています。

　熱海と箱根は別府と並ぶ有名な温泉地で、年間を通して利用客が日本で最も多い場所です。ある外国人に、温泉に入る前に「私は医者の診断書を持っていません」と言われたことがあります。欧米では温泉はリハビリなどの療養のために使用することが多いからでしょう。日本でも治療のために（as a medicinal healing property attributed to thermal spring water）使用しますが、やはり温泉でくつろぎながらレジャーを楽しむ（as a means of relaxation）要素が強いようです。

　砂湯温泉（a hot spring bath in the hot sand）などさまざまな種類の温泉がありますが、何といっても楽しいのが「露天風呂」（an open-air bath）。男女混浴の温泉場で、時には合唱しながら、時には背中を流し合いながら、国境を越えていろいろな外国人と一緒に楽しむのは素晴らしいことです。

　热海作为伊豆半岛的门户，是日本排名第一的温泉城。并且，箱根也得益

于温泉和芦之湖等风景名胜区，成为了一个酒店、旅馆、别墅林立的国际旅游胜地。也有外国人将箱根（hakone）发成"heikoonn"，在习惯前还是要"闭口"（外国人发的箱根另一个音 heikoo）。箱根山是世界上罕见的典型三重式火山，芦之湖就是箱根山的火山活动形成的典型的细长的火山喷发口。此湖以富士山为背景，呈现出四季美景，倒映在湖面上美丽的"倒富士山"更是美不胜收。日本多火山，火山的喷发带来了丰富的温泉资源，也有利用地热的发电站。鹿儿岛的樱岛是活火山，火山喷起的烟云非常美，已经成了一处观光名景。

　　热海和箱根是和别府相媲美的温泉胜地，在日本国内一直是游客最多的景区。曾有外国游客在进入温泉前说："我没有医生的健康诊断书"。这也许是因为在欧美，温泉多被用来康复疗养的原因。在日本也有用于治疗的目的，不过似乎更倾向于通过温泉来放松休闲。

　　温泉有沙浴温泉等多种类型，不管怎么样，最让人愉悦的仍然是"露天桶浴"。在男女混浴的温泉池里，时而合唱时而往后背上泼水，跨越国别和外国人在一起享受温泉也是很棒的体验。

キーワード/ 关键词

★温泉/ 温泉
温泉はリュウマチや神経痛などの治療だけでなく骨休みに利用されます。
　　　温泉不仅用于关节风湿病和神经痛的治疗，也用来放松解乏。
温泉の関連用語/ 温泉相关用语
「砂湯（鹿児島県の指宿温泉）」沙浴（鹿儿岛县的指宿温泉）
「泥湯（大分県の別府温泉）」泥浴（大分县的别府温泉）
「温泉蒸気浴（秋田県の後生掛温泉）」温泉蒸气浴（秋田县的后生挂温泉）
「温泉熱気浴（秋田県の玉川温泉の岩盤浴）」温泉热气浴（秋田县的玉川温泉的岩磐浴）
「全身浴」全身浴
「半身浴」半身浴
「腰湯」腰浴
「足湯」足浴
「かぶり湯」淋浴
「打たせ湯」瀑布浴
「かけ流し」自由浴
「湯中り」晕池子

Q&A 20 富士山の起源

Q 「富士山」という言葉にはどのような語源があるのですか。
"富士山"这个词语有什么语源吗?

A

【主旨】
　「富士山(ふじさん)」の言葉にある「さん」の意味は「山」、しかし2つのシラブルだけの単語である「富士」にはいろいろな解釈があります。「富士」の名は、学術的にはアイヌ語で「火を噴く山(フンチヌプリ)」という解釈があります。宗教上では、「不死(ふし)の山」という解釈です。
　いずれにせよ、富士山は、日本古来聖なるものとして長く畏敬の念をこめて崇められ、毎年巡礼する人の数が多いことは確かです。山頂には(浅間神社という)神社があります。(⇒第2部「富士山」)

　"富士山"的"山"意思就是"山",但是两个音节的单词"富士"却有多种解释。有一种解释认为,"富士"这一名称在学术上指阿伊努语里"喷火的山"。宗教上则解释为"不死之山"。
　不管怎样,可以确定的是:在日本,富士山自古就作为神圣之物被崇敬,每年都有很多人到此朝拜。山顶有一座(浅间神社)神社。

Q&A 21 箱根関所の由来

Q 箱根関所はなぜ作られたのですか。
为什么修建了箱根关所?

A

【主旨】
　「箱根関所」は1619年(元和5年)、江戸・京都間にある箱根峠に重要な関所として設けられました。徳川幕府は、江戸を出入りする旅人を監視し、特に諸大名

第7章　日本屈指の観光名所富士・箱根・伊豆

とその家来には厳しい取り締まりが及びました。封建時代には、諸大名に参勤交替が課せられていたため、諸大名が謀反を起こさないように、妻は人質として江戸に残留させられていました。そのため妻が自分の主人の所に帰れぬように箱根関所が設けられたのです。

箱根関所は、1869年（明治2年）には明治維新をもって廃止されましたが、2007年（平成19年）に箱根に完全に再現されました。

"箱根关所"作为江户、京都之间箱根山顶的要塞，设立于1619年（元和5年）。德川幕府时期，要对出入江户的行人进行严密监视，尤其是对大名及其家臣进行了严格管制。在封建时代，各大名被要求交替朝觐。为了让各大名不敢谋反，他们的妻子作为人质被扣留在江户。因此，就设置了箱根关所来防止妻子回到她们丈夫的身边。

1869年（明治2年），箱根关所因明治维新而被废除。2007年（平成19年）完整再现于箱根。

Q&A 22　大名行列

Q 大名行列とは、どのような行列ですか。
大名行列是什么样的行列？

A

【主旨】

　大名行列というのは、大名とその家来たちが、徳川幕府への参勤交代で江戸に上るときに、その権勢を誇示するために行われた行列のことです。江戸時代には、大名は定期的に（通常1、2年）江戸に在住し、徳川幕府に奉仕する必要があったのです。

　11月3日に箱根で行われる恒例の行事は、1935年から現在に至るまでずっと続いています。この行事は、大名と家来の派手な衣装を身につけた住民が、江戸時代に武士が道中に行った行列の風俗を再現したものです。大名行列は、午前中早雲寺近くの湯本小学校から湯本の町まで非常にゆっくりと練り歩き、午後は富士屋ホテルに戻ります。

　　大名行列是指大名及其家臣前往江户向德川幕府进行交替觐见的时候，为了炫耀其权势而组成的队列。江户时期，大名必须定期（通常1、2年）

67

居住在江户侍奉德川幕府。

  11月3日在箱根举行的例行仪式,已经从1935年一直持续到了现在。这个仪式中,居民身穿大名和家臣的华丽服饰,再现了江户时期武士们在路中间列队行走的历史画面。大名行列是上午从早云寺附近的汤本小学出发,缓步游行至汤本城,下午返回富士屋酒店。

第8章
日光見ずして結構と言うなかれ
不到日光休言好

サンプルダイアローグ / 示例対話

観光客：昨晩テレビで、徳川幕府の**創設者**である徳川家康についての番組を見ました。

ガイド：そうですか。家康の豪華な**霊廟**（★キーワード参照）は、世界遺産登録で有名な東照宮にありますよ。

観光客：この神社が、日光国立公園の主役なのですか。

ガイド：はい、そう言えますね。この公園には絵画のような美しい自然地域もあります。例えば、**尾瀬沼**は夏に咲く美しい野生の水芭蕉で有名です。

観光客：たくさんの神社仏閣が、周辺の美しい自然と見事に調和しているのですね。

ガイド：はい。だからこそ、「日光見ずして結構と言うなかれ」という日本の格言があるのです。

観光客：納得です。

ガイド：特に、日本一魅力的と言われる**陽明門**は見逃せません。別名「**日暮しの門**」とも呼ばれています。

観光客：なぜそんな名前がついたのですか。

ガイド：あまりの美しさに、誰もが日が暮れるまで見とれるからだと言われています。

観光客：素敵ですね。この地域には、どこか景観の名所がありますか。

ガイド：はい。日本三名瀑のひとつである**華厳の滝**があります。**断崖**から落下する水は、**中禅寺湖**から流れてきたものです。

観光客：いつかこの地域を訪れてみたいです。

ガイド：ぜひ行ってみてください。中禅寺湖と華厳の滝まで上るなら、有名な**いろは坂**をドライブするのがおすすめです。

観光客：どんな坂ですか。

ガイド：その坂には日本語の「仮名文字」の数と同じ、48か所のつづら折りのカーブが続いています。現に日本仮名文字の最初の3文字「いろは」に因んで名付けられました。

観光客：おもしろいですね。

游客：昨晚，电视上看了关于徳川幕府开创者徳川家康的节目。

导游：是嘛。家康的豪华陵寝位于著名的世界遗产东照宫。

游客：这个神社是日光国立公园的核心吗？

导游：可以这么说。公园里有画般美丽的自然景观。比如尾瀬沼，夏季盛开的野生观音莲就很有名。

游客：众多的佛堂寺院和周围美丽的自然景观巧妙地融为一体。

导游：是的。所以才有"不到日光休言好"的日本名言。

第8章　日光見ずして結構と言うなかれ

游客：明白了。
导游：尤其不能错过日本最富魅力的阳明门。又称"日落门"。
游客：为什么起了这么一个名字？
导游：因为太漂亮了，谁都会沉醉其中一直看到日落的。
游客：太棒啦！这一带有什么风景区吗？
导游：有日本三大瀑布之一的"华严瀑布"。断崖落水是从中禅寺湖流过来的。
游客：真想什么时候去看看。
导游：一定要去看看。到了中禅寺湖和华严瀑布，推荐您去著名的伊吕波坡道兜兜风。
游客：什么样的坡道？
导游：这个坡有连续48处曲折的斜坡，和日语"假名"数目相同。根据现在日本假名文字前三个字"伊吕波"而得名。
游客：挺有意思的！

アテンドの知識 / 相关知识

　日光と言えば、1999年（平成11年）世界文化遺産に登録された東照宮（Toshogu Shrine）、そして東照宮と言えば、世界でも類を見ない豪華絢爛たる陽明門があります。世界中からこの日光に足を運ぶ観光客は跡を絶ちません。日光はいまや世界の観光地です（⇒第2部「日本の世界遺産」）。

　提及日光，不得不提1999年（平成11年）入选世界文化遗产的东照宫；提及东照宫，不得不提世界上无与伦比的极尽绚丽的阳明门。从世界各地来到日光的游客络绎不绝。日光现已成为世界性的观光胜地。

神仏習合の様式 / 神佛共处

　この地を訪れる一神教の欧米人が驚くことの1つは、日光には二社一寺の「神仏習合の様式」（the mixture style of Buddhism and Shintoism）が数多く見られることです。神社（東照宮・二荒山神社）と寺院（輪王寺）が同じ境内に建ち、神社の近くに仏教のシンボルである五重塔（a five-story pagoda enshrining the remains of Buddha）が並んでいます。また神社の特徴である鳥居（the *Torii* gate marking the entrance to the Shinto shrine）があり、その柱脚は蓮華の花（a lotus flower placed before the Buddhist altar）で覆われているなど、時として説明に窮することもあります。そのようなときは、日本の家庭には仏壇と神棚（★キーワード参照）の両方があったりすること、また日本人は、結婚式は神社で、葬式は寺院で行うことなどを説明すれば、日光の見方も少しは変わってくるようです。

実は、明治維新（the Meiji Restoration：1868年）までは神道と仏教は深い関係にありましたが、それ以後は分離され、多くの神社で五重塔や鐘楼などの仏教建築物は除去される中、東照宮だけは両方が保存されました。

信仰单一宗教的欧美人士造访日光后感到惊奇的是，在日光可以看到二社一寺"神佛共处"的景象。神社（东照宫・二荒山神社）和寺院（轮王寺）建于同一院内，神社附近矗立着佛教的象征——五重塔。并且有些现象无法解释，如有着神社的标记——鸟居，其柱底部点缀着莲花等等。这种情况下，如果解释下诸如日本人家庭里同时摆放着佛坛和神阁，或者日本人结婚仪式在神社、葬礼在寺院举行等情景，似乎人们对日光的看法也会稍许改变。

实际上，明治维新之前，神道和佛教就有着很深的渊源。但此后被隔离开来，许多神社里五重塔和钟楼等佛教建筑被拆除，唯独在东照宫里两者得以保留。

東照宮 / 东照宫

日光が国立公園（national park）に指定されたのは1934年です。日光観光のメッカ「東照宮」は二社一寺の中心です。日光の人工美を代表する豪華絢爛な神社で、徳川家康を祀っています。1636年にほぼ現在の社殿が徳川3代将軍家光の「工費一切お構いなし」の命で完成しました。寛永の大造替（だいぞうたい）（1年5か月の工事）と呼ばれ、延べ450万の職人が寛永11年（1634年）11月に着工し、寛永13年（1636年）4月に完了しました。その建築には金56万8千両、現在のお金にすれば約400億円がかけられました。特に、高さ11m間口7mの「陽明門」（the Gate of Sunlight）は日本の寺社建築を代表する建築で、別名「日暮しの門」（the Twilight Gate）とも呼ばれます。豪華絢爛たるこの門に見とれているうち日が暮れるということですが、それだけではないようです。この門を含め、大小数えて約500以上の金箔、極彩色のおびただしい数の彫刻、それに狩野探幽画（かのうたんゆう）の天井画・魔除けの逆柱などを1つ1つ見ていけば日が暮れます。国宝（national treasure）になるのは当然でしょう。

東照宮には、日本人なら子どもでも知っている有名な彫刻「眠り猫」（a sleeping cat）（⇒Q&A 23）があります。江戸時代前期の彫刻家・左甚五郎（ひだりじんごろう）の傑作ですが、彼はその卓越した技術のため、仲間から嫉妬のあまり右腕を切り落とされ、左腕だけで「眠り猫」を彫刻したと言われています。この猫のおかげでこの東照宮にはネズミがいないそうです（There are no rats in this shrine, because this cat keeps all such rodents away.）。

日光被指定为国立公园是在1934年。日光观光的中心地"东照宫"就是二社一寺的核心。这座代表着日光人工之美的奢华绚丽的神社里祭奠着

第 8 章　日光見ずして結構と言うなかれ

徳川家康。现在看到的大殿是在 1636 年在徳川第三代将军家光的"不惜一切费用"命令下建造完成的。这项工程被称作"宽永大造替"，总计 450 万匠人于宽永 11 年（1634 年）11 月开工，宽永 13 年（1636 年）4 月完工。建造费用为 56 万 8 千两黄金，相当于花费了今天的 400 亿日元。尤其是高 11 米、宽 7 米的"阳明门"更是日本寺院建筑的代表作，别名称作"日落门"。人们被这个奢华绚丽的门所深深吸引，不知不觉就到了黄昏之意，似乎除此之外，再无他物。包括门在内，大小五百多的金箔、无数个五彩绚丽的雕刻、加上狩野探幽的天井画、避邪的逆柱……一看过去就到了黄昏。被视为国宝也是实至名归。

东照宫里有一个就连日本小孩子都知晓的著名雕刻——睡猫。是江户时代前期的雕刻家左甚五郎的杰作，他因为超群的技艺而受到同伴嫉妒，被砍掉了右手，据说是用左手雕刻了"睡猫"。据说正因为这只猫，东照宫里才没有老鼠的。

華厳滝 / 华严瀑布

日光には日本三名瀑（他は那智滝・称名滝）の 1 つである華厳滝（Kegon waterfalls）があります。落差 97m、幅 7m、毎秒約 3 トンの水が禅寺湖から一直線に流れ落ちる滝です。滝のしぶきは霧となり、日が当たると美しい虹がかかります。冬季ともなれば、凍結して氷のシャンデリアが見られます。新緑・紅葉の頃は特に絶景です。この美しい滝は、明治時代中期には自殺の名所として知られたそうです。

日光有日本三大名瀑（其他两个为那智瀑布、称名瀑布）之一的华严瀑布。落差 97 米，宽 7 米，每秒约三吨水从禅寺湖飞流而下。瀑布飞溅起的水花形成水雾，在阳光下呈现出美丽的彩虹。到了冬季，瀑布结冰形成冰花吊景。春夏新绿初上和秋天红叶漫山时更是美不胜收。据说，这个美丽的瀑布在明治中期一度作为著名的自杀圣地而扬名。

いろは坂 / 伊吕波坡道

日光には有名な「いろは坂」(the Iroha(-zaka) Slope which is named after the first three syllables "i-ro-ha" in the classical arrangement of the Japanese "kana" syllabary) があります。日光市街から中禅寺湖・奥日光へ続く標高差約 440 メートルを一気に登るこの坂は一方通行で、行きと帰りは別々の道です。中禅寺湖までの間の上り坂には「い」から「ね」の文字、そして日光への下り坂には「な」以降の文字がカーブにつけられています。何よりも紅葉の頃は山全体が色づき、まさしく絶景（panoramic views of the splendid colors of the trees）です。

「日光見ずして結構と言うなかれ」(See Nikko and then die. / Don't say "excellent"

73

until you've seen Nikko.）とは日光東照宮の美しさをたたえた言葉で、「結構」には、英語で Excellent の意味合いがあると説明できるでしょう。でももう１つ、陽明門を長時間じっと見つめている観光客に対して「まだ見続けますか」と聞くと、「もう、結構だ」（No, thank you. / It's enough.）と応える人もいるかもしれません。

　日光有一处著名的"伊吕波坡道"。这个坡从日光市区开始一直延伸到中禅寺湖·奥日光，海拔440米，为单向通行，上山道和下山道是分开的。到中禅寺湖的上坡道上标记从"い"到"ね"的假名，通向日光的下坡道上的拐角处则标记着"な"以后的假名。最美当属红叶时节漫山披妆，堪称绝景。

　"不到日光休言好"既是赞美日光东照宫之绚丽的名言，"结构"在英语里可以解释为"精彩"。不过，当你问长时间凝视阳明门的游客"还要继续看吗？"的时候，可能有人回答"不了，谢谢"。

中禅寺湖

Q&A 23 東照宮の三彫刻

Q 東照宮にある人気の高い三彫刻とはどんなものですか。
东照宫里人气很高的三大雕刻是什么呢？

A

【主旨】
　まずは、昔神馬を収容していた神厩舎の軒にある有名な「三猿」の像があります。次に、陽明門と唐門の間にある廊下の入口に掲げられた、東照宮の有名なシンボルである「眠り猫」の彫刻です。この神社の建物にはネズミが入らないという保証があるそうです。最後に、三神庫の切妻に浮き彫りにして彫刻された「2頭の象」です。この象は、狩野探幽の下絵をもとにした想像上の制作だと言われています。

　首先就是收容神马的马厩屋檐下著名的"三猿"雕像。其次，是悬于阳明门和唐门之间走廊下入口处的东照宫著名标志"睡猫"的雕刻。据说可以保证老鼠进不去神社里。最后就是三神库人字形屋顶上的"两头大象"的浮雕。这头大象是依据狩野探幽手稿想象出来的作品。

左：睡猫
右：两头大象

Q&A 24 東照宮の三猿

Q 有名な「三猿」は何を教えていますか。
请告诉我们关于"三猿"的一些情况好吗?

A

【主旨】

　3匹の猿の中で、1匹は手で目を隠し、1匹は手で耳を覆い、もう1匹は手で口をふさいでいます。この三猿の三位一体は、「悪を見ざる、悪を聞かざる、悪を言わざる」という教訓です。猿は、悪霊を追い払うものだと言われています。

　三猿は、何かと世渡りのコツを教えているようです。この有名な三猿は、日光のシンボルとなっています。

　　三只猴中，一只用手遮目，一只用手掩耳，另一只用手捂口。三只猴相辅相成，表达了"勿看恶、勿听恶、勿言恶"的教训。据说猴子是可以驱除邪鬼的灵物。

　　三猿似乎是在告诉我们处世之道。这著名的三猿已经成为日光的标志。

"三猿"的雕刻

第8章　日光見ずして結構と言うなかれ

Q&A 25　千人武者行列

Q 日光の千人武者行列とは、どのようなものですか。
日光的千人武士队列是什么？

A

【主旨】
　「千人武者行列」とは、武者に仮装した千人以上の人が華やかに行う仮装行列のことです。東照宮大祭が5月17日と18日、そして10月17日に行われ、千人行列はこの祭り1の主要な行事です。
　「千人武者行列」の祭りは、1617年に徳川家康の棺が東照宮に改葬された時に行われた大行列を再現したものです。この祭事には、徳川家康、豊臣秀吉、そして源頼朝の御霊を乗せた3基の御輿の行列があり、刀、兜、弓矢またその他の武器で武装した大勢の武者が続くのです。

　"千人武士队列"是指一千多名装扮成武士的人们盛大的盛装游行活动。东照宫在每年的5月17日和18日、10月17日举办大型祭祀活动，千人队列就是该祭祀的主要活动之一。
　"千人武士队列"的祭祀活动，再现了1617年德川家康的棺椁重葬东照宫时盛大队列的情景。祭祀活动中，有3座载着德川家康、丰臣秀吉和源赖朝灵位的神轿，佩戴刀、铠甲、弓箭或其他武器的众多武士跟随其后。

千人武士队列

第1部　日本の文化・観光

第2部　日本の世界遺産　文化遺産・自然遺産

77

> キーワード / 关键词

★仏壇 / 佛阁

中央には仏像（仏画）、脇に先祖の位牌が安置されている小さな家族用の祭壇。祭壇の前には献花・食べ物・線香立てなどがある。

　　佛阁，中间安放佛像，两侧安放祖先牌位的一种家庭用祭坛。祭坛前放有鲜花、食物、香炉等物品。

仏壇の関連用語 / 佛阁相关用语

「仏像〈本尊〉」佛像　　　　　　　　　「位牌」牌位
「茶湯器」茶器　　　　　　　　　　　　「仏飯器」供碗
「高坏」食案　　　　　　　　　　　　　「経机」经卷桌
「香炉」香炉　　　　　　　　　　　　　「線香」线香
「鈴」铃　　　　　「花立て」花瓶　　　「ローソク立て」烛台

★神棚 / 神龛

神道の家庭用祭壇。屋根と階段がある檜の白木造りの小型祭壇で、家族の守護神を礼拝するために鴨居の上（天井近く）の棚に置かれる。神棚の中央には伊勢神宮のお札（大麻）や氏神神社のお札（talisman; good-luck charm）などの神符が祀られている。

　　神道中家庭用的祭坛。是一种带有屋顶和台阶的侧柏木质小型祭坛，为了礼拜家庭守护神而安置于门框上方横木之上（靠近天花板）。神龛中供奉着伊势神宫的符纸（神符）和氏神神社的符纸等护身符。

神棚の関連用語 / 神龛的相关用语

「お社」神社、神殿　　　　　　　　　　「神鏡」神镜
「ご神体」礼拜対象
「御神酒」供奉用酒
「榊」杨桐、常绿树
「注連縄と紙垂」稲草绳和垂纸

★霊廟 / 灵堂

祖先の霊をまつる壮大な墓。「廟宇」「廟所」「御霊屋」などとも言う。☆複数形は mausolea（ラテン語中性名詞の複数形）または mausoleums（英語式）☆「陵墓」（天皇・君主などの墳墓）と区別すること。英語で an imperial [a royal] mausoleum と言う。（⇒ Q&A 85「玉陵」）

　　祭祀祖先的宏大的墓穴。也叫作"庙宇""庙所""御灵屋"。☆复数形式为 mausolea（拉丁语中性名次的复数形式）或者 msusoleums(英语式）。☆区分和"陵墓"（天皇、君主等的坟墓）。英语中表达为 an imperial (a royal) mausoleum。

第9章
合掌造りの集落・
白川郷と五箇山

合掌造村落・白川乡和五箇山

サンプルダイアローグ / 示例对话

観光客：日本には美しい海景や様々な神社仏閣がありますね。閑静な生活を営む伝統的な村落もあるのですか。
ガイド：世界遺産に登録された「白川郷と五箇山」地域には歴史的な村落があります。
観光客：その村落はなぜ有名なのですか。
ガイド：**合掌造りの家屋**（⇒ Q&A 26）でよく知られているのです。
観光客：それは何ですか。
ガイド：合掌造りは、**急勾配の屋根**のある民家のことで、その様子が**合掌**に似ていることから名付けられました。
観光客：なるほど。
ガイド：木造民家には数世帯が同居し、伝統を保っています。
観光客：なぜこのような家屋を造ったのですか。
ガイド：いい質問ですね。この家屋の屋根裏が2・3層に分かれているのは、カイコガを育てるためです。
観光客：そうなのですか。
ガイド：**養蚕**には適度な光と通風が必要なため、妻壁には大きな窓が設けられています。
観光客：興味深いですね。
ガイド：また、このような家屋は、屋根の頂上が急勾配になっているため、**激しい積雪にも耐え**られるのです。
観光客：いろいろな情報をありがとうございます。岐阜県には、この他にも有名な見所がありますか。
ガイド：人気の名物が2つあります。長良川の**鵜飼い**（⇒ Q&A 27）と高山市の**高山祭**（⇒ Q&A 28）です。
観光客：この祭りの特徴はなんですか。
ガイド：高山祭は、4月と10月の年2回行われ、背の高い屋台の行列で有名です。金をふんだんに使い、精巧な彫刻で飾られた豪華絢爛なものもあります。
観光客：いつかこの祭りに参加してみたいです。

游客：日本有着美丽的海滨风景和各种各样的神社佛院。也有过着幽静生活的传统村落吗？
导游：入选世界遗产的"白川乡和五箇山"那一带有历史村落。
游客：那个村落为什么很出名？
导游：凭合掌造房屋而广为人知。
游客：那是什么呢？
导游：民房屋顶下倾幅度大，其外观如同两手合握，因此得名合掌造。

第9章　合掌造りの集落・白川郷と五箇山

游客：原来如此。
导游：这些木质民房里几代同堂，保留着传统风格。
游客：为什么要造这种房屋呢？
导游：问得好！这种房屋的屋顶背面分为2、3层，目的是为了饲养蚕蛾。
游客：是吗？
导游：因为养蚕需要适宜的光和通风条件，所以在侧墙上设计有大窗户。
游客：真有意思。
导游：并且，这样的房屋的屋顶是大幅倾斜的，所以耐得住厚厚的积雪。
游客：谢谢您！岐阜县还有其他有名的景点吗？
导游：有两个很受欢迎的景点。长良川的鸬鹚捕鱼和高山市的高山祭。
游客：这个祭祀活动有什么特色？
导游：高山祭在每年4月、10月共举办两次，高高的舞台花车队伍很有名。有的用大量金饰和精巧雕刻装饰而成，豪华绚丽。
游客：什么时候真想去看看。

アテンドの知識 / 相关知识

　日本の観光と言えば有名な神社仏閣や美しい海景・海岸、それに温泉などを訪れることが多いのですが、最近の外国人観光客の間では、少人数のグループで山間にある閑静な民家に宿泊するのが静かなブームとなっています。豪華なホテルに泊まる代わりに安価な宿を選ぶのが理由の1つでしょうが、何よりも日本人が忘れかけている真の日本の故郷(ふるさと)を訪ねるのが目的のようです。

　　提起日本旅游，多是参观一些著名的神社佛院和美丽的海滨景色、温泉等。然而，最近在外国人游客中间，人数不多的旅游团体住宿在山间幽静的民宅里已经悄悄地成为一股潮流。不选择豪华的酒店而住在便宜的旅馆或许是其中理由之一，最重要的是目的似乎是寻找日本人正在淡忘的真正的日本人的"故乡"。

白川郷・五箇山の合掌造り集落 / 白川乡、五箇山的合掌造村落

　白川郷・五箇山の合掌造り集落(Historic Villages of Shirakawa-go and Gokayama districts)は1995年に世界遺産として登録されました。白川郷は岐阜県の北部にあり、日本で最も美しいと言われる地域の1つです。五箇山は岐阜県と富山県の県境の、山深い渓谷地域にあります。どちらの地域も、急勾配の切妻(きりづま)式茅葺(かやぶ)き屋根(the gabled and thatched rafter roof slope in a distinctly precipitous fashion)を持つ、3階または4階建ての木造農家「合掌造り家屋」で有名です。(⇒第2部「日本の世界遺産」)

ところで、なぜ合掌造りと呼ぶのでしょうか。また、なぜこのような合掌形式の家屋が造られたのでしょうか。建物を初めて見る人にとっては素朴な疑問です。合掌と言うのは、「両手を合わせて拝むこと」(to worship with one's hands clasped in prayer)です。合掌造りの家屋を見ると、その屋根の構造は人が手を合わせて拝むように組み合わさっており、ここから合掌造りの名がつきました。建築された理由についてですが、まずこの地域は日本でも有数の豪雪地帯です。激しい積雪に耐える(to withstand heavy snowfalls)ために、雪が屋根から落ちやすくなるように急勾配に造られています。さらに、この地は昔から養蚕業(silkworm cultivation; silkworm production)が盛んでした。養蚕を行うために3層の屋根裏部屋(tri-level attic)内を広く大きくとる必要があったのです。これらの家屋には釘が1本も使用されていません。聳え立つような大きな三角形の妻面(家の側面の三角形の壁面)をみせる家屋が群となって並び立つさまは、世界でも類をみない集落景観です。静寂に包まれた集落には民話の世界を思わせる風情が漂います。

高山にある飛騨民俗村(the Hida Folklore Village)は、飛騨地方の農民の住んでいた伝統的な茅葺きなどの民家を多数集めた、大きな野外博物館(open-air museum)となっています。

　　白川乡、五箇山的合掌造村落于1995年入选世界文化遗产。白川乡位于岐阜县飞弹山脉北侧，是日本最美的地方之一。五箇山地处岐阜县和富山县交界处的深山溪谷内。白川乡凭具有急倾式人字形草顶房屋的三层或四层的"合掌造"房屋而扬名。

　　那么，为什么称作合掌造呢？为什么要建造这种合掌样式的房屋呢？这对于初次见到这种房屋的人们是很正常的疑问。所谓合掌是指"双手合并行礼"。合掌造的房屋顶部构造宛如人双手合并行礼般交叉在一起，由此得名合掌造。关于建造的理由，首先，该地区是日本为数不多的大雪地带。为了耐得住厚厚的积雪，建造了大幅倾斜式的屋顶以便积雪从屋顶滑落。而且，这一地区自古养蚕业发达。养蚕需要将三层的屋顶内部做得宽敞。这些房屋连一根钉子都未使用。这些具有巨大的三角形侧墙的房屋成

第 9 章　合掌造りの集落・白川郷と五箇山

群矗立的姿态，在世界上也是独一无二的村落景观。这些村落笼罩在一片幽静之中，充满了民间故事里所描绘的世界的风情。
　　位于高山的飞騨民族村，因为聚集着大量高山地区农民曾居住过的传统茅草房顶的民宅，已成为了巨大的户外博物馆。

鵜飼い / 鸬鹚捕鱼

　　岐阜と言えば鵜飼い（cormorant fishing）も有名です。鵜飼いは「海鵜を飼いならして鮎などの川魚をとる漁法」(traditional method of catching small river fish by manipulating trained cormorants) で、その歴史は古く、奈良時代から行われる由緒ある行事として、長い伝統を誇っています。昔を偲ばせる古風な鵜匠のいでたちは、風雅な趣の中に 1,300 年の歴史を物語っています。夏の夜をいろどるかがり火を焚き、数隻の鵜船が川面を下る様子は壮観で、印象深い水と火のページェントです。観光用として一般に公開されたのは 1885 年以降のことで、毎年 5 月中旬から 10 月中旬にかけ、中秋の名月と増水時を除く毎日、川を下る遊覧船（a pleasure boat floating down the river）からこの眺めを楽しむことができます。

　　提起岐阜，鸬鹚捕鱼也很有名。鸬鹚捕鱼是"饲养鸬鹚捕获香鱼等河鱼的捕鱼方法"，其历史悠久，是从奈良时代开始就存在的传统活动。鸬鹚人的复古装扮在讲述着这份雅趣中 1300 年的历史。在篝火点缀的夏日的夜晚，数艘鸬鹚船沿河而下的情景着实壮观，宛如一场令人难忘的露天戏。作为观光用的鸬鹚捕鱼活动向公众开放是在 1885 年之后，每年 5 月中旬开始到 10 月中旬，除中秋明月和涨潮之外，每天都可以从顺河而下的游船上欣赏到这一风景。

高山祭 / 高山祭

　　高山祭（the Takayama Festival）は高山を代表する年中行事で、4 月中旬に行われる日枝神社の「山王祭」と 10 月中旬に行われる桜山八幡宮の「八幡祭」という 2 社の例祭を総称したものです。その特徴は、高い屋台行列（a parade of high-wheeled wagon floats）で、屋台のいくつかは金がふんだんに使用された見事な彫刻（elaborate carvings lavishly embellished with gold）で飾られています。そのため高山祭の屋台は「動く陽明門」と言われるほど豪華絢爛、まさに国の重要無形文化財（Important Intangible Cultural Property）にふさわしいものでしょう。この祭りは京都の祇園祭、埼玉の秩父夜祭と並ぶ日本三大曳山祭りの 1 つです。また、からくり人形（marionette; a puppet which is made to perform according to the highest level of Japanese techniques）の演技は、この祭りの大きな呼び物で、そのユーモラスな動きは観衆の注目の的です。

　　高山祭是代表高山的年度祭礼，是 4 月中旬举行的日枝神社的"山

王祭"和10月举行的樱山八幡宫的"八幡祭"这两个神社例行祭祀的总称。其特色是高大的舞台花车队伍,一些舞台由使用了大量金子的精美雕刻装饰而成。为此,高山祭的舞台如"阳明门"般奢华绚丽,不愧是国家重要非物质文化遗产。高山祭和京都的祇园祭、琦玉的秩父夜祭并称日本三大曳山祭(曳山是节庆活动中使用的"花车")。并且,活动人偶是巡游的高潮,其滑稽的动作是观众们关注的焦点。

キーワード / 关键词

★**重要文化財** / 重要文化遗产

1950年に発布された「文化財保護法」(the Cultural Properties Protection Law)で正式に保護されたもの。建造物、絵画、彫刻、考古学上発掘物などがある。中には「国宝」(national treasure)級のものもある。

　　1950年颁布的"文化遗产保护法"所正式保护的遗产。包含建筑、绘画、雕刻、考古学上的发掘物品等。其中也有"国宝"级的物品。

【参考】/【参考】

「重要無形文化財」重要非物质文化遗产

「重要無形文化財保持者」重要非物质文化遗产保有者

「重要無形民俗文化財」重要非物质民俗文化遗产

「重要伝統的建造物群保存地区」(例:「白川郷と五箇山」の歴史的合掌造り集落)重要传统建筑群保存地区(如白川乡和五箇山的历史合掌造村落)

第9章　合掌造りの集落・白川郷と五箇山

Q&A 26　合掌造りの目的

Q 合掌造りの民家は、どのような目的で作られるのですか。
合掌造民居是基于什么目的而建造的?

A

【主旨】
　「合掌造りの民家」と言われるのは、民家の急勾配の屋根が「手を合わせて祈る」姿に似ているからです。合掌造りの民家は、急勾配の茅葺き屋根がある3階、または4階建の木造建造物で、その1階には、総勢十名ほどの人が一緒に住んでいます。この建造物は釘を使わず、材木とわら縄だけで組み立てられています。
　この民家の2階または3階では蚕を飼うようになっているのです。蚕は、その異なる成長過程においていろいろな光熱量を必要とします。明治時代には生糸を供給するために養蚕業が盛んに行われていました。また、合掌造りの民家の屋根が急勾配で作られているのは、激しい積雪に耐えるためです。

　之所以被称作"合掌造民居"，是因为民居的大幅倾斜式屋顶类似于"双手合并祈祷"的样子。合掌造民居是一种有大坡度倾斜屋顶的三层或四层的木质建筑，第一层总共能同时居住约10人。整个建筑不使用钉子，用木材和稻草绳子组装而成。
　民居的第二层或第三层用来养蚕。蚕在不同生长阶段需要各种光和热量。在明治时期，为了提供生丝，养蚕业兴盛一时。此外，之所以合掌造民居的屋顶被建成大坡度倾斜式，也是为了抵御厚厚的积雪。

Q&A 27　鵜飼い

Q 「鵜飼い」について説明していただけますか。
请您介绍下"鸬鹚捕鱼"好吗?

A

【主旨】
　「鵜飼い」は、よく手慣らした鵜を使って川魚を捕る由緒ある漁法のことです。

85

新月の日になれば、4人が漁船に乗り込みます。古風な身なりをした「鵜匠」が、船首に立ち12羽の鳥を操ります。その助手「鵜遣い」が、船の中央に立ち4羽の鳥を担当します。3人目はボートの舵を取り、4人目は魚をおびき寄せるために船首に吊された鉄籠に燃える火を見張ります。鵜には、獲物を飲み込まないように首の根本に紐が結びつけられています。獲物は通常「アユ」です。

"鸬鹚捕鱼"是使用训练过的鸬鹚捕捉河鱼的一种历史悠久的捕鱼方法。到了农历初一，四人搭乘渔船。一身古风装的"鸬鹚人"站立船首，操控着12只鸟。其助手站在船中央控制着四只鸟。第三个人负责掌舵，第四个人负责照看挂在船首的铁笼里用来吸引鱼儿的燃烧的火。为了使捕获的鱼儿不被鸬鹚吞掉，在鸬鹚的颈底部系着一条带子。捕获的鱼一般是"香鱼"。

鸬鹚

Q&A 28 高山祭

Q 「高山祭」とは、どのような祭りですか。
"高山祭"是什么样的祭祀活动?

A

【主旨】
　「高山祭」は、岐阜県高山市において春季（4月）と秋季（10月）の年2回行われます。
　その特徴は、舞台付きの高い屋台行列で、屋台によっては金がふんだんに使われ、豪華絢爛たる彫刻で飾られています。屋台によっては、棒と金具で操られるからくり人形があり、珍しい妙技を披露します。春季には12台、秋季には11台の屋台が見られ、どれも国の重要文化財に指定されています。豪華絢爛たる屋台

は、その見事な輝きのため日光の有名な門にちなんで「動く陽明門」とも言われます。

"高山祭"在岐阜县高山市，于每年春季（4月）和秋季（10月）举办两次。

其特色是带舞台的高高的花车队伍，有的花车使用了大量的金饰，装饰着奢华绚丽的雕刻。任何一个花车都有用棒和五金具操控着的人偶，展现了精湛的技艺。春季大祭有12台花车，秋季大祭有11台花车，均被指定为国家重要文化财产。奢华绚丽的花车因为其精彩绝伦而被称作日光著名的门——"移动的阳明门"。

第10章
都市全てが歴史の博物館・京都

整座城即历史博物馆・京都

サンプルダイアローグ / 示例对话

観光客：京都の祇園地域で、伝統的な和服姿の美しい若い女性の写真を見たことがあります。

ガイド：そのような女性は**芸者見習い**で、「**舞妓**」(⇒ Q&A 29) と言います。宴会の席で歌や舞踊を披露し、客をもてなすのです。

観光客：舞妓になるためには、長い時間がかかりますか。

ガイド：はい、その通りです。お気付きのように、彼女たちは美しい伝統的な和服を着ています。これは「**西陣織**」(⇒ Q&A 30) という高級**絹織物**で作られています。そのような絹は京都の西陣地域で製造されています。

観光客：西陣織には、いろいろな種類があるのですか。

ガイド：はい、ございます。中でも有名なのは綴織で、祇園祭の山車を飾るタペストリーなど素晴らしい作品が多数作られています。綴織の着物は、言うまでもなく京都の雅の象徴です。

観光客：そのような美しい西陣織は、どこで見られるのですか。

ガイド：京都駅からほど近い西陣織会館で見られます。展示会場では、西陣織の制作工程が見られます。また四季に合わせた色とりどりの豪華な着物ショーが楽しめます。

観光客：おもしろそうですね。

ガイド：京都三大祭りの１つである「**祇園祭**」(⇒ Q&A 31) も見逃せませんよ。日本一豪華なお祭りだと思います。

観光客：このお祭りには、どんな特徴があるのですか。

ガイド：長い歴史があり、７月１日から31日まで行われます。そのハイライトは、目抜き通りで行われる豪華絢爛な**山鉾巡行**の行列です。

観光客：山鉾とはどんな意味ですか。

ガイド：この祭りには由緒ある装飾が施された**山車**があり、大きい山車を「**鉾**」、小さい山車を「**山**」と呼ぶのです。鉾の頂上には、槍のような高い竿があります。

観光客：本当の京都を理解して、はじめて本当の日本が理解できるのですね。

ガイド：その通りです。京都は、日本人の**心の故郷**として知られています。

游客：在京都祇园，我看到过身着传统和服的美丽女性的照片。

导游：那种女性是在艺妓见习，叫作"舞姬"。她们在宴席中唱歌跳舞助兴。

游客：成为一名舞姬，需要长时间吗？

导游：是的。正如您看到的那样，她们穿着美丽的传统和服。那是使用高档丝织品"西阵织"制作而成的。这种丝绸就是在京都西阵地区生产的。

游客：西阵织有很多种类吗？

导游：是，种类很多。其中著名的就是葛丝、装饰祇园祭花车的织锦等多种精美的产品。自不待言，织锦就是京都高雅的象征。

游客：那么美丽的西阵织，在哪里才能看得到？

导游：在距离京都站较近的西阵织会馆里就能看得到。在展示会上，可以看到西阵织的制造工艺。还可以欣赏到应季的色彩缤纷的盛大和服秀。

游客：挺有意思的。

导游：京都三大祭之一的"祇园祭"也不可错过。这可是日本最壮观的庙会。

游客：这个祇园祭有什么特色呢？

导游：历史久远，从7月1日开始举办到31日。高潮就是在最繁华的街区进行的奢华绚丽的山鉾花车游行队伍。

游客：山鉾是什么意思？

导游：庙会上的花车被颇具历史韵味的装饰点缀着，其中大的花车叫作"鉾"，小的花车叫作"山"。"鉾"的顶端有一个长矛似的高竿。

游客：只有了解真正的京都后才能了解真正的日本啊！

导游：是的。京都作为日本人心灵故乡而著名。

アテンドの知識 / 相关知识

おいでやす、京都！（Welcome to Kyoto!）

「フジヤマ、サクラ、ゲイシャ」は長年、日本観光の三大名物とされてきました。「フジヤマ、サクラ」は今も外せないと思います。では、「ゲイシャ」を外せるのかと言えば、そうは問屋はおろさないでしょう。

欢迎来到京都！

多年来，"富士山、樱花、艺妓"被称为日本观光三大景。现今，"富士山、樱花"仍然在列。不过，要说是否可以排除"艺妓"，可没那么简单的事。

舞妓と芸妓 / 舞姬和艺妓

「ゲイシャ（芸者）」を辞書で引くと「歌や踊りで酒宴の席に興を添えることを職業とする女性」とあります。とすれば、舞妓さん（a young lady who dances at parties held in banquet）もその範ちゅうに入ると言えるでしょう。ところで、舞妓さんと芸妓さん（a traditional female entertainer who provides singing, dancing, conversations, and companionship to customers in a Japanese-style restaurant）を同じと考える人がいますが、舞妓さんは芸妓さんの卵です。芸妓になるには5〜6年の修業（apprenticeship）が必要です。この間、三味線（a Japanese three-stringed musical instrument）や、囃子(はやし)（a musical accompaniment for a band of instrumental musicians）を学びます。ちなみに、舞妓さんや芸妓さんが舞を披露する春の「都をどり」（★キーワード参照）を、海外では "Cherry Blossom Dances" と呼んでいるそうです。

通过字典查询"艺妓"，会有"以唱歌和舞蹈为酒宴助兴的职业女性"的解释。可以说，这样一来"舞姬"也属于这个范畴。不过，虽然有人认为舞姬和艺妓是一样的，舞姬是未来的艺妓。要成为一名艺妓，需要5至6年的磨炼。期间要学习三弦和伴奏等。另外，据说舞姬和艺妓发布舞蹈的春季"都舞蹈"在海外被称作"Cherry Blossom Dance（樱花盛开之舞）"。

西陣織 / 西阵织

「京の着倒れ、大阪の食い倒れ」（People living in Kyoto go bankrupt buying extravagant clothes, while Osaka people ruin themselves by extravagance in food.）と言われるように、京都には美しい織物・染物があります。中でも代表的な伝統工芸品は「西陣織」（high-quality silk fabrics produced in the Nishijin Weaving district of Kyoto）。西陣は京都の地名で、日本を代表する絹織物の産地です。西陣織は豪華絢爛な高級絹織物で、帯や着物などにされます。西陣織の大きな特色は「紋織(もんおり)」（多彩な色糸を用いて文様を織り上げること）と「綴織(つづれおり)」（櫛で梳くように爪で色糸を織り込んでいく技法で、織り手の指先が生む精緻な手仕事）です。その起源は、古墳時代にまでさかのぼりますが、5～6世紀頃、中国大陸から渡来した秦(はた)氏の一族が京都に住みつき、絹織物（silk fabrics）の技術を伝えたのが始まりと言われますから、歴史の重みが感じられます。最近ではコンピューター導入による技術革新がみられ、手織りで1週間かかる紋織も2日で完成するそうです。機械による近代的作品か、それとも温もりのある手作業のいずれを選ぶかは見る人、買う人次第なのです。

正如"京都人讲究穿，大阪人讲究吃"所说，京都有着漂亮的纺织品、织染布。其中具有代表性的就是传统工艺品"西阵织"。西阵是京都地方名，代表日本的丝织品生产地。西阵织生产奢华的高端丝织品，用于制作腰带、和服等。西阵织的一大特色就是"纹织"（用彩丝织成图案）和"缀织"（像梳子梳一般，用指甲织入彩丝的技法，纺织者指尖完成的手工作业）。其起源可追溯至古坟时代。5、6世纪左右，从中国大陆迁过来的秦氏家族居住在京都、并带来了纺织技术。而西阵织正是以此为开端，由此可感受到其历史厚重感。近些年，计算机带来了技术革新，据说原本手工需要一周织好的纹织在两天内即可完成。选择机器带来的现代化作品还是选择留着余温的手工作品，取决于观众和购买者。

西陣織会館 / 西阵织会馆

　西陣織会館（Nishijin Textile Museum）では、和装の美しさがあますところなく展示されると同時に、美しく染められた無数の糸によって織り出されていく熟練の職人技を見ることができます。四季折々の華やかな着物のショー（kimono fashion show）も鑑賞でき、土産物を扱う2階では、「帯で締めるので着物はダイエットに最適だ」と言いながら、品物を物色する外国人観光客の姿も見かけます。この会館には西陣織以外にも京人形（the Kyoto doll costumed in beautiful clothing）、清水焼（the Kiyomizu pottery and ceramics produced in Kyoto）、京扇子（the Kyoto-style folding fans used in the Noh play and the tea ceremony）などが多数陳列されており、ついつい財布のひもが緩みがちです。

　在西阵织会馆，全方位地展示着和服之美的同时，还可以看到通过无数条着色精美的丝线表现出的娴熟纺织者的精湛技艺，也可以欣赏到契合四季变化的华丽和服秀。在销售特色礼品的二楼，会看到一边说着"用带子勒着，所以和服最适合减肥了"，一边物色礼物的外国游客的身影。该会馆除了西阵织以外，还展示着许多诸如京都人偶、清水烧、京扇子等特产，不由得钱包就合不上了。

祇園祭 / 祇园祭

　さて、千年以上の歴史をもつ京都最大の祭りと言えば祇園祭（the Gion Festival）。この祭りは、「京都三大祭り」（時代祭・葵祭）の1つであるだけではなく、「日本三大祭り」（天神祭・山王祭［神田祭］）の1つでもあります。その起源は869年、京都に疫病（epidemic）が蔓延した折、日本の地方（the province of Japan）を表示する66本の鉾（spear）を立てて祈願し、最初の「祇園御霊会」(疫病退散を祈願する祭礼)が行われたことです。その後、「鉾」(spear)が、今に見る巨大な「山車」（wheeled festive float）に変遷しました。この祭りは応仁の乱で一時中断されましたが、江戸時代には現在の形態を見るに至りました。特に山鉾が四つ角で見せる「辻回し」は必見です。最近の山鉾の数は33基(鉾9基、前祭の山14基、後祭の山10基)です。その中の29基は国指定重要有形民俗文化財です。八坂神社の祭りとして、毎年コンコンチキチン、コンチキチンでおなじみの「祇園囃子」（the Gion Festival Music）にのり、1か月にわたって山鉾が巡行する間、京都の街は豪華絢爛たる動く博物館（moving art museum）に変貌します。「京都祇園祭の山鉾行事」は、国指定の重要無形民俗文化財であり、また、2009年ユネスコ無形文化遺産（UNESCO Intangible Cultural Heritage）に登録されました。

　提起祇园祭，那可是有着一千多年历史的京都地区最大规模的祭典。不仅是"京都三大祭"（时代祭、葵祭）之一，也是"日本三大祭"（天神

祭、山王祭[神田祭]）之一，起源于869年京都地区传染病肆虐之际，人们竖起代表着日本66个地方的长矛进行祈祷，并举办了"祇园御灵会"（祈祷传染病消散的祭礼）。后来，"鉾"演变成了今天所看到的巨大"花车"。该祭典曾因应仁之乱而一度中断，江户时期重新恢复到现在的样子。尤其是花车呈现出四角"街头巡游"是必看的。近几年的花车数量为33座（大花车9座，[7月17日]前祭有小花车14座，[24日]后祭有小花车10座）。其中的29座花车被指定为国家重要有形民俗文化遗产。作为八坂神社的祭典活动，在每年伴随着熟悉的怺怺剌剌"祇园伴奏曲"持续一个月的花车巡游期间，京都的大街就变身为一座豪华绚丽的移动博物馆。"京都祇园祭的山鉾仪式"是国家指定的重要非物质文化遗产，并且于2009年被联合国教科文组织认定为非物质文化遗产。

祇园祭的山鉾

第10章　都市全てが歴史の博物館・京都

Q&A 29　舞妓

Q 舞妓とはどのような意味ですか。
舞姫是什么意思?

A

【主旨】
　若い芸者の見習いである「舞妓さん」は、日本古来の舞踊や音楽において専門的に訓練された女性の接客者のことです。
　彼女らは、凝った伝統的な日本髪と、背中から長い帯を垂らした色鮮やかな着物を身に付けています。徒弟期間中は、舞踊や歌謡、また日本式の宴会などで接客するための作法を修業します。舞妓としての見習いの年齢は、慣例上ほぼ15歳から18歳程度です。

　　舞姫是年轻艺妓的见习阶段，指接受过日本古典舞蹈和音乐方面专业训练的女性艺人。她们梳着讲究的传统日式发髻，身穿背部垂着长长带子的色彩鲜艳的和服。在她们学徒期间，要学习舞蹈和古代歌谣以及日式宴会等场合中接待客人所需的礼仪。舞姫的见习年龄一般在15岁-18岁左右。

Q&A 30　西陣織

Q 西陣織とは、どのようなものですか。
西阵织是什么?

A

【主旨】
　西陣織は、通常京都の西陣織地域で生産される高級な絹織物のことです。
　西陣織は、着物用の帯、ネクタイといった製品に用いられています。最近では、西陣織を作る人の中には、女性の衣類やスカーフなどを作るのに毛や合成繊維を使用する人もいます。特に「綴織」は、祇園祭の山車に使われるタペストリーの

95

ような素晴らしい傑作を作り出しています。
　京都の西陣織会館では、西陣織の制作工程を実演しています。

　　西阵织通常指京都西阵织地区生产的高级丝织品。
　　西阵织被用在和服带子和领带等制品上。近些年，在制作西阵织的人中间，也有人在制作女性服饰和围巾等产品时使用毛和合成纤维。特别是"缀织"，织出了用在祇园祭花车上的花毯那样的精美作品。
　　在京都的西阵织会馆里，展示着西阵织的制作工艺。

Q&A 31　祇園祭

Q 祇園祭の特徴は何ですか。
祇园祭的特色是什么？

A

【主旨】
　祇園祭は、京都三大祭りの１つであり、八坂神社を祝って７月１日から31日まで行われます。
　その起源は、京都に疫病が流行し大勢の人が死亡した869年にまでさかのぼります。神の御加護を求めた人々は、全国の地方を表す66基の大きな槍（鉾）を建てました。今日では、昔の槍（鉾）は同じ名前の「大きな山車」(「鉾」) に取り代えられたのです。「小さい山車」(「山」) には、有名な歴史上の人物の大きな人形があります。
　祭りのハイライトは、豪華な山車の「山鉾巡行」で、「祇園囃子」で知られる楽士の音楽に合わせて若者たちが山車を運んで市内を練り歩きます。

　　祇园祭是京都三大祭之一，为了纪念八坂神社，在每年的７月１日至31日举办。起源可追溯至869年，当时京都暴发疫情导致大量人员死亡。祈求神灵庇护的人们竖起了代表着全国各地的66根侧柏（长矛）。如今，昔日的侧柏（鉾）被同名的"巨大花车"（鉾）所取代。"小型花车"上有历史人物的大型人偶。祭典的高潮是豪华花车的"山鉾巡游"，年轻人合着凭"祇园伴奏曲"而走红的乐手们的音乐，随着花车在城市里缓步游行。

第10章　都市全てが歴史の博物館・京都

> **キーワード / 关键词**
>
> ★都をどり / 都舞蹈
>
> 都をどりは、英語ではよく「チェリー・ブロッサム・ダンス」（桜の舞踊）と呼ばれます。舞踊者は、桜の花の背景幕を背にして「よいやさ」の掛け声とともに一同そろって演技します。舞踊は、三味線、笛、太鼓と鐘などの合奏団で伴奏され、一連の優雅な体の動きを披露します。演技は、4月1日から30日まで祇園甲部歌舞練場で観覧できます。祇園の舞妓・芸妓による舞踊は、国内はもとより海外でもよく知られています。「都をどり」は、「鴨川をどり」、「北野をどり」、「京をどり」、そして「祇園をどり」と並び京都の「五大をどり」の1つです。
>
> 都舞蹈在英语里叫作"Cherry Blossom Dance"（樱花舞）。舞者以樱花为背景，合着"嘿哟嘿哟"的吆喝声一起演绎。舞蹈由三弦、笛子、太鼓和钟等合奏乐团伴奏，展现一系列优雅的姿态。从4月1日至30日，可以在祇园甲部歌舞剧场观赏到表演。祇园舞姬、艺妓的表演在国内自不待言，在国外也颇具盛名。"都舞蹈"与"鸭川舞蹈""北野舞蹈""京舞蹈""祇园舞蹈"并称京都"五大舞蹈"。

第11章
世界の観光文化都市・京都

世界旅游文化城市・京都

サンプルダイアローグ / 示例对话

観光客：京都には観光名所が多いので、どこを訪れるべきか迷いますね。
ガイド：そうですね。でも、京都を訪れる前に、少し情報を集めたほうがいいでしょう。
観光客：京都について簡単に教えていただけませんか。
ガイド：もちろんです。ご存じのように、京都は794年に「**平安京**」として建設され、首都が東京に移る1869年まで、1000年以上も日本の首都としての役割を果たしてきました。
観光客：以前、「皇居」でお話していただきましたね。
ガイド：平安神宮では「**時代祭**」(★キーワード参照) を楽しむことができます。この神宮は、日本の首都、京都の創建1,100周年を記念して1895年に造営されました。京都を建てた桓武天皇と最後の帝である孝明天皇の2天皇が祀られています。
観光客：なるほど。
ガイド：京都にある観光地の多くは、どれも簡単に歩いて行ける距離かタクシーですぐに着く範囲にあります。
観光客：それはいいですね。
ガイド：「**金閣寺**」からスタートするといいでしょう。三層の建物全体が**金箔**で覆われていて、頂上の青銅の鳳凰像も有名です。
観光客：以前写真で見たことがあります。
ガイド：次に、「**龍安寺**」に行きましょう。この寺院は、一面に**白砂**を配した15個の石から成る「石庭」で有名です。
観光客：これは典型的な日本庭園 (⇒Q&A 34) ですか。
ガイド：はい。「枯山水」と呼ばれます。庭園を構成する石と砂は、山川や大海を表現しています。これらは**自然の多様性や広大さ**を象徴するものです。
観光客：どこか京都の全景が見られるところはありますか？
ガイド：「**清水寺**」がお勧めです。このお寺には、崖の斜面に張り出した巨大な木造舞台があります。これは**139本の巨大な柱**で支えられていて、舞台から眺める京都の街並みは絶景ですよ。
観光客：ありがとうございます。

游客：京都有那么多旅游胜地，还真不知道该去哪儿了。
导游：是的。去京都游玩之前，事先搜集下信息比较好吧。
游客：可以请您简单介绍下京都吗？
导游：当然可以。如您所知，794年建立了"平安京（当时的首都）"，也就是现在的京都。在1869年迁都东京之前，京都作为日本的首都长达1000多年。

第 11 章　世界の観光文化都市・京都

游客：以前您在"皇居"的时候跟我们说过。
导游：在平安神宫，可以观赏"时代祭"。1895 年，为了纪念曾经的日本首都京都建都 1100 周年而建立这个神宫。里面祭祀的是建立京都的桓武天皇与在京都最后的天皇孝明天皇两任天皇。
游客：原来如此。
导游：京都的大多数景点都是步行就能到或者是乘坐出租车马上能到。
游客：那真好。
导游：我们从"金阁寺"开始吧。金阁寺三层建筑物都是由金箔覆盖的，顶上有著名的凤凰青铜雕像。
游客：以前在照片上看到过。
导游：接下来我们去"龙安寺"吧。这个寺院因面上满布白砂的 15 块石头组成的"石庭"而出名。
游客：这是典型的日本庭园吗？
导游：是的，这叫作"枯山水"。构成庭园的石头跟砂子表现的是山川与大海。这象征着自然的多样性与广袤。
游客：在哪里可以看到京都的全景呢？
导游：推荐去"清水寺"。这个寺庙有一个突出在悬崖斜面的木制舞台。这个舞台由 139 根巨大柱子支撑，从舞台眺望的京都景色堪称绝景。
游客：谢谢。

アテンドの知識 / 相关知识

　京都と言えば、奈良と並び日本を代表する「歴史の博物館」であり、今や世界に知られる国際観光文化都市（City of International Tourism and Culture）です。一口に京都の観光といっても、その歴史と伝統の深さ故にどこから足を向けるべきか戸惑ってしまいます。約 1600 の仏閣と約 300 の神社の中から、代表的なものを厳選し、それらの特色を探ってみたいと思います。
　現在、京都の世界遺産として「二条城を含む 17 社寺」（京都市 14 件、宇治市 2 件、滋賀県 1 件）が登録されています。（⇒第 2 部「日本の世界遺産」）

　　说到京都，它是与奈良齐名的日本代表性的"历史博物馆"。现在是世界闻名的国际旅游文化城市。很难以一句话概括京都的观光，因为它的历史与传统的精深，让人难以抉择从哪里开始京都的旅程。从 1600 多寺院与 300 多神社中精心挑选代表性的景点，探寻他们的特色。
　　现在有包括二条城在内的 17 个（其中，京都市 14 个，宇治市 2 个，滋贺县 1 个）京都的神社或寺庙入选世界文化遗产名录。（⇒第 2 部日本的世界遗产）

金閣寺 / 金阁寺

　京都観光で必ず訪れる場所に金閣寺（Kinkaku-ji Temple）がありますが、外国人から質問を受けて困惑している日本人の姿を時々見かけます。金閣寺（正式には鹿苑寺）は1397年、足利義満が築いた山荘（villa）で、彼の死後、禅寺（a Zen Buddhist temple）として使用されました。1950年に焼失しましたが、1955年には現在の姿に復元されました。豪華絢爛たる「金箔の楼閣」（pavilion decorated in golden leaf）の上には「青銅の鳳凰像」（a bronze statue of a phoenix）が乗せられています。鳳凰は平和の象徴で、この鳥が留まっている間は世の中も平和、しかし争いが起きればどこかへ飛び去って行く鳥と言われています。池泉回遊式庭園（the stroll-type landscape garden）も素晴らしく、鏡湖池（Kyoko-chi pond）を中心に奇岩怪石を配し、自然を巧みに生かしています。池に映る金閣寺は美しく、一幅の絵を見るようです。

　虽然金阁寺是访问京都必去的景点之一，但是经常会看到日本人被问起有关金阁寺的问题时困惑的表情。金阁寺（正名：鹿苑寺）是足利义满将军于1397年建立的山庄，义满将军死后作为他的禅寺使用。在1950年被烧毁，1955年又恢复成现状。华丽绚烂的金箔楼阁上有青铜的凤凰像。据说，凤凰是和平的象征，凤凰停留的时候是和平的时候，如果有纷争，凤凰便会飞走。池泉回游式庭园很有魅力，镜湖池中间有奇岩怪石，巧妙地利用了自然。池水倒映的金阁寺十分美丽，美的像一幅画。

五山送り火 / 五山送火

　夏には如意ケ嶽など5つの山の中腹に「五山送り火」（the Gozan Bonfire Event）（⇒Q&A 32）を見ることができます。これは先祖の霊を送るお盆の行事です。日本の「お盆」（the Bon Festival）（★キーワード参照）には、先祖の霊が現世に戻り、人々は「迎え火」（the welcome fire）をたき、その霊を迎えて供養します。最後の日には、霊を来世に送り戻すために「送り火」（the farewell fire）をたきます。8月16日には、京都の5つの山腹にかがり火の文字を点火するので、「五山送り火」と呼びます。東山如意ケ嶽の「大文字」をはじめ、松ヶ崎西山・東山の「妙・法」、西賀茂船山の「船形」、大北山の「左大文字」、そして曼陀羅山の「鳥居形」が次々と点火されます。

　在夏天，可以在如意狱等五座山的山腰看到五山送火。这是送别祖先灵魂的盂兰盆节的仪式活动。日本的盂兰盆节时，祖先灵魂要回到现实世界，人们要燃起"迎接的火"，来迎接祖先的魂灵并供奉他们。最后，要燃起"送别的火"将祖先魂灵送回来世。8月16日，在京都的五座山，人们点起篝火文字，被叫作"五山送火"。以东山如意狱的"大文字"为首，松崎西山、东山的"妙法"，西贺茂船山的"船形"，大北山的"左大文字"，然后是曼陀罗山的"鸟居形"依次点火。

龍安寺 / 龙安寺

　龍安寺（Ryoan-ji Temple）は臨済宗の禅寺です。この寺の石庭（the rcok garden）は世界的にも有名な日本庭園で、15個の石が東から西へ7・5・3に配置され、美しい白砂が敷き詰められています。これは有名な枯山水庭園（the dry landscape garden）で、池や流れの水を用いず、主として石と砂で造られたものです。ところでこの石庭は、どの視点から数えても石は14個で、1個の石が見えません。また見る者によっては「海の景色」または「親子のトラが大河を渡る景色」などに見えるらしいのです。古い話ですが、日本を訪問された英国のエリザベス女王が石庭を御覧になり、その意味を聞かれたのです。そのとき、寺の住職さんが「石庭の美しさは『無』です」と説明し、通訳者が「無」を "God" と訳しました。「日本人の『無』の境地（a spiritual state of nothingness）は、西洋人の考える "God" に近い」という名訳が話題になりました。

　この石庭にある石の配列から「虎の子渡しの庭」とも言われますが、こんな話があります。3匹の子を連れて虎が川を渡ろうとしますが、一度に渡れるのは1匹だけです。そのうち1匹だけは問題児です。その問題児を見えないようにする、という伝説にちなんでこの石庭が造られたということです。なぜ見えないようにこの石庭を造ったのかが問題です。しかしそれこそが禅の境地（a spiritual [mental] status of Zen Buddhism）を表現しているということらしいです。

　龙安寺是临济宗的禅寺。这个寺庙的石庭是日本著名的日式庭园。15块岩石从东到西以7、5、3形式排列，铺满美丽的白砂。这是有名的枯山水庭园，不用池子与流动的水，主要用石头与砂子来创造。但这个石庭有个很奇妙的地方，不管从哪个角度看，都只能看到14块石头，总会有一个石头看不见。根据看的角度不同，可以看出"海的景色"或者是"母虎带子涉水过庭园"。这里有个轶闻，英国的伊丽莎白女王在观赏石庭的时候问了石庭的含义。当时，寺庙住持把石庭的美解释为"无"，而翻译则翻为"GOD"。日本人的"无"的境界被译为西洋的"GOD"的译法一度成为了当时的话题。

　这个石庭的石头排列被称为"虎子渡庭"，有这样一个故事，有一只老虎带着3只小老虎准备过河，一次只能带一只小老虎一起过河。那里面有一只小老虎是有问题的。为了看不见那只问题老虎，就建造了这样的石庭。问题是为什么为了不让看见那只问题老虎就建造了这座庭院呢？据说这也表现了日本的禅的意境。

清水寺 / 清水寺

　清水寺（Kiyomizu-dera Temple）の創建は778年、139本の巨大な柱で支えられているこのお寺には、断崖の傾斜に張り出した、これまた巨大な木造舞台があ

ります。この舞台（清水寺の本堂のこと）は釘を1本も使わず約10メートルの材木を縦横に組み合わせて足場を組んで建っています。現在の建物は、徳川家光が1633年に再建したものです。この舞台からの京都の市街地の展望は絶景。ところで、日本語では「非常な決意をして物事を行う」(to make an important and difficult decision) ことを「清水の舞台から飛び降りる気で」(jumping from the balcony of the Kiyomizu-dera Temple) と言います。英語では to make a leap in the dark のほうが適訳かもしれません。

　清水寺创建于778年，由139根巨大柱子支撑而成的寺庙突出在断崖的斜面。这里有巨大的木制舞台。这个舞台没有用一根钉子，就靠大约10米的柱子纵横组合搭建而成骨架。现在的建筑物是德川家光将军在1633年再建而成的。从这个舞台所能眺望的京都街景被称为绝景。另外，在日本有这样一种说法，把"以超乎常人的决心做某事"比喻成"有从清水寺舞台跳下去的魄力"。这在英文里面被译为"To make a leap in the dark"。

清水寺

第 11 章　世界の観光文化都市・京都

Q&A 32　五山送り火

Q 五山送り火が行われるのはなぜですか。
为什么会举行五山送火的活动?

A

【主旨】

　「五山送り火」というのは、壮大なかがり火をたく行事のことで、お盆行事の一環として毎年 8 月 16 日の夜、京都の 5 つの山で行われます。この行事は、現世での短い滞在を終えた祖先の霊を来世に送るために行われます。

　かがり火は、如意ヶ嶽で「大きい」を意味する漢字の「大」の形に燃やされます。それは「大文字」と呼ばれます。その他の火は、町の周辺にある 4 か所の山で別々に輝き、「左大文字」、「舟形」、「妙・法」そして「鳥居形」の形で点火されます。

　所谓"五山送火"是壮观的点火仪式,作为盂兰盆节仪式活动的一个环节,每年 8 月 16 日晚上在京都的五座山上举行。这个仪式是为了把暂时回到现世的祖先灵魂送回来世的活动。

　首先,篝火在如意狱的山上组成表示"大"的意思的"大"的形状,这叫作"大文字"送火。其他的 4 个篝火在町周围的 4 座山燃起,分别是"左大文字""船形""妙法"与"鸟居形"。

如意狱的"大" 　　　　　　　　　　　　　白天的如意狱

105

Q&A 33 除夜の鐘

Q 除夜の鐘には、どのような意味があるのですか。
除夕夜的钟声有什么含义？

A

【主旨】

　除夜の鐘とういうのは、大晦日の深夜に鐘を鳴らして旧年を送り出す寺院の鐘のことです。寺院の鐘は 108 回鳴り響き、旧年の去りゆくことを告知し、新年の来ることを予告するのです。仏教の信仰によれば、寺院の鐘が鳴る 108 の響きは、人間の 108 の煩悩を表しています。一つ一つの鐘の音が鳴るたびに、煩悩が一つ一つ取り除かれるのです。最後の 108 番目の響きが聞こえるとき、すべての煩悩が消し去られます。

　深夜になれば、日本中、特に京都ではどの寺院の鐘も、旧年を送り出し、新年を迎えるために 108 回鳴り渡ります。

　　除夕夜的钟声是指除夕的深夜在寺院敲响钟声送别旧年，迎接新年。寺院的钟会敲响 108 次来告知大家旧年的逝去，并预告新年的到来。根据佛家信仰，108 响的钟声象征着人生的 108 个烦恼，随着钟声的敲响，烦恼也随着钟声渐渐逝去，最后听到第 108 个钟声时，所有烦恼都随着钟声而去。

　　到除夕的深夜，日本所有地方，特别是京都的寺院的钟声会响起 108 次来送别旧年，迎接新年。

寺院的钟楼

第11章　世界の観光文化都市・京都

Q&A 34　日本庭園

Q 日本庭園の特徴は何ですか。
日本庭园的特征是什么?

A

【主旨】

　西洋の庭園が幾何学的な景観美を重視するのに比べ、日本庭園は自然の景観美を強調します。

　日本庭園には、主として2種の庭園、池泉形式と枯山水形式があります。「池泉庭園」は人工の丘と池をもつ庭です。中心に海を象徴する池、そして山に見立てた土と石で作った丘があります（例：熊本県の水前寺公園）。「枯山水」は岩と砂の水気の無い庭で、庭園の全体で自然の景観を表すために、人工的に造形された樹木や岩石が配置されています。京都にある龍安寺の石庭は、見事な代表例で、禅宗の影響を漂わせています。

　与西洋的庭园重视几何学的景观美相比，日本的庭园强调自然景观美。

　日式庭园主要分为两种，池泉式与枯山水式。"池泉庭园"主要是指拥有假山与池塘的庭园。中心有象征着海的池塘，然后有用土与石头堆成的假山（例：熊本县的水前寺公园）。"枯山水"是指岩石与砂构成的没有水的庭园。庭园整体为了表现自然景观，会用上人工造型的树木与岩石。在京都的龙安寺的枯山水就是典型的代表，它受到禅宗的影响。

池泉庭園　　　　　　　　　　　　　　　　　　枯山水

第1部　日本の文化・観光

第2部　日本の世界遺産 文化遺産・自然遺産

> キーワード / 关键词

★盆 / 盂兰盆节

死者の霊をまつる仏事。☆陰暦7月15日前後（または8月15日前後）の数日の間（13日から16日まで）に執り行われる。13日夜には祖先の霊を家庭に迎え、16日夜には彼岸に送る。「盂蘭盆会」の略称で通称「お盆」。All Souls' Day はカトリック用語で「諸死者の記念日、万霊節(ばんれい)」、11月2日にすべての死者の霊魂のために祈る。

　　盂兰盆节是祭奠死者亡灵的佛教仪式活动。在旧历7月15日前后（或者8月15日左右）举行数天。13日晚上在家里迎接祖先灵魂的到来，16日晚上再把祖先灵魂送回彼岸。"盂兰盆节"简称叫作"盆"。All soul's Day 是天主教用语，译为"所有死者的纪念日，万灵节"。11月2日为所有死者灵魂祈祷。

★時代祭 / 时代祭

この祭りは、794年の京都創建の時代から1100年を祝って平安神宮が建立されたのにともない1895年に始まった。ハイライトは歴史ゆかりの衣装や昔の武装姿をした人々の行列で、平安時代から明治時代までの歴史的な時代や出来事を再現している。行列は19世紀の装束に始まり8世紀へとさかのぼる。この豪華な歴史行列は、京都御所が起点となり、平安神宮が終着点となっている。

　　这个节日始于1895年，当时是为了纪念794年建都的京都成立1100周年。亮点是有很多人穿着历史传统服装与佩带武器装备列队行走，再现平安时代到明治时代的日本历史事件。这个队列从19世纪的装扮开始一直到追溯到8世纪。这个豪华的队列以京都御所为起点，平安神宫为终点。

时代祭

第12章
日本人の心の故郷・奈良

日本人心灵的故乡・奈良

サンプルダイアローグ / 示例对话

観光客：奈良は、古代日本史の舞台だったのですか。
ガイド：はい、そのとおりでした。奈良は710年から794年まで、80年以上も日本の首都として**栄えていた**のです。その後首都は京都へ**移された**のです。
観光客：ほんとうですか。ずいぶん昔ですね。
ガイド：奈良の長い歴史は、多くの**遺産**を残してきました。
観光客：奈良には、世界遺産に登録された史跡がいくつかあったと思います。この街には、現在いくつ古代からの史跡があるのですか。
ガイド：奈良には8つの**文化遺産**があります。5寺院（東大寺、興福寺、元興寺、薬師寺、唐招提寺）と春日大社、春日山原始林、平城宮跡です。
観光客：世界遺産委員会は、なぜこれらを選んだのですか。
ガイド：ご存じのように、日本文化は中国・韓国との文化交流で発展してきました。奈良の多くの寺院には、これを強く裏付ける証拠があるのです。
観光客：なるほど。いくつか例を教えてください。
ガイド：はい。「**東大寺**」の名前を聞いたことがあると思います。ここには世界最大の木造建築で、日本語で「**大仏殿**」と呼ばれる巨大な仏殿があります。
観光客：いつか、この寺を見学してみたいです。
ガイド：ぜひ行くべきです。日本建築の貴重な宝物殿「**唐招提寺**」は、中国の鑑真和尚が8世紀に創建したものだと知っていますか。
観光客：中国の仏僧が造ったのですか。
ガイド：はい。「金堂」は、奈良時代に造られたこの種の建造物としては、なんと**現存する**唯一のものなのです。
観光客：8世紀に日本の首都として繁栄した奈良文化の貴重な証拠ですね。
ガイド：はい、そうです。日本最初の首都である奈良は、日本の歴史と文化遺産の驚くべき姿を今に伝えているのです。

游客：奈良是古代日本史的舞台吗？
导游：正如您所言，奈良作为日本的首都是从710年到794年，繁荣了80多年的时间。在那之后首都迁到京都。
游客：真的吗？那是很久以前的事了。
导游：悠久历史给奈良留下了很多遗产。
游客：我知道奈良有不少入选世界文化遗产的古迹，请问这条街上的世界文化遗产的古迹有多少呢？
导游：奈良有8个世界文化遗产。分别是5大寺庙（东大寺、兴福寺、元兴寺庙、药师寺、唐招提寺）、春日大社、春日山原始林、平城宫迹。
游客：世界遗产委员会为什么要选择这些呢？
导游：如您所知，日本文化是在与中国、韩国的交流中发展起来的，奈良

第 12 章　日本人の心の故郷・奈良

的很多寺院就是这些交流的证据。
游客：这样啊，请告诉我一些例子。
导游：好的。想必您听说过东大寺，是现存世界最大的木制建筑，有一个在日语里叫作"大佛殿"的巨大佛殿。
游客：我想什么时候去参观一下这个寺院。
导游：一定要去下。日本建筑的宝物殿"唐招提寺"是 8 世纪鉴真和尚东渡日本时候创建的，您知道吗？
游客：是中国的佛教僧侣建造的吗？
导游：是的。里面叫作"金堂"的建筑物是奈良时代这种建筑物中唯一现存的。
游客：这是奈良在 8 世纪作为日本首都繁荣的证据啊。
导游：是的。奈良作为日本最古老的首都，以令人惊叹的姿态向世人讲述着日本的历史与文化遗产。

唐招提寺金堂

アテンドの知識 / 相关知识

「奈良の大仏と鎌倉の大仏のどちらが先にたちましたか」、小学生の時に何気なく聞かれる質問です。答えは「どちらもまだ座ったままです」。
　　小学生的时候经常被问这样的问题，"奈良的大佛与镰仓大佛哪个先站起来的？"答案是"不管哪个都还坐着。"

奈良の大仏 / 奈良的大佛

　　大仏（the Great Buddhist Statue）と言えば、奈良の大仏（東大寺盧舎那仏像 752 年建立）があり、鎌倉の大仏（阿弥陀如来坐像 1252 年建立）、高岡の大仏（阿弥陀如来坐像 1221 年創建）と並ぶ日本三大仏の 1 つです。この大仏が鎮座する奈良の東大寺「大仏殿」（高さ 47.3m、間口 57m、奥行き 50.3m）は世界最大の木造建築物（the world's largest wooden structure）で、もちろんその中にある本尊（the principal Buddhist statue）の金銅の大仏（高さ 15m）も世界最大です。大仏

殿にある柱の1つに、人間が入れるほどの穴がありますが、その穴は大仏の鼻孔（nostril）と同じ大きさです。その穴をくぐり抜ければ御利益（god's favor; divine grace）があると言われ、陽気な欧米人には人気があるようです。

说到大佛，就不得不说奈良大佛，它与镰仓大佛、高冈大佛并列为日本三大大佛之一。供奉这个大佛的奈良东大寺是世界最大的木制建筑物。里面的本尊金刚大佛是世界最大的。大佛殿里面有一根柱子，有可以放进一个人大小的洞，这个洞跟佛像的鼻孔一样大。穿过这个洞会带来好运，这在开朗的西方人里很有人气。

法隆寺、「法隆寺地域の仏教建造物」/ 法隆寺、法隆寺地区的佛教建筑

奈良と言えば日本の古代史の舞台であり、8世紀後半まで都が置かれた地。長い歴史に彩どられ、文化遺産に溢れる奈良を、世界遺産群を中心にもう一度かみしめたいものです。(⇒第2部「日本の世界遺産」)

まずは、1993年「法隆寺地域の仏教建造物」(Buddhist Monuments in the Horyu-ji Area)が文化遺産に登録されました。

法隆寺（Horyu-ji Temple）は日本仏教（⇒Q&A 35）の始祖と仰がれる聖徳太子が607年に創建した寺です。境内には、日本人の心の故郷である大和に今も現存する世界最古の木造建築（the world's oldest extant wooden structure）である金堂（the Main Hall）があります。堂内には由緒ある仏像（the Buddhist statue）や仏画（a Buddhist picture）などの国宝が多数現存し、日本の古代を知る手がかりとなる文化資産（cultural asset）としてその価値は計りしれません。また日本最古の五重塔（⇒Q&A 36）があり、その中心を通る心柱（長さ14.3mと約17.8mの八角形の材木が縦につながっている）には594年に伐採されたヒノキが使用されています。さらには八角円堂の優雅な「夢殿」（the Yumedono Hall）があります。

说到奈良是日本古代史的舞台。到8世纪后半期为止奈良是作为首都的地方。让我们再一次以世界遗产为中心品味这座拥有悠久历史与众多文化遗产的城市。

首先是1993年"法隆寺地区的佛教建筑"入选世界文化遗产。

法隆寺是由被认为是日本佛教始祖的圣德太子在607年创建的。寺内有日本心灵故乡大和现存最古老的木制建筑物金堂。堂内现存很多历史悠久的佛像、佛画等国宝。作为了解日本古代线索的文化遗产来说，它的价值不可估量。然后还有日本最古老的五重塔，中间的心柱（长14.3米跟约17.8米的八角形木材纵向连接）使用的是594年砍伐的桧树。另外八角圆堂里还有优雅的梦殿。

法起寺 / 法起寺

法起寺（Hokki-ji Temple）には、創建当時の姿を今に伝える日本最古の三重塔（the

three-story pagoda）が聳えています。（⇒ Q&A 73）
　法起寺里耸立着从创建当时保存至今的三重塔。

東大寺、「古都奈良の文化財」/ 东大寺、古都奈良的文化遗产

　次に、1998 年「古都奈良の文化財」（Historic Monuments of Ancient Nara）が世界遺産に登録されました。（⇒第 2 部「日本の世界遺産」）

　東大寺（Todai-ji Temple）は聖武天皇により国家鎮護のため 8 世紀に創建されました。境内には多数の仏閣があり、その中でも春を告げる「お水取り行事」（the Sacred Water-drawing Ceremony）を行う二月堂（the Nigatsudo Hall）は、大仏殿と並んで特に有名です。「南大門」（高さ 25.5m）も東大寺の総門で、山門としては日本最大です。除夜の鐘で有名な「梵鐘（ぼんしょう）」（高さ 3.9m）は日本最大です。三角形の材を組み合わせた校倉造り（あぜくらづくり）（a log storehouse on stilts）で知られ、シルクロード（Silk Road）を経て来た渡来品（the articles from abroad）が色あせることなく今に伝えられる「正倉院」（the Shoso-in Treasure Repository）はあまりにも有名です。

　接下来是古都奈良的文化遗产在 1998 年被评为世界文化遗产。

　东大寺是圣武天皇为了镇护国家在 8 世纪创建的。寺院内有很多佛阁，里面有举行迎春"取水活动"的二月堂，它与大佛殿齐名。南大门高 25.5 米，是东大寺的总门，在日本山门中为最大。作为除夕夜的钟声而出名的"梵钟"也是日本最大。以三角形材料组合而成的校仓式风格被广为熟知，经丝绸之路来到日本的舶来品保存至今毫无褪色，因此正仓院很有名。

興福寺 / 兴福寺

　興福寺（Kofuku-ji Temple）は 669 年に創建され、710 年に京都から当地へ移されました。この寺には多数の国宝（national treasure）があります。近くには猿沢池（Sarusawa Pond）があり、その水面に映る「五重の塔」（a five-story pagoda）は特に美しく、奈良の都のシンボルです。京都の「東寺」（To-ji Temple）にある五重塔に次ぎ、日本第 2 位の高さを誇っています。

　兴福寺是 669 年创建的，710 年时由京都迁到当地。这个寺院里有很多国宝。附近有猿泽池，水面倒映的五重塔特别美丽，是古都奈良的象征。京都的"东寺"仅次于五重塔，是日本第二高的塔。

唐招提寺 / 唐招提寺

　唐招提寺（Toshodai-ji Temple）は 759 年に唐僧の鑑真（がんじん）が創建したもので、「天平の甍（てんびょうのいらか）」で知られる「金堂」は唯一現存する奈良時代の建造物です。その中には日本最大・最古の「千手観音」が安置されています。境内の奥まった所にある「御影堂（みえいどう）」には、日本最古・最大の肖像彫刻である鑑真和上の座像が安置されています。鑑真は、日本に来るにあたり暴風の苦難や出航の妨害、さらには失明を乗り越え 11 年目に到着し、70 歳を過ぎてからこの寺院を創建しました。

113

唐招提寺是759年由唐朝僧人鉴真创建的，以"天平的甍"而闻名的"金堂"是奈良时代唯一现存的建筑物。当中安放着日本最古老最大的千手观音。在寺内深处的"御影堂"安置着日本最古老最大的鉴真雕像。鉴真高僧来到日本之前经历了暴风雨、数次出航不成功还有失明等劫难，到第11年才到达日本，70岁高龄以后才建立了这座寺院。

薬師寺 / 药师寺

　　薬師寺（Yakushi-ji Temple）は680年に天武天皇によって創建されました。境内には「東塔」（the East Tower）と呼ばれる三重塔（the three-story pagoda）があり、奈良のシンボルとして天高くそびえています。この塔は寺の中で唯一、原形のまま往時をしのぶことのできる建造物です。また「金堂」（the Main Hall）には日本の仏教美術の最高傑作と呼ばれる「薬師三尊像」（Yakushi Trinity）が見られます。

　　药师寺是680年由天武天皇创建的。寺内有被叫作"东塔"的三重塔，这座塔作为奈良的象征耸立在奈良城。这个塔是寺里唯一保持当时原型的建筑物。另外在金堂里可以看到日本佛教美术作品的最高杰作"药师三尊像"。

元興寺 / 元兴寺

　　元興寺（Gango-ji Temple）は588年に蘇我馬子が建立した日本最古の飛鳥寺を、平城京遷都（capital relocation）に伴い移建した寺院です。創建当時の伽藍は、平安時代と江戸時代末期に焼失し、元は僧坊（the living quarters for Buddhist priests）だった現在の本堂がわずかに面影を残しているだけです。

　　元兴寺是588年苏我马子把日本最古老的飞鸟寺在平城京迁都的时候改建成的。创建当时的伽蓝在平安时期与江户时代末期被烧毁，现在的本堂还留有当时作为僧坊的影子。

春日大社 / 春日大社

　　春日大社（Kasuga-Taisha Grand Shrine）は768年に創建され、その参道には約2000基の石灯籠（stone lantern）が並んでいます。朱塗りの本殿（the main hall with bright vermilion-colored pillars）の回廊にある1,000基の吊り灯籠（hanging lantern）は実に鮮やかです。2月と8月に行われる「万灯籠祭」（the Lantern-Lighting Festival）の日には大小3000基の灯篭の光が灯り、境内は幻想的なムードに包まれます。

　　春日大社在768年创建，在那条参道上排列有2000多个石灯笼，在涂有朱漆的本殿回廊里有1000多个吊灯笼，非常鲜艳多彩。在2月与8月举行的"万灯笼祭"，会点亮大小不一的3000多个灯笼，境内呈现梦幻般的氛围。

春日山原始林 / 春日山原始林

　春日山原始林（Kasugayama Primeval Forest）は春日大社の背後にそびえる春日山で石仏遺跡が点在します。841年に伐採を禁じられて以来、春日大社の神域として保護されてきた原始林で、国の特別天然記念物（Special Natural Monument）に指定されています。

　春日山原始林散落在春日大社背后的春日山上的石佛遗迹周围。它是在841年禁止采伐以来，作为春日大社的神域保护起来的原始森林，并被列为国家特别天然纪念物。

平城宮跡 / 平城宫迹

　平城京は奈良時代に都として使われていた奈良盆地にあった都市（the city in the Nara Basin）で、平城宮跡（the Former Heijo-kyu Palace Site）は、中国唐の都「長安」にならった古都奈良の平城宮の大内裏（imperial palace precincts）の跡です。2010年（平成22年）には、平城宮への遷都から1300周年を記念して「平城遷都1300年祭」（the 1300th anniversary of Nara Heijo-kyu Capital）が開催されました。平城宮跡には、大極殿（the Former Imperial Audience Hall）や朱雀門（the Suzakumon Gate）また、遣唐使船（Japanese Diplomatic Ship for Envoys to Tang Dynasty China）や東院庭園広場（Eastern Palace Garden Plaza）など多数が復元されています。

　平城京位于奈良盆地的城市，奈良时代曾作为都城。平城宫迹是模仿唐朝长安城建造的奈良平城宫的内廷的遗迹。2010年在这里举行了纪念平城宫迁都1300周年的活动。平城宫迹中的太极殿与朱雀门，遣唐使船和东院庭园广场等大都得到修复。

平城宫迹太极殿

Q&A 35 仏教

Q 仏教について簡単にお話し願えますか。
能请你简单介绍下有关佛教的知识吗?

A

【主旨】

　仏教は、紀元前5世紀にインドの釈迦牟尼仏（★キーワード参照）によって創建され、6世紀には中国・韓国を経て日本に伝えられました。

　主として2種の仏教があります。人類の普遍的な救済を強調する「大乗仏教」(★キーワード参照) と、個人の救済を強調する「小乗［上座部］仏教」(★キーワード参照) です。仏教の教える最終目標は、仏の教えを実行することによって、精神的な自由と、煩悩からの解脱に達して「悟り」の境地に至ることです。日本の仏教では、祖先崇拝を力説します。

　佛教是公元5年前由印度的释迦牟尼创建的，6世纪时经过中国和韩国传到日本。

　佛教主要分两种，强调人类普遍救赎的"大乘佛教"与强调个人救赎的"小乘佛教"。佛教教义的最终目标是通过实行佛教教义而实现精神自由与烦恼的解脱，并达到"悟"的境界。日本的佛教主张祖先崇拜。

Q&A 36 五重塔

Q 「五重塔」とは何ですか。
所谓五重塔是什么?

A

【主旨】

　五重塔は、寺院の境内に建立された塔のような建造物のことで、5層のかわら屋根を重ねて作られています。

第12章　日本人の心の故郷・奈良

　本来「五重塔」は、聖遺物として釈迦の遺骨や遺品を安置するために建立されたインドの仏舎利塔から進展したものです。日本の塔は、変形された墓標だとされています。
　奈良法隆寺の五重塔は、世界最古の木造建物です。京都の東寺にある五重塔は、日本最高の塔です。

　　五重塔是在寺院境内建造的像塔一样的建筑物，由5层的瓦屋顶重叠建造而成。
　　本来五重塔是由放置释迦牟尼遗骨与遗物的舍利塔发展而来的。日本的塔被认为是变形的墓标。
　　奈良法隆寺的五重塔是世界最古老的木制建筑物。京都东寺的五重塔是日本最高的塔。

东寺的五重塔

Q&A 37　精進料理

Q 精進料理とは、どのようなものですか。
精进料理是什么样的？

A

【主旨】
　「精進」と言うのは、悟りを追求して行う仏道修業という意味の仏教用語に由来しています。「料理」の意味はcookingです。精進料理は、宗教的な理由で用意される菜食料理のことで、6世紀仏教とともに中国から日本へ伝来したものです。
　精進料理は、肉類や魚介類を用いずに、野菜や大豆加工品、また海草類や米穀類などの植物性食品だけを使っています。この食事法は、昔僧侶が肉食を禁じら

117

れたことから生まれました。また、精進料理の食習慣は、13世紀仏教の禅宗の到来とともに普及しました。

精进这个词是由追求悟道的佛教用语里的词汇。精进料理本来是佛教的斋饭，6世纪与佛教同时由中国传入日本。

精进料理没有肉类与鱼类，使用蔬菜与大豆加工品或者是海藻与粮食等植物性的食材。这种料理是以前僧侣禁用肉食由来发展而成的。而精进料理的普及是随着13世纪从中国传过来的禅宗的到来而发展起来的。

キーワード / 关键词

★釈迦牟尼 / 释迦牟尼

サンスクリット語では Siddhartha Gautama（シッダルタ〈名〉・ガウタマ［ゴータマ］〈姓〉）。Gautama は英語で Sakyamuni と言う。「釈迦」は「釈迦牟尼」の略である。「釈迦」は「名」（部族名または国名）、「牟尼」は聖者・修行者の意味。つまり「釈迦牟尼」は「釈迦族の聖者」（sage of the Shaka clan）の意味の尊称である。「仏」の称号を加え、「釈迦牟尼仏」「釈迦牟尼仏陀」「釈迦牟尼如来」などともいう。略して「釈迦仏」「釈迦如来」。称号だけを残して「ブッダ」「仏陀」「如来」とも。通常は「お釈迦様」「仏様」（「死者」の意味もある）などと呼ぶ。

古代インドの宗教家、仏教の開祖（the founder of Buddhism）。29歳で出家（He left his royal family at the age of 29.）し、35歳で菩提樹の下に座して悟りを開いた（He experienced ultimate realization of the supreme truth under the sacred bo tree when he was 35 years old.）。その後各地で「すべての生きものに慈悲の心を向ける」という仏法を説く。80歳で入滅する（He died at the age of 80.）。

梵语中的 Siddhartha Gautama。Gautama 英文表达为 Sakyamuni。"释迦"是"释迦牟尼"的简称。"释迦"是"名"（部族或国家名），"牟尼"指"圣人、修行者"。也就是说，"释迦牟尼"是"释迦族的圣者"这一表达的尊称。也有加上"佛"的"释迦牟尼佛""释迦牟尼佛陀""释迦牟尼如来"等名称。简略称为"释迦佛""释迦如来"。也有仅留称号的"佛陀""如来"。通常称作"御释迦""佛"（也有逝者的意思）。

古印度的宗教家、佛教的开山鼻祖。29岁出家，35岁在菩提树下开悟。之后在各地宣扬"以慈悲心肠对待所有生命"。于80岁圆寂。

第12章　日本人の心の故郷・奈良

★大乗仏教 / 大乘佛教

大乗は「大きな乗り物」(Great Vehicle)の意味。多数の人が乗れる車のように、「多数の人を慈悲の心をもって救う」という立場の仏教を意味する。在家仏教（出家しない在俗の人のための仏教）で、人はだれもが仏陀への信仰によって救われる（People can be saved by faith in Buddha.）と説く。日本や中国に普及する。552年（一説には538年）に中国・韓国を経て日本に伝来した。

　　大乘是"大的车乘"之意。意指正如能搭载众多人的车辆那样，"以慈悲之心拯救众人"的这一立场的佛教。是一种在家佛教（为了那些不出家的人们的佛教），宣扬人人均可通过对佛陀的信仰而获救"。在日本和中国得到普及。552年（又一说为538年）经中国、韩国传至日本。

★小乗［上座部］仏教 / 小乘佛教

小乗は「狭い乗り物」の意味。「多数の人を忘れて、自己だけを救う」という立場の仏教で、出家仏教（俗世間を捨てる）である。寺にこもり修業して自分の悟りを得る（attaining emancipation or self-enlightenment by becoming a Buddhist priest and undergoing ascetic practices in a temple）ことを主とする、仏門に入る人のための仏教。僧侶が大事にされる。東南アジア（タイやスリランカなど）に普及する。

　　小乘是"小的车乘"的意思。是一种出家佛教（抛却俗世），宣扬"忘了大多数人，只救赎自己"。是一种为了那些步入佛门的人们的佛教，以在寺庙修行得到自身开悟为主。僧侣受到重视。在东南亚较普及（泰国和斯里兰卡等）。

精进料理

第13章
日本人の信仰の原点・伊勢神宮と真珠の里・伊勢志摩

日本人信仰的起点・伊勢神宮和珍珠里・伊勢志摩

サンプルダイアローグ/示例対話

ガイド：今日は、**伊勢志摩国立公園**の主な地域をご案内しましょう。
観光客：この国立公園にはどのような地域があるのですか。
ガイド：名前の通り、この国立公園には**伊勢神宮**と**真珠の養殖**で有名な**志摩半島**があります。
観光客：なるほど。
ガイド：伊勢神宮は約2,000年にわたり、日本で最も崇敬される神宮として参拝されてきました。
観光客：以前写真で見たことがあります。とても印象的でした。
ガイド：正殿は、無彩色の**ヒノキ**造りの社殿で、釘を用いずに組み立てられています。
観光客：この社殿は、誰を祀っているのですか。
ガイド：皇室の祖神とされる**天照大神**（⇒第1章キーワード参照）が祀られています。
観光客：だから、皇室の正統な結婚式はこの神宮で行われているのですね。
ガイド：そのとおりです。ここには清流で有名な五十鈴川があり、参詣者は参拝する前にこの川で両手を洗って身を清めます。
観光客：素敵ですね。志摩半島には何があるのですか。
ガイド：この半島には「真珠湾」と呼ばれる鳥羽湾と英虞湾があり、その周辺にはいくつかの景勝地があります。
観光客：ぜひこの半島を訪れたいものですね。
ガイド：もちろんですよ。鳥羽市には、**水族館**やミキモト**真珠島**のような娯楽施設があります。
観光客：真珠島では、何が見られるのですか。
ガイド：真珠養殖（⇒Q&A 40）の実演が見られます。この島では、「海女」と呼ばれる女性ダイバーが海底から真珠貝を採集しています。
観光客：そうですか。
ガイド：英虞湾には、松に覆われた小島が散らばる美しい**リアス式海岸**と、真珠の養殖場があります。
観光客：真珠島に行くのが楽しみです。

导游：今天带大家参观伊势志摩国立公园的主要地区。
游客：这个国立公园有什么地区？
导游：就像名字所表示那样，这个公园里有伊势神宫和著名的珍珠养殖地志摩半岛。
游客：原来如此啊。
导游：2000年的历史中，伊势神宫作为日本最受尊崇的神宫，被人们参拜至今。

第 13 章　日本人の信仰の原点・伊勢神宮と真珠の里・伊勢志摩

游客：以前看过照片。印象很深刻。
导游：正大殿是用无色彩的扁柏建造而成，未使用一颗钉子。
游客：这个大殿供奉的是谁？
导游：供奉着被视为皇室祖先的天照大神。
游客：所以，皇室正式婚礼就在这个神宫里举行啦。
导游：是的。这里有清澈的五十铃河，参拜者在参拜前要在这条河里洗净双手以净身。
游客：太漂亮啦！志摩半岛有什么呢？
导游：这个半岛有被称为"珍珠湾"的鸟羽湾和英虞湾，周围还有几个著名景点。
游客：一定要去这个半岛参观下。
导游：当然咯！鸟羽市有水族馆和御木本珍珠岛等娱乐设施。
游客：在珍珠岛上可以看到什么？
导游：能看到珍珠养殖的现场表演。在这个岛上，叫作"海女"的女性潜水员从海底采集珍珠贝。
游客：哦！
导游：英虞湾里面有美丽的里亚式海岸和珍珠养殖场，其中里亚式海岸上散布着被松树覆盖的小岛。
游客：好期待去珍珠岛啊。

アテンドの知識 / 相关知识

　　伊勢志摩国立公園（Ise-Shima National Park）と言えば、日本人の心の故郷（ふるさと）として「お伊勢さん」の名で知られる「伊勢神宮」、そして洋の東西を問わず世界の女性をとりこにする真珠の産地で有名な「志摩半島」があります。

　　提及伊势志摩国立公园，那里有作为日本人心灵故乡而被亲切地称为"伊势君"的"伊势神宫"，还有俘获了全世界女性芳心的珍珠的著名产地"志摩半岛"。

伊勢神宮 / 伊势神宫

　　昔から「お伊勢参り」で名高い伊勢神宮（the Grand Shrine of Ise）は、古代から神道（⇒Q&A 38）における日本人の信仰の原点として、一生に1度はお参りするものと考えられてきました。20年に1度、神殿を新たに造営し御神体を移す式年遷宮（periodical transfer of deity to the new shrine from the old）は、7世紀からすでに60回以上も続いています。そのため歴史のある古い神社でありながら、いつ

123

も新しく見えるのです。伊勢神宮には「三種の神器」(⇒ Q&A 39) の 1 つである「八咫の鏡」が安置されています。

伊勢神宮には内宮（the Inner Shrine）と外宮（the Outer Shrine）があります。

内宮には皇室の祖神とされる天照大神（the Sun Goddess of the Imperial Family Line）、外宮には天照大神の食べ物を調達する農業の神である豊受大神（the goddess of agriculture）が祀られています。社殿は「唯一神明造り」(the architectural style of Ise Shrine which is made of unpainted cypress wood joined without nails) と言い、日本の最も古い建築様式を受け継いでいます。伊勢神宮にお参りする前には、澄み切った水で有名な五十鈴川で身を清める（purify oneself）習慣があります。正式には神宮に参拝する前に「手水舎」(a stone basin filled with water) での作法を守った清めを行います。

手水の作法はどのように行うのでしょうか。外国の人に次のような説明をするとよいでしょう。「まずは柄杓（a bamboo or wooden dipper）に水を汲んで、左右の手を洗います。次に左の掌（the palm of the left hand）に水を受けて、口をすすぎます（rinse one's mouth）」。この時、柄杓に直接口をつけるのは不作法です。(⇒ 第 2 章「明治神宮」の会話後半)

　　　历来因"御伊势参拜"而著名的伊势神宫，自古在神道教中就是日本人信仰的起点，是一生中至少要去参拜一次的地方。20 年一度的建造新神殿时搬迁神体的例行迁宫仪式，从 7 世纪开始至今已经持续了 60 多次。因此，这座历史悠久的神社看起来始终是新的。伊势神宫里存放有"三神器"之一的"八咫镜"。

　　　伊势神宫包括内宫和外宫。

　　　内宫里供奉着被视为皇室始祖的天照大神，外宫里供奉着负责调配天照大神食物的丰受大神。神殿是"唯一的神明造"，继承了日本最古老的建筑风格。在参拜伊势神宫前，通常要在著名的五十铃河用清澈的水净身。正式参拜之前，要按照在"手水屋"的礼仪来做清洁。

　　　洗手的规矩是什么呢？可以向外国人这样解释。"首先，用长柄勺子舀水，洗净左右手。然后，将水放在左手掌心来漱口。这时，如果勺子接触到嘴，就是很不礼貌的"。

志摩半島 / 志摩半岛

志摩半島（the Shima Peninsula）には鳥羽湾と英虞湾があり、「真珠の湾」(the bay of pearls) と呼ばれています。出入りの多い海岸線に沿って数々の入り江があり、静かな海面には真珠貝の筏（rafts of pearl oysters）が見えます。

　　　志摩半岛上有鸟羽湾和英虞湾，被称作"珍珠湾"。沿着曲折的海岸线，湖泊海湾众多，可以看到平静海面上养殖珍珠贝的竹筏子。

第 13 章　日本人の信仰の原点・伊勢神宮と真珠の里・伊勢志摩

真珠の養殖 / 珍珠养殖

　ミキモト真珠島（Mikimoto Pearl Island）は、真珠王と言われた御木本幸吉（1858-1954）が世界で初めて養殖真珠（cultured pearl; artificial pearl）第1号を誕生させたロマンの島です。この島では真珠の養殖法の実演（the process of pearl cultivation in live demonstration）やネックレスとして完成するまでの一連の流れを紹介しています。

　真珠を作るためには、真珠の中心となる核（the nucleus of the pearl）をアコヤ貝（pearl oyster）に入れ、それを網のかご（wire cage）に入れて、静かな暖かい海で育てます。2～3年かけて育てられたアコヤ貝を開けると天然真珠（natural pearl）に似た真珠が誕生しています。最も珍重されるのはピンク色（pink）、次に銀色（silver）、そして青色（blue）と金色（golden）です。光沢（luster）がある真珠は良質の証です。

　御木本珍珠岛是被誉为珍珠大王的御木本辛吉（1858-1954）打造的世界首个珍珠养殖的浪漫的岛屿。在这座岛上有珍珠养殖方法的现场表演和项链制作的一系列流程的介绍。

　生产珍珠需要将珍珠的内核放在牡蛎壳子中，然后一起放进笼网中，在平静温暖的海水中饲养。2、3年后打开牡蛎就可收获类似天然珍珠的珍珠。最贵重的当属粉红色，其次是银色、蓝色和金黄色。光泽度是珍珠品质的证明。

伊勢志摩の食 / 伊势志摩的美食

　伊勢志摩は伊勢エビ（lobster）、アワビ（abalone）、カキ（oyster）などの海鮮料理のレパートリーでも有名です。また三重の松阪市は肉の王様、松阪肉（Matsusaka beef）があり、ジューシーな牛肉で全国的に知られています。肉質をよくするためにベートーベンの音楽などを聴かせながら「ビールを飲ませる」という話があり、これは肉を柔らかくし、霜降りをつくるために行われているらしいです。

　伊势志摩的伊势龙虾、鲍鱼、牡蛎等海鲜也很著名。还有三重松坂市有牛肉中的王者——松坂牛肉，凭多汁牛肉而闻名全国。据说，为了使肉质鲜美，让牛听着贝多芬的音乐甚至还"喝着啤酒"，似乎这也是为了使肉质柔软且夹带雪花。

> キーワード / 关键词

★夫婦岩 / 夫妻岩

　「夫婦岩」は、伊勢神宮の禊の場で知られる二見が浦の東端にある夫婦のような大小1対の岩のことです。夫婦岩は、岸に近い海に突き出て、太い注連縄で結ばれています。神話によれば、夫婦岩は、日本列島を創造したと言われる「イザナギノミコト」と「イザナミノミコト」(日本版アダムとイブ)の配偶神を表しています。この場所を訪れる最良の時間は、夜明けごろです。この2つの岩の間から美しい日の出が見られます。

　"夫妻岩"是夫妻般的大小一对儿岩石，位于因作为伊势神宫的禊而著名的二见湾的东端。据神话传说，夫妻岩寓意了造就了日本列岛的"伊邪纳岐大神"和"伊邪那美大神"（日本版的亚当和夏娃）的姻缘之神。参观此地最佳时间是黎明时分，从两座岩石之间可以看到美丽的日出。

夫妻岩

第13章　日本人の信仰の原点・伊勢神宮と真珠の里・伊勢志摩

Q&A 38 神道

Q 神道とは、どのような宗教ですか。What is Shintoism?
神道是什么样的宗教？

A

【主旨】
　神道は、日本固有の宗教です。特別な教義や倫理もなければ、また歴史に残る創始者もいないのです。その主な特徴は自然崇拝、祖先崇拝、そして歴史上の国家英雄崇拝です。強調するのは「清めと禊」です。
　明治時代から終戦まで愛国心を鼓舞するために日本の国家宗教として政府から保護されていましたが、今日では献金と寄付で維持されています。

　　神道是日本固有的宗教。既没有特别的教义和伦理，也没有留名于世的创始者。其主要特色是崇拜自然、崇拜祖先、崇拜历史上的国家英雄，强调的是"净化和禊"。
　　神道从明治时期开始到二战结束期间，为了鼓舞国民的爱国心而被作为日本的国家宗教受到政府的保护，如今则靠捐款和献金维系。

伊势神宫的鸟居

第1部　日本の文化・観光

第2部　日本の世界遺産　文化遺産・自然遺産

Q&A 39　三種の神器

Q 三種の神器とは、どのようなものですか。
三种神器指的是什么？

A

【主旨】

　三種の神器とは、皇位継承の象徴として天皇に受け継がれた3つの宝物です。それは伊勢神宮に安置されている「八咫の鏡」、名古屋の熱田神宮に安置されている「草薙の剣」、そして東京の皇居に保存されてある「八尺瓊の勾玉」です。
　伊勢神宮の内宮に祀られている鏡は、皇室における初代の祖先である天照大神の聖体を象徴するものと信じられています。日本の神話によれば、天照大神は、その孫であるニニギノミコトが天から降る時、地上で日本列島を統治するために鏡を授けました。このようなエピソードに基づいて、鏡は神道におけるご神体として崇められています。

　三种神器指作为传承皇位的象征而被天皇继承的三件宝物。分别是安放在伊势神宫的"八咫镜"、名古屋热田神宫的"草薙剑"和东京皇宫里的"八尺琼勾玉"。
　供奉在伊势神宫内宫里的神镜被认为象征着皇室始祖天照大神的神圣之躯。据日本神话传说，天照大神的孙子琼琼杵尊从天而降之时，为了在人间统治日本列岛，天照大神授予其镜子。就是基于这样的轶闻，镜子在神道教中被作为神体加以崇拜。

Q&A 40　養殖真珠

Q 養殖真珠は、どのようにして作られるのですか。
养殖珍珠是怎么一个生产过程？

A

【主旨】

　養殖真珠は、生きた貝に人工的に真珠の核を入れて作ります。真珠養殖の工程

第13章　日本人の信仰の原点・伊勢神宮と真珠の里・伊勢志摩

は、真珠のもとになる小さな丸いビーズをアコヤ貝に挿入することから始まります。真珠が完全に育つまでには、3年から5年はかかります。真珠が形作られたら、工場に運ばれ、美しいアクセサリーに加工されます。
　ミキモト真珠島では、真珠養殖の工程が説明つきの実演で見られます。養殖真珠には、天然真珠と全く同じ性質と色彩があります。
　养殖珍珠是通过人工将珍珠的核放入活体贝壳内饲养。珍珠养殖开始时将小小的圆圆的珍珠之母——串珠插入牡蛎壳子里。珍珠完全生长成熟需要三至五年时间。珍珠生长成型后，被运送到工厂加工成美丽的饰品。
　在御木本珍珠岛，通过附带解说的现场展示，可以看到珍珠养殖的程序。养殖珍珠具有和天然珍珠完全相同的品质和色彩。

第1部　日本の文化・観光

第2部　日本の世界遺産　文化遺産・自然遺産

129

第14章
食い倒れの街・大阪

美食之城・大阪

サンプルダイアローグ / 示例対話

観光客：大阪は、日本三大都市の1つですよね。
ガイド：はい。
観光客：考えてみれば、新幹線で簡単に来られますね。
ガイド：そうですね。大阪を訪れた外国人観光客は、必ずといってよいほど**大阪城**（⇒ Q&A 41）を訪れますよ。
観光客：その城について簡単に紹介していただけますか。
ガイド：はい。この城は大阪のシンボルで、壮観な**天守閣**と巨大な**石垣**で有名です。**天下統一**を成し遂げた豊臣秀吉によって、1583年に原形が築城されました。しかし後に焼け落ち、現在の5層8階の天守閣は1931年に再建されたものです。
観光客：なるほど。頂上まで上ることはできますか。
ガイド：もちろん、上れますよ。頂上からの市内全景の眺めは最高です。4月には、美しい桜の花を楽しむことができますよ。
観光客：私の大好きな花です。
ガイド：お城見学の後は、大阪文化を**代表する**「**文楽**」という**古典人形劇**の鑑賞をお勧めします。
観光客：「文楽」（⇒ Q&A 42）とは何のことですか。
ガイド：文楽は、伝統的な人形劇です。大型の人形が非常に巧みに操られ、しばらくすると人形であることを忘れさせるほどです。
観光客：どのように操るのですか。
ガイド：3人の人形遣いが1つの人形を操作します。1人の人形遣いは頭と右腕、もう1人は左腕と左手、そして3人目は両足を担当するのです。
観光客：おもしろそうですね。「**語り手**」はどうするのですか。
ガイド：いい質問ですね。主役の人形が操作される間、ナレーター（太夫）が三味線の伴奏に合わせて物語を**朗唱する**のです。
観光客：なるほど。ところで、夜は何をしましょうか。
ガイド：夜は、日本有数の夜の街として知られる「大阪ミナミ」に立ち寄ってみましょう。非常に**賑やかな歓楽街**で、**食い倒れの街**としても有名な場所ですよ。
観光客：ぜひ行きたいです。

游客：大阪可是日本三大都市之一啊。
导游：是的。
游客：这么想来，坐新干线就很容易过来了啊。
导游：是的。到访过大阪的外国游客可以说是一定会参观大阪城的。
游客：能简单地介绍下这座城吗？
导游：好的。这座城是大阪的象征，因壮观的天守阁和巨石墙而闻名天下。

第14章　食い倒れの街・大阪

1853年，完成统一天下大业的丰臣秀吉建造了其原型。但是后来被焚毁，现在的5层的天守阁（内部8层）是1931年重建的。

游客：原来这样啊。可以登到顶吗？
导游：当然可以。从顶上眺望市内风光是再美不过了。4月里还可以观赏到美丽的樱花。
游客：樱花可是我很喜欢的花儿。
导游：参观完大阪城后，推荐大家欣赏下代表着大阪文化的古典木偶剧"文乐"。
游客："文乐"是什么？
导游：文乐就是传统的木偶剧。大型木偶被演绎的栩栩如生，简直让人忘记了这是木偶。
游客：怎么操纵木偶呢？
导游：三个木偶艺人操控一个木偶，一个人负责头和右胳膊，另外一个人负责左胳膊和左手，第三个人负责两条腿。
游客：挺有意思的。"旁白者"是怎么工作的？
导游：问得好！在操控主角木偶期间，解说员会伴合着三弦的伴奏咏唱故事。
游客：哦！那么，晚上我们做什么呢？
导游：晚上我们就顺道去日本著名的夜市街区"大阪南"吧。非常繁华的街区，也是著名的美食街区。
游客：非常想去。

アテンドの知識 / 相关知识

「よう来てくれはった大阪へ」"大阪欢迎您！"
「もうかりまっか」"生意怎么样？"
「ぼちぼちですわ」"还行吧"

大阪といえば、「大阪城」と「文楽」、それに「大阪の食い倒れ」(to be extravagant about food) でしょう。

说起大阪，就不得不说"大阪城"和"文乐"还有"大阪的美食"吧。

大阪城 / 大阪城

大阪の歴史と観光のシンボルである「大阪城」（Osaka Castle）は、約400年前（1583年）に豊臣秀吉によって創建されましたが、1615年（慶長20年）大阪夏の陣（the Summer Siege of Osaka Castle）で豊臣家の滅亡とともに焼失しました。その後徳川幕府（第二代将軍徳川秀忠）が再建しました。現在の5層8階の天守

133

閣（donjon）は昭和6年（1931年）に再建されたものですが、平成7〜9年にかけて「平成の大改修」が行われ、大阪城天守閣がリフレッシュされたのです。化粧直しのためにはずされた金箔の「鯱(しゃち)」(a dolphin-like sea creature)もピカピカになり、当初の輝きを取り戻しよみがえったのです。外観のリニューアルだけでなく、館内の歴史資料展示も一新されました。

大阪的历史和观光的标志——大阪城，约在400年前（1583年）由丰臣秀吉所建造，但在1615年（庆长20年）大阪夏之战中随着丰臣家的灭亡而被焚毁。此后，德川幕府（第二代将军德川秀忠）进行了重建。现在的5层（内部8层）的天守阁重建于昭和6年（1931年），平成7-9年进行了"平成大修"后，天守阁焕然一新。重新装饰后，本已脱落的镀金逆戟鲸也闪闪发光，恢复了往日的光芒。不仅仅是外观上的翻新，馆内的历史资料展示也焕然一新。

大阪の桜名所 / 大阪的樱花名地

大阪の桜と言えば、「造幣局の通り抜け」(the passage through the cherry blossoms in the Mint Bureau's grounds)が有名ですが、大阪城公園・西の丸庭園も約4,300本の「夜桜」(the cherry blossom viewing at night)の名所です。その昔、秀吉が好んで花見をした有名な場所ですが、今も4月になれば、秀吉が眺めた光景を楽しむことができるのです。

说起大阪的樱花，"造币局樱花通道"很有名气，不过大阪城公园、西之丸庭园也是有约4300棵"夜樱花"的著名景点。这里曾是丰臣秀吉喜欢的著名赏花景点，如今，到了4月份，就可以欣赏到秀吉曾经观赏过的风景。

通天閣 / 通天阁

ところで大阪の人は高い所が好きなのでしょうか。大阪のランドマークになっている「通天閣」(the Tsutenkaku Tower)は1912年に誕生しましたが、その後火災にあい、現在の二代目は1956年にパリのエッフェル塔(the Eiffel Tower)をモデルにして建てられたものです。

タワー（塔）と言えば、地上170mから360度のパノラマが楽しめる空中庭園展望台のある「梅田スカイビル」が生まれ、大阪・キタの新しいランドマークとなりました。2つの高層ビルを最上階で連結させ、その連結部分に展望台が設置されており、ガラス越しではなく外の風を肌で感じ取れます。2014年には、とうとう日本で最も高い超高層ビル(skyscraper)である地上60階地下5階・高さ300mの「あべのハルカス」(Abeno Harukas)が建てられました。「ハルカス」の名は古語の「晴(は)るかす」に由来し、「人の心を晴れ晴れとさせる」という意味です。

那么，大阪人喜欢高的地方吗？大阪的地标"通天阁"建于1912年，此后遭遇火灾，现在的通天阁是于1956年以巴黎的埃菲尔铁塔为样板再建的。

说起塔，"梅田天空大厦"从地上170米处有一个可以欣赏到360度全景画面的空中庭园眺望台，这成为了大阪北的新地标。将两栋高层建筑顶部相连接，其连接部分设置眺望台，并且是无玻璃隔离的，站在上面可以切实感受到外面的风。2014年，地上60层地下5层，高达300米的日本最高建筑"阿倍野Harukas"终于落成。"Harukas"来自古日语"晴るかす"，意思是"让人心情愉快"。

文楽 / 文乐

文楽は大阪で産声を上げた伝統芸能で、3つの要素から構成されます。(1)人形（the main doll）を操る「3人の人形遣い」(three puppeteers)、(2)ナレーションやセリフを曲に乗せて、すべての登場人物を1人で語り分けるオペラ歌手のような「語り手」(the chanting story-teller)、(3) 1つの音で心を伝えるコンダクターのような「三味線弾き」(the performer of a three-stringed musical instrument)です。

文楽は、3人の人形遣いが1体の人形の頭と右手（主遣い[面遣い]）、左手（左遣い）、そして両足（足遣い）を別々に動かすという、世界でも類を見ない妙技です。そして、「三味線と語り」からなる浄瑠璃が絶妙に溶け合う舞台芸術でもあるのです。演目は義理と人情（duty and sentiment）の葛藤に悩む人の心を描いたものが多く、その意味では、人形に演じさせることを除けば歌舞伎と非常に似ています。

文乐是起源于大阪的传统艺术，由三个要素构成：(1)操控木偶的三个木偶艺人；(2)将解说词和台词合着曲调，一个人分别旁白所有场上角色，就像歌剧演员般的"旁白者"；(3)一位乐队指挥般的以一个声音传递心声的"三弦乐手"。

文乐需要三个木偶艺人分别操控着木偶的头和右手、左手、两条腿，这是世界上独一无二的绝技。并且也是一门绝妙地由"三弦和旁白"组成的净琉璃相互融合在一起的舞台艺术。演出的节目多刻画了苦于道理和人情的人的内心世界。从这点上说，除了是通过木偶表演这一点外，文乐很类似于歌舞伎。

食い倒れの街 / 美食之城

「食い倒れの街」(street lined with many kinds of cheap restaurants)は大阪の代名詞。大阪南地区（通称ミナミ）は、宗右衛門町、道頓堀、心斎橋そして千日前を含め、日本を代表する夜のネオン街です。多種多様な料理があり、値段も東京よりも安いようです。大阪はお好み焼きなども有名ですが、やはりたこ焼きは庶民にとっては横綱級です。ミナミに行けば、常に人波にあふれ繁盛している屋台（a street stand）があり、そこでは特大のたこ焼きが食べられるのです。店員の声が聞こえます。「まいど、おおきに…またおいでや」（Many thanks. ... Come again soon.）

　　"美食之城"是大阪的代名词。大阪南区，包括宗右卫门町、道顿堀和心斋桥在内都是日本有代表性的霓虹灯街区。料理种类丰富，似乎价格也比东京便宜。大阪的日式蔬菜煎饼等很有名气，不过对于老百姓来说章鱼小丸子才是最棒的享受。到了大阪南，有很多人潮涌动生意兴旺的流动摊点，在这里可以品尝到特大的章鱼小丸子。会听到店员"谢谢惠顾，欢迎再次光临"的声音。

キーワード / 关键词

★たこ焼き / 章鱼小丸子

小麦粉の衣でつくる団子にタコの小片（small pieces）、ネギまたショウガなどを入れて鉄板で丸く焼いたもの。スパイスのきいたソースをつけて食べる。

　　一种在面粉里包裹进去葱、姜、章鱼片等，然后放在铁板上烤成圆形的食物。蘸上含有调味料的酱汁食用。

★お好み焼き / 日式蔬菜煎饼

いろいろな食材で焼いた和式のパンケーキ。卵と水溶きした小麦粉に肉または魚介類それから野菜を加えて作り、濃いからいソースをぬり青海苔（green *nori* seaweed powder）とかつお節をふりかける。

　　一种用各种食材烤制的日式煎饼。在溶有鸡蛋和水的小麦粉里依次放入肉或者鱼贝类和青菜，然后涂上辣辣的酱料，最后撒上海苔和木鱼干即可。

第14章 食い倒れの街・大阪

Q&A 41 大阪城

Q 大阪城を紹介していただけますか。
能请您介绍一下大阪城吗?

A

【主旨】

　大阪城の原形は、1583年豊臣秀吉によって築城され、3年がかりの建造工事を終えた1585年に完成しました。1615年、大阪城は、豊臣家と権力争いをした徳川家によって破壊されました。しかし1629年、徳川幕府は威信の証として城を再建しました。1868年に徳川家が陥落した時、天守閣は、退却する幕府の志士によって焼失されました。
　1931年には、現在の5層8階の天守閣が、原型の正確な複製として鉄筋コンクリートで建造されました。城内は博物館になっており、豊臣秀吉の遺品や大阪に関する史料が収蔵されています。

　　大阪城原型是1583年丰臣秀吉建造的，历经三年建造工事，于1585年落成。1615年，大阪城被和丰臣家进行权力角逐的德川家所破坏。但是，1629年德川幕府为了彰显其威信进行了重建。1868年，德川家败落之际，天守阁被败退的幕府志士焚毁。
　　现在的5层（内8层）天守阁是在1931年根据原型复制，用钢筋混凝土建造而成的。内部是一个博物馆，收藏着丰臣秀吉的遗物和关于大阪的史料。

Q&A 42 文楽

Q 文楽とは、どういうものですか。
文乐是什么?

A

【主旨】

　文楽というのは、日本固有の古典的な一種の人形劇のことです。3人の人形遣い

が、三味線の伴奏に合わせて吟唱する語りと調和しながら、各人形を操ります。主遣い［面遣い］は人形の頭と右手を操る一方、左遣いは左手と左腕、足遣いは足を動かします。「主遣い」は顔を見せながら登場しますが、他の２人は黒ずくめの衣装で頭と顔を隠します。

　現在、文楽は日本の重要無形文化財の１つです。人形遣いの中には人間国宝に指定されている者も数名います。文楽は「人形浄瑠璃文楽」の登録名称で知られ、2008年（平成20年）にはユネスコ無形文化遺産に登録されました。

　　所谓文乐，是日本固有的一种传统木偶剧。三位木偶艺人随着三弦的伴奏，配合着吟诵独白，操控着各自的木偶。主艺人（操控面部的木偶艺人）操作着木偶的头和右手，左艺人操控着左手和左胳膊，右艺人负责移动腿部。"主艺人"是露着脸登场的，而其他两位艺人则一身黑衣遮头盖脸。

　　现在，文乐是日本重要的非物质文化遗产之一。木偶艺人中也有几位被认定为国宝级别的人物。2008年文乐以"人形净琉璃"的名称列入联合国教科文组织非物质文化遗产。

Q&A 43　天神祭

Q 天神祭とは、どのような祭りですか。
天神祭是什么样的祭祀活动？

A

【主旨】

　天神祭は、学問の神様である菅原道真が祀られている天満宮で、７月24日と25日に行われます。この祭りは、祇園祭（京都）、山王祭（東京）と並ぶ日本三大祭りの１つです。

　祭りが行われる間、御輿と山車は市内を行進します（陸渡御）。祭りのクライマックスでは、豪華に飾り立てた船や御輿を積んだボートの船団が、大川を巡航します（船渡御）。明るい提灯で照らし出された船上では、舞楽などが演じられます。夜になると、祭りを盛り上げるために大きな花火が打ち上げられます。

　　天神祭于每年７月24、25日，在供奉着学问之神菅原道真的天满宫举行。该祭和祇园祭（京都）、山王祭（东京）并称日本三大祭。

　　祭典期间，市内会有神轿和花车巡游陆渡御。在祭典的高潮之处，载着装饰奢华的小船和神轿的船队在大河里巡游（船渡御）。在被鲜艳的灯笼照的通明的船上有舞乐表演。夜晚来临后，盛大的烟花表演将庙会气氛推向高潮。

138

第15章
日本初の世界遺産・姫路城

日本首个世界遗产・姬路城

サンプルダイアローグ / 示例对话

ガイド：新幹線から一歩降りると、すぐに**姫路城**が目にとまります。
観光客：本当ですか。日本で最も美しく、保存状態の良い城だと聞いています。
ガイド：そのとおりです。幸いにも、第二次大戦の中でさえ戦火の被害を免れてきたのです。
観光客：そのおかげで姫路城は約400年も原型を留めることができたのですね。
ガイド：はい、そうです。天守閣や石造の**城壁**、土塀に至るまで城の全構造が驚くほどよく保存されています。世界でも類を見ない価値ある木造の城でもあるのです。
観光客：だからユネスコの世界遺産リストに登録されているのですね。
ガイド：そのとおりです。この城は、White Egret Castle という意味の「**白鷺城**」とも呼ばれています。
観光客：なぜそう呼ばれるのですか。
ガイド：**平野**の水田で見られる、すらりとした優雅な白い鷺に似ているからです。
観光客：おもしろそうですね。
ガイド：この城を見学した帰り道に、夜の**六甲山**へ上るのをお勧めします。
観光客：なぜですか。
ガイド：そこからは、神戸市や港のすばらしい夜景を満喫できます。地域の住民は「百万ドルの夜景」だと誇りにしています。
観光客：なるほど。
ガイド：温泉に興味があるなら、日本一歴史の長い温泉の１つ、**有馬温泉**に足を止めるのもお勧めですよ。六甲山の北部にあります。
観光客：温泉の入浴は外せませんね。
ガイド：もちろんです。ぜひ楽しんできてください。

导游：下了新干线，姬路城就在眼前。
游客：是嘛？听说是日本最美、保存最完整的城堡。
导游：是的。幸运的是，第二次世界大战中并未受到战火的损毁。
游客：也正因为这样，姬路城在400多年里才得以保留了原来的样子吧。
导游：是的。天守阁和石造城墙、甚至包括泥墙在内的整个结构惊人地保存下来了。也是世界上罕见的极具价值的木质城堡。
游客：所以，入选了联合国教科文组织的世界文化遗产名录。
导游：是的。这座城堡也被称为"白鹭城"。
游客：为什么这么叫呢？
导游：因为和在平原水田里看到的优雅的白鹭很相似。

第 15 章　日本初の世界遺産・姫路城

游客：挺有意思的啊！
导游：参观完姬路城回去的路上，推荐大家去爬夜晚的六甲山。
游客：为什么呢？
导游：从那里可以尽情享受神户市和港口的美丽夜景。当地居民自豪地称之为"百万美元的夜景"。
游客：原来如此啊。
导游：如果对温泉有兴趣，推荐大家去日本历史最悠久的温泉之一——有马温泉。就在六甲山的北边。
游客：泡温泉可不能错过了。
导游：当然啦。一定要尽情享受一下。

有马温泉

アテンドの知識 / 相关知识

姫路城 / 姬路城

　1993 年 12 月、「優雅で機能面にすぐれた近世城郭の最高傑作」と讃えられる姫路城（Himeji Castle）は、法隆寺とともに日本で初めて世界文化遺産に登録されました。国宝（national treasure）の天守閣（donjon; castle tower）は、白壁の美しさが白鷺（white heron [egret]）の飛び立つ優雅な姿に似ていることから「白鷺城」（the Castle of White Heron）と呼ばれています。（⇒第 2 部「日本の世界遺産」）

　姫路城はその 400 年の歴史の中で、一度も戦いに巻き込まれたことがなく、近代の戦災や火災からも免れ、現存する城の中でも最大規模を誇る木造建造物（wooden structure）です。姫路城と言えば建築様式の美しさで有名ですが、本来の目的は戦争時の砦（stronghold at war）なのです。城の内部は敵の侵入を防ぎ、また攪乱するための様々な工夫がなされた迷路（complicated defensive design which is just like a maze）のようになっています。

第 1 部　日本の文化・観光

第 2 部　日本の世界遺産　文化遺産・自然遺産

このような美しい城が「いつごろ着工されたのか」と外国の人々からよく聞かれます。姫路城は14世紀初頭（1333年）、赤松則村が播磨（現在の姫路）の姫山に砦を築いたのが始まりです。その後、羽柴（後の豊臣）秀吉が「3層の天守閣」(a three-story donjon) を築き、関ヶ原の合戦（1600年）後、姫路城主になった池田輝政（徳川家康の娘婿）が城の大改築を行い、9年の歳月をかけて「5層6階の天守閣」(a five-story, six-floor donjon) を築き、今にみる城郭となりました。2015年3月には5年の歳月をかけた平成の大修理が完了しました。

　1993年12月、被赞誉为"优雅且功能出众的近世城堡的最高水平杰作"的姫路城，同法隆寺一起在日本首次入选世界文化遗产名录。国宝天守阁因其美丽的白色墙壁酷似振翅欲飞的优雅的白鹭，所以得名"白鹭城"。

　姫路城在其400年的历史中，从未被卷入过战争，也幸免于近代的战争灾难和火灾，是现存城堡中规模最大的木质建筑。提及姫路城，其建筑之美自然是著名的，但它原本是战争时期的堡垒。为了防止并打乱外敌的入侵，城堡内部精心设计得如同迷宫一般。

　经常有外国人问到，如此美丽的城堡是"何时完工的？"姫路城的雏形源于14世纪初期（1333年）赤松则村在播磨（现在的姫路）的姫山上建造的一座城堡。之后，羽柴（后来的丰臣）秀吉修筑了"三层的天守阁"，关原之战后，成为姫路城主的池田辉政（德川家康的女婿）对城堡进行大规模的改建，耗时9年时间建造了"外五层内六层的天守阁"，也就是现在所看到的城堡。2015年3月完成了历经五年的平成大修整。

六甲山 / 六甲山

　姫路城を観光した後は、四季色とりどりに美しい自然の情景を見せる六甲山 (Mount Rokko-san) までドライブすれば、神戸市とその港が見晴らせます。六甲山は、日本最初のゴルフ場や牧場、遊園地などを山上に備えた一大レジャーランドです。特に夕方から夜にかけては素晴らしい「百万ドルの夜景」(the Million-Dollar Night View) が楽しめます。

　参观了姫路城后，若兜风至自然景观五彩缤纷的六甲山，可以眺望神户市和神户港口。六甲山是日本最早在山顶拥有高尔夫球场、牧场和游乐园的大型休闲地。尤其从傍晚到夜里，可以欣赏到精彩的"百万美元的夜景"。

有馬温泉 / 有马温泉

　六甲山の北部には、日本最古の3大名湯に数えられている「有馬温泉」(Arima Spa) があります（他の2つは下呂、草津）。豊臣秀吉もことのほか愛したと伝えられ、古の温もりを今に伝えます。有馬の温泉は噴出時には無色透明ですが、空気に触れると酸化し、赤茶色になります。温暖な天候に恵まれたこの温泉地は、

第 15 章　日本初の世界遺産・姫路城

春は桜、秋は紅葉の名所でもあります。

　　六甲山的北部有着日本最悠久的三大著名温泉（另两个是下吕、草津）之一的"有马温泉"。据传说，这个温泉深受丰臣秀吉的喜爱，至今仍有历史的余温。有马的温泉刚喷出时是无色透明的，接触到空气后发生氧化，变成红褐色。这块儿温泉圣地得益于温暖的气候，也是春季赏樱花、秋季赏红叶的著名景点。

エキゾチックな洋風建築 / 异域风情的西洋建筑

　　神戸といえば、1995 年に大被害を受けた「阪神・淡路大震災」(Hanshin-Awaji Earthquake Disaster) が思い出されますが、今ではすっかり再建されています。神戸には、19 世紀末から建てられた多様な洋風の建物や家屋があり、エキゾチックな雰囲気を漂わせています。煙突や張り出し窓のある古いレンガ造りや木造の家屋 (the brick and wooden houses featuring chimneys and bay windows) が並び、迷路のように入り組んだ坂道に足を踏み入れると、そこは時が停止したような、東洋と西洋が混ざり合った不思議な世界です。特に北野には、明治・大正の時代から多くの西洋人が住んでいて、「異人館」(the old-fashioned western-style residence) と呼ばれるハイカラで明るい古風な洋式邸宅が数多く見られます。

　　说起神户，就容易想起 1995 年带来严重灾难的"阪神大地震"，不过如今已然全部得以重建。神户有着 19 世纪末以来建造的各种西洋建筑和房屋，整个城市充满了异域风情。带有烟囱和凸窗的古香古色的砖瓦造的房屋和木质房屋比邻而立。脚步踏进宛如迷宫般的坡道的那一刻，仿佛时间都停滞了，简直来到了一个不可思议的东西合并的世界里。特别是北野，有多处既时髦又古香古色的西洋式官邸"洋人馆"，从明治、大正时期起就有大量西方人曾居住于此。

神戸元町 / 神户元町

　　神戸元町は右に左に立ち並ぶ店に老舗の優しさがあると同時に、モダンなショッピングセンター街でもあります。水害・空襲・震災などに見舞われながら、その度に力強く復興し、今のバイタリティーあふれる元町一番街の姿を見ることができるのです。

　　元町と言えば、「瓦煎餅（かわらせんべい）」の考案、「神戸ビーフ」のすき焼きなど明治の頃から日本初のものが数多くあります。中でも、「誓文払い（せいもんばらい）」(bargain sale) は、日頃商売上で嘘をついた罪をわびるため、顧客に対して年に一度大安売りをする行事のことです。元町では、11 月になれば、特価品が店頭に積み上げられ、店員がハッピに赤いハチマキ姿になり、100 年前の威勢のいい掛け声が今も変わらずに響きます。「買いなはれ、買いなはれ！　今年買いそこのうたら、もう来年までこんな

143

安いものはおまへんで…」

　　神户元町左右两排林立的店铺既有老字号的亲切，同时又是一条时尚的购物街。虽然历经水灾、空袭、地震等灾难，但每次都能顽强地复兴起来，展现出如今充满活力的元町第一街的面貌。

　　说起元町，有"瓦煎饼"的设计、"神户牛肉"火锅等始于明治时期的日本首创。其中，"誓文払"是为了赎去平日生意上的罪过而对顾客进行的一年一度的大减价销售活动。在元町，每到 11 月，特价商品便被放在店铺门口，店员们则兴奋地缠着红头布，100 年前的那种精神劲十足的叫卖声至今未变。"快来买啦！快来买啦！今年不买，要买这么便宜的就要等明年啦……"。

キーワード/关键词

★切腹/切腹

自分で腹（abdomen）を切って死ぬ儀式。封建時代、武士に科せられた刑罰の一種で、死刑が宣告されたときには栄誉あるもの（an honorable manner of suicide）とされていました。腹を開け、小刀を左に差し込み（plunge into）、右へ横切って引きながら切る（rip open）。死刑としての切腹は明治時代に廃止されました。

　　自己剖腹而死的仪式，在封建时代是一种针对武士的刑罚。当被宣告死刑后，这被视为一种荣誉。切开腹部后，先将小刀插入左侧，然后切向右侧切开。作为死刑的切腹在明治时代已经被废除。

第 15 章　日本初の世界遺産・姫路城

Q&A 44　忠臣蔵

Q 忠臣蔵とは、どういうものですか。
忠臣藏是什么？

A

【主旨】

　忠臣蔵というのは、47 義士の史実と関連する歌舞伎、また文楽の総称的な演目のことです。47 義士は、主君を侮辱した吉良義央を殺害することによって、播州赤穂の城主・淺野長矩の死去に対する仇討ちを決意しました。
　47 義士は、1702 年 12 月 14 日吉良邸に討ち入り、その使命を成就したのです。主君の死去に対する仇討ちを終えたとき、大衆は、義士たちの忠誠と勇気を称賛したのですが、幕府は、彼らの陰謀に対して切腹（★キーワード参照）を命じました。
　1748 年、この歴史上の事件は、「仮名手本忠臣蔵」という題名で初めて文楽で、次いで歌舞伎で上演されました。

　忠臣藏是和 47 义士史实相关的歌舞伎和文乐节目的统称。47 义士决心杀死羞辱了他们主君的吉良义央，为死去的播州赤穂城主浅野长矩复仇。
　1702 年 12 月 14 日，47 义士袭击了吉良官邸，完成了其使命。义士们完成了对其主君之死的复仇，人们纷纷称赞义士们的忠诚和骁勇。但是，对于他们的密谋，幕府却命令他们切腹自杀。
　1748 年，这一历史事件首次以"假名手本忠臣藏"的名称登上文乐舞台，接着又在歌舞伎中上演。

Q&A 45　武士道

Q 武士道とは、どのようなものですか。
武士道是什么？

A

【主旨】

　武士道は、武家社会から発展した武士階級の道徳律です。忠誠と名誉が非常に

145

大切にされ、それを守るためには命を投げうつことも厭いません。
　ヨーロッパの騎士道が、キリスト教の影響を受けているように、武士道は、儒教の思想に裏付けされています。騎士道と武士道には共通点があり、いずれも忠誠心と名誉といった美徳を重視しています。しかし、騎士道では、騎士と主君の間にある主従関係に契約的な性質がありますが、武士道では、主君に対する絶対的な忠誠を重視します。

　武士道是从武家社会发展起来的武士阶层的道德戒律。忠诚和名誉被视为无比的重要，武士们会不惜以生命来捍卫。
　正如欧洲的骑士道深受基督教的影响那样，武士道受到了儒家思想的影响。骑士道和武士道相同之处在于都很注重忠诚和名誉之类的道德。但是，骑士道中骑士和主君之间的主从关系是有契约性质的，而武士道中强调对于主君的绝对忠诚。

Q&A 46　剣道

Q 剣道とは、どのようなものですか。
　　剑道是什么？

A

【主旨】
　「剣道」は、竹刀による日本式のフェンシングです。心身を鍛える日本の武道の1つである「剣術」に由来しています。
　剣道の試合では、2人の対戦者は小手、面、胴そして垂といった防具を着けます。竹刀で相手の頭、胴、小手のいずれかを打ったり、または喉を突いたりすることで得点が決まります。剣道試合の制限時間は5分間で、3本勝負で2本を先取りした者が勝ちです。
　"剑道"一种用竹剑对抗的日本式击剑，源于锤炼身心的日本武术之一的"剑术"。
　在剑道比赛中，两位交锋者佩戴前臂、面部、躯干和膝部的护具。若竹剑击中对方的头部、躯干、前臂的任何一部分，或者刺中喉咙即得分。剑道比赛时间限制在5分钟内，三局两胜者胜出。

第16章
原爆被害者の眠る町・広島と
日本三景の1つ・宮島

原子弾爆炸受害者长眠之地・广岛和
日本三大景之一・宫岛

サンプルダイアローグ / 示例对话

観光客：広島と言えば、悲惨な歴史を証言する**原爆ドーム**を思い出します。
ガイド：同感です。原爆ドーム（⇒ Q&A 77）は、核兵器廃止という広島の悲願を力強く象徴しています。
観光客：平和記念公園には何がありますか。
ガイド：原爆死没者**慰霊碑**の近くに燃える「平和の灯」と、平和記念館があります。
観光客：聞くところによると、原爆ドームは日本の世界遺産の1つになっているのですね。
ガイド：はい、そうです。さらに、広島には世界遺産がもう1つあります。
観光客：それは何ですか。
ガイド：**厳島神社**です。古来よりずっと神道崇拝の聖地でした。本殿は**海運の安全**の神に捧げられています。（⇒ Q&A 78）
観光客：この神社には何か特徴があるのですか。
ガイド：木製の支柱が海中まで延びていることでよく知られています。
観光客：本当ですか。
ガイド：はい。社殿の大部分が、建物の両面から海上に伸びている回廊と結ばれています。
観光客：そういえば、大きな**朱塗り**の鳥居（⇒ Q&A 48）が湾の中に立っている写真を見たことがあります。
ガイド：明るい朱塗りの木造社殿は海域に建てられているため、**満潮時には**海面に浮かんでいるように見えるのです。
観光客：なるほど。なぜ「厳島神社」というのですか。
ガイド：この神社が厳島にあるためですが、この島は一般的には宮島と呼ばれています。
観光客：そうですか。
ガイド：宮島は、宮城県の松島、京都府の天の橋立と並び日本三景の1つです。
観光客：なるほど。厳島神社で、各家庭と世界に平和がもたらされるようにお祈りしたいと思います。

游客：说到广岛，就想起了诉说着那段悲惨历史的原子弹爆炸（原爆）圆顶屋。
导游：我也深有同感。原子弹爆炸圆顶屋象征了广岛的夙愿——废除核武器。
游客：和平纪念公园里有什么？
导游：原爆死难者纪念碑附近燃着的"和平灯"与和平纪念馆。
游客：听说原爆圆顶屋是日本的世界文化遗产之一。
导游：是的。并且，广岛还有一处世界文化遗产。

第 16 章　原爆被害者の眠る町・広島と日本三景の１つ・宮島

游客：是什么呢？
导游：严岛神社。自古就是神道崇拜的圣地。大殿里供奉着守护海运安全的大神。
游客：这座神社有什么特色呢？
导游：因其木造支柱延伸至海中而著名。
游客：是嘛？！
导游：是的。正殿的大部分和从建筑物两面延伸至海上的回廊相连在一起。
游客：这么一说，我看过朱红色的巨大鸟居矗立在海湾中的照片。
导游：因为鲜艳朱红色的木质大殿建造在海面上的缘故，涨潮的时候看起来似乎就是漂浮在海面之上。
游客：原来是这样啊。为什么叫作"严岛神社"呢？
导游：因为神社位于严岛之上，不过这个岛屿一般叫作宫岛。
游客：这样啊。
导游：宫岛和宫城县的松岛、京都的天之桥并称日本三大景。
游客：哦！我想在严岛神社祈祷所有家庭和睦还有世界和平。

アテンドの知識 / 相关知识

　日本にある世界遺産の中で、同一都道府県内で２か所が登録されているのは広島県だけです。その対象は「原爆ドーム」と「厳島神社」です。（⇒第２部「日本の世界遺産」）

　　在日本的世界文化遗产中，同一都道府县有两处入选的只有广岛县。就是"原子弹爆炸圆顶屋"和"严岛神社"。

原爆ドーム / 原子弹爆炸圆顶屋

　原爆ドーム（the Atomic Bomb Dome）が世界遺産に登録されるとき、アメリカは賛成しなかったと言われています。それなりの国情があるでしょうが、それでは客観的な歴史認識ができません。日本も同じです。南京大虐殺（なんきん）(Nanking Massacre）や従軍慰安婦（wartime comfort women；〈米〉sex slaves during the war）問題などが討議されていますが、歴史認識を歪めるわけにいかないでしょう。いずれにせよ、原爆ドームは被爆当時の建物として唯一保存され、核戦争の恐ろしさ（nuclear threat）を後世に伝える「生き証人」として、平和を世界に訴え続けているのです。

　　据说，原子弹爆炸圆顶屋入选世界文化遗产的时候，美国并不赞成。美国自然有其国情，不过这样的话就无法有客观的历史认知。日本也一样。虽然南京大屠杀和强征慰安妇等问题一直在争论，但是不能扭曲历史认识。

149

不管怎样，原子弹爆炸圆顶屋是原子弹爆炸时唯一存留下的建筑，是后世诉说着核战的恐怖的"活生生的证人"，一直在呼吁着世界和平。

原爆死没者慰霊碑(いれいひ) / 原子弹爆炸死难者纪念碑

　平和記念公園にあるアーチ形のモニュメントは世界平和のシンボルです。その原爆死没者慰霊碑の碑文 (the inscription on the Memorial Cenotaph for atomic bomb victims) には「安らかに眠って下さい 過ちは繰返しませぬから」("Repose ye in peace, for the error shall not be repeated.") と刻まれ、その石の中には、原爆死没者29万人の名簿が納められています。この碑文にある「過ちを繰返しませぬ」の「主語」は誰なのでしょうか。東京裁判 (Tokyo Trials) で知られる「極東国際軍事裁判」(International Military Tribunal for the Far East [IMTFE]) の判事であったインドのパール博士は「アメリカ人」だと発言しました。その後、この発言が波紋を呼び、長い間碑文論争がありました。その結果、主語は「世界人類」であり、碑文は「人類全体に対する警告」ということになりました。毎年、慰霊祭 (the annual memorial service for the atomic bomb victims) が8月6日に行われ、広島市長が、国境を越えて、この碑の前に立つ人々に向けて「世界の平和」をアピールしています。

　終戦から70年が過ぎ、人は変わり、物は新しくなりましたが、「原爆の記憶」は被爆者の中に染み込んでおり、被害者にとって戦争の過去はいまだに現在であるとも言えましょう。

　広島が鎮魂と平和への祈りに包まれる8月6日の夕暮れには、広島平和記念式典 (Hiroshima Peace Memorial Ceremony) が催された後の平和公園で「灯籠流し」(⇒Q&A 47) が行われます。世界への平和メッセージを発信し、恒久平和への願いを込めて約10,000個の灯籠が元安川をはじめとする市内の川に浮かべられます。

　和平公园内的拱形纪念碑是世界和平的象征。在死难者纪念碑的碑文中，刻着"请安息！不会再重演错误"的内容，石碑上刻着29万死难者的名字。碑文中的"不会再重演错误"的主语是谁呢？在东京大审判中一举成名的"远东国际军事法庭"的印度籍法官帕尔博士说是"美国人"。此后，该发言引起了轩然大波，关于碑文的争论持续相当一段时期。最后，认定主语是"全人类"，碑文是"对全人类的警告"。追悼仪式在每年的8月6日举行，广岛市长超越国家的界限，向站立在纪念碑前的人们呼吁"世界和平"。

　战后70年过去了，人在变，事物也已新旧更替，但"原爆的记忆"深深地烙在原爆受害者的心中。可以说，对于受害者而言，战争的一幕幕犹在眼前。

　沉浸在安魂和祈祷和平之中的广岛在8月6日黄昏时分，在广岛和平纪

第 16 章　原爆被害者の眠る町・広島と日本三景の１つ・宮島

念仪式结束后的和平公园内举办"放河灯"活动。向世界发出和平的讯息，祈求永久和平，10000 个灯笼漂浮在元安河等市内的河道内。

宮島 / 宫岛

　　日本三景の１つである「あきのみやじま」を「秋の宮島」と書く人がいます。確かに「秋」の紅葉でも有名な所ですが、正しくは「安芸の宮島」です。なぜ「宮島」なのでしょうか。宮のある島だからだと昔から呼ばれておりますが、正式には「厳島（いつくしま）」と言います。「約 800 年前に平清盛が現在のような形式の神社を建てた」と教科書で学んだはずです。しかし実は「海の神」の名義で建てた、清盛の豪華な「別荘」（villa）でもあったのです。

　　宮島の桟橋を出ると、厳島神社への参道には「鹿」（deer）がいます。奈良公園にも鹿がいるように、鹿は「神の使者」（the messengers from the gods）とされているのです。

　　有人将日本三大景之一的"あきのみやじま"写成"秋之宫岛"。确实，宫岛"秋季"的红叶也很著名，不过正确的说法是"安艺的宫岛"，为什么是"宫岛"呢？因为是这一个有神社的岛，所以自古就这么叫着，不过正式应叫作"严岛"。应该教科书上学习过，"约 800 年前平清盛建造了现在样式的神社"。但是，这实际上也是以"海神"的名义建立的平清盛的豪华"别墅"。

　　出了宫岛的栈桥，通往严岛神社的参道上有"鹿"。就像奈良公园里有鹿一样，鹿被视为"神的使者"。

厳島神社 / 严岛神社

　　厳島神社（Itsukushima Shrine）は、青海原に浮かぶ朱色の大鳥居（the vermilion Torii gateway）と優雅な社殿からなり、観光日本のシンボルとして海外でも広く知られています。厳島神社の創建は推古天皇（6～7 世紀）にさかのぼり、現在のような社殿の形に造ったのは 1168 年頃、当時の平清盛です。本社本殿は 1571 年、毛利元就（もとなり）によって建て替えられました。

　　社殿の前面約 160m 先の海中には大鳥居があります。鳥居は「建っている」（build）というよりは「置いてある」（place）、または「立っている」（stand）のです。鳥居の足は海底１メートルも入っていないのですが、台風や地震がきてもビクともしないのです。なぜでしょうか。この鳥居は腐りにくく頑丈な「クスノキの自然木」１本そのままからできていて、高さは 16 メートル、主柱の周囲は約 10 メートルもあります。また足は倒れないように６本になっています。鳥居の屋根の直下に総重量約７トンの、人間のこぶしぐらいの「石」が詰めてあって、上から重しの役を果たしています。この鳥居の重量のおかげで潮（tide）が満ちても浮かばずに鳥居自体の重さで海中に「立っている」のです。ちなみに、現在の鳥居は 1875

年(明治8年)に再建された8代目です。

　世界遺産としての区域は、「朱塗りの大鳥居を含む厳島神社」と「前面の海および背後の原始林(天然記念物)の森林」です。この島の最高峰である弥山(Mount Misen)の山頂からの眺めは素晴らしく、宮島が日本三景の1つに入る理由でもあるのです。その弥山の「消えずの霊火堂」にある「誓いの霊火」(Sacred Fire of Oath)は、広島平和記念公園の「平和の灯」の元火の1つです。

　严岛神社由漂浮在蓝色海洋之上的朱红色巨大鸟居和优雅的正殿组成，作为日本旅游的标志而扬名海外。严岛神社的创建可追溯至推古天皇(6-7世纪)，现在的大殿是1168年左右由平清盛所建。主殿于1571年由毛利元就重建。

　神社正殿前面约160米的大海中矗立着巨大的鸟居。与其说鸟居"建立在"不如说是"放在"或"站立在"海中。鸟居位于海面下的部分不足一米，即使遇到台风和地震也是纹丝不动。为什么呢？该鸟居是由一根抗腐蚀性很强的"天然楠木"制成，高达16米，中心柱周围还有约10米。为了使底部不倒，分有六个支柱。鸟居顶部正下方填充着一块重约7吨的拳头样子的"石块"，起着秤砣的作用。正是因为鸟居的重量，即使是涨潮时起鸟居也不会漂浮起来，凭借自身的重量"屹立于"大海之中。顺便说一下，现在的鸟居是1875年(明治8年)重建的，属于第8代。

　入选世界遗产的区域是"包括朱红色巨大鸟居在内的严岛神社"和"前面的那片海和背部的原始森林"。从该岛的最高峰弥山远眺过去，风景美不胜收，这也是宫岛入选日本三大景的理由之一。弥山上"永不熄灭的灵火堂"里面的"誓言的灵火"是广岛和平纪念公园中"和平灯"的火种之一。

严岛神社

152

Q&A 47 灯籠流し

Q 灯籠流しとは、どのようなものですか。
放河灯是什么活动？

A

【主旨】
　灯籠流しというのは、小さな紙灯籠にローソクの火を灯し、小船で水上に流す行事のことです。お盆の最終夜には、水上に浮かぶ灯籠は、先祖の霊が地上を離れる時に帰路を照らすために用いられます。
　この風習は元来、川または海のかなたにあると信じられていた霊界へ先祖の霊を送る儀式として始まりました。お盆では、先祖の霊を家に迎えるために灯明をつくります（迎え火）。お盆の最終夜には、祖先の霊をその世界に無事帰すために、ローソクのともされた灯籠を水上に浮かべます（送り火）。
　毎年8月6日になれば荘厳な記念式が行われ、その時、広島市民は、原爆被害者の霊を慰めるために、数万ともいわれる火の灯された灯籠を市内の川に流します。

　　放河灯就是在小小的灯笼里点上蜡烛，用小船放至水面的仪式。在盂兰盆节的最后一个晚上，漂浮在水面上的灯笼则是用来照亮先祖之灵离开地面时的归途的。
　　这个习俗起源于将先祖之灵送至河或大海等灵界时的仪式。在盂兰盆节，为了迎接先祖之灵回家要供上灯火（迎接之火）。在盂兰盆节最后一个夜晚，为了将先祖之灵安好送至灵界，要将点着蜡烛的灯笼放在水面上（送灵之火）。
　　每年的8月6日都将举办庄严的纪念仪式，届时，广岛市民为了告慰原爆受害者的灵魂，将在市内的河面上放出几万个点着烛火的灯笼。

Q&A 48　鳥居

Q 鳥居には、何か特別な意味があるのですか。
鸟居有什么特别的意思吗?

A

【主旨】

　鳥居というのは、神社に通ずる参道の重要地点に配置された門のよう形態をした建造物のことです。珍しいことに、厳島神社の鳥居は海に立っています。鳥居は、大小2つの水平な梁を取り付けた2つの立ち柱から組み立てられています。外部の俗界と内部の聖地を分離する象徴となっています。

　鳥居は、空を飛ぶ鳥と異形同音異義語であることに由来します。また、神社の境内に来る聖なる鳥のために作られた止まり木だとも言われています。

　　所谓鸟居就是指，在通往神社的参道的重要位置上建造的牌坊形状的建筑。罕见的是，严岛神社的鸟居是位于海上。鸟居由支撑着大小两根水平横梁的两根立柱构成。成为了划分外部俗世和内部圣地的象征。

　　鸟居这一叫法和"飞翔于天空的鸟儿"是异形同音异义语。此外，也有一说是为那些飞到神社里的鸟儿建造的栖息用树。

严岛神社的大鸟居

第17章
日本の伝統が息づく小京都・金沢

散发日本传统气息的小京都・金泽

サンプルダイアローグ / 示例对话

観光客：金沢には、どこか見所がありますか。
ガイド：もちろんです。金沢は「小京都」と呼ばれ、京都のように伝統的な美しさを持つ街として振興を図っています。
観光客：なぜ「小京都」なのですか。
ガイド：伝統工芸品で有名だからです。例えば、手描き染色絹織物の**加賀友禅**（⇒ Q&A 49）や、明るい色彩と精巧なデザインの**磁器**、**九谷焼**（⇒ Q&A 51）があります。
観光客：なるほど。
ガイド：金沢と言えば、日本三名園（⇒ Q&A 50）の1つ**兼六園**が思い浮かびます。
観光客：なぜそんなに有名なのですか。
ガイド：庭園には3つの人工の丘と2つの美しい池があるのです。近くには庭園のシンボルである2足の石灯籠があり、1本の足は水中に、もう1本は小島に立っています。
観光客：そうですか。
ガイド：武士について興味があれば、長町地区にある**武家屋敷**を案内しますよ。
観光客：ぜひお願いします。
ガイド：かつて**武家**が住んでいた土塀のある古い屋敷が多数残っていて、**封建時代**の名残を留めています。
観光客：おもしろそうですね。
ガイド：この敷地の近くには、加賀友禅の工房、**長町友禅館**（旧彩筆庵）があり、着物用の友禅絹に複雑な模様を描く実演をしています。
観光客：この工房に立ち寄ることはできますか。
ガイド：もちろんです。ご希望であれば、この工房を訪れた後に**忍者寺**を見学することができます。
観光客：どんな特徴がありますか。
ガイド：29の階段と23の部屋がある複雑な建築で有名です。この寺には**落とし穴**やトンネル、**隠し部屋や隠し戸**があり、不思議な構造をしています。
観光客：おもしろいですね。お寺の見学を楽しみにしています。

游客：金泽有什么可看的地方吗？
导游：当然有了。金泽被称作"小京都"，它的街道建设的像京都一样，有着传统的美。
游客：那为什么叫"小京都"呢？
导游：因为传统工艺而闻名。例如，手绘加贺有禅丝绸，具有鲜明色彩及精巧样式的瓷器、九谷陶器等。
游客：哦。

第17章　日本の伝統が息づく小京都・金沢

导游：说起金泽，让我想起日本的三大名园之一的兼六园。
游客：为什么那么有名啊？
导游：因为兼六园中有三座假山和两处美丽的池塘。其附近还有两个该园的标志性建筑——石灯笼。其中一个立于水中，另一个立于小岛上。
游客：是吗？
导游：如果您对武士感兴趣的话，我就带您去长町的武家宅邸。
游客：请带我去看看吧。
导游：那儿遗留了很多武家曾经住过的，带有土墙的老房子，它们还保留着封建时代的痕迹。
游客：好像很有意思啊。
导游：在那附近，有加贺有禅的工房、长町有禅馆（旧彩笔庵），那里有人在做和服用的绢布上绘制复杂的图案。
游客：我能去工房看看吗？
导游：可以的。如果您想的话，还可以在参观完工房后去看忍者寺。
游客：那儿有什么特点？
导游：忍者寺内部结构复杂，有29处楼梯，23个房间，因此而有名。这个寺里有陷阱、地道、隐藏间和隐藏窗等一些令人不可思议的机关。
游客：真有意思。好想去看看。

武家宅邸

アテンドの知識 / 相关知识

兼六園 / 兼六园

　日本を代表する庭園として知られている兼六園（Kenroku-en Garden）には、一年を通じて国内外から多くの人々が訪れます。自然のもつ美しさと人の手による芸術を見事に調和させたこの庭園は、春の桜から秋の紅葉、そして冬の雪の風景まで四季折々の美しさを見せてくれます。兼六園は水戸の偕楽園、岡山の後楽園と並ぶ日本三名園の1つです。

　しかし、どうして兼六園という園名になったのかご存じですか。ちょっとカタ

第1部　日本の文化・観光

第2部　日本の世界遺産　文化遺産・自然遺産

イ話ですが、中国の詩人・李格非の著した「洛陽名園記」の中の1節から6つの単語を採用して命名されました。「宏大を務むるは幽邃少なし。人力勝るは蒼古乏し。水泉多きは眺望無し」。名園は「六勝兼備」(a refined garden incorporating six qualities)、つまり「宏大」(広々としている＝spaciousness)、「幽邃」(物静かで奥深い＝seclusion)、「人力」(人間の技量がある＝careful arrangement)、「蒼古」(古色を帯びて寂れた趣がある＝antiquity)、「水泉」(水を生かした作庭＝coolness)、「眺望」(眺めが雄大である＝scenic charm)の6つの勝れた景観を兼ね備えた庭。これが「兼六園」の由来です。

兼六園は、1676年加賀の第5代藩主前田綱紀（1643-1724）が最初に整備築造した庭園で、もとは金沢城外園でした。庭園には見所が多く、塩釜桜や霞ケ池に映る雪吊りの唐崎松はすばらしく、秋は華やかに紅葉する樹木が季節の美しさを見せてくれます。特に徽軫灯籠（stone lantern with two legs: 高さ2.6メートル）は兼六園のシンボルとしてよく知られ、ハガキやポスターなどによく見かけます。足が二股になっていて、ちょうど琴（a Japanese zither）の糸を支える琴柱に似ています。この灯籠の一脚が水中にあり、他方は陸上にあります。脚の不均衡さがかえって破調の美学を醸し出しています。また灯籠の前方には池にかかる「虹橋」(rainbow bridge)があり、灯籠の背後にある紅葉の樹木（maple tree）と絶妙な一景をなしています。

兼六园作为代表日本的庭园而知名，这里一年中有很多来自国外的游客。兼六园自然风光秀丽，且自然风景与园林艺术巧妙地融为一体。从春天的樱花，到秋季的红叶、冬季的雪景，为我们展示出四季不同的美景。兼六园与水户的偕乐园、冈山的后乐园合称为日本三大名园。

然而，大家可知兼六园之名由何而来？这个问题有些难，是取自中国诗人李格非的《洛阳名园记》，从其中的一节取出6个词为此命名。即"务宏大者少幽邃，人力胜者少苍古，多水泉者艰眺望"。名园需"六胜兼备"，即"宏大"（宽广、宏大）、"幽邃"（寂静、深奥）、"人力"（人类的技术）、"苍古"（带着苍色古老、寂静辽阔）、"水泉"（有水的庭园）、"眺望"（视野辽阔）。兼六园同时兼备了这六种名园的景观条件，由此而得名。

兼六园始建于1676年，由加贺第五代藩主前田纲纪（1643-1724）建造。兼六园最初叫作金泽城外园。庭园内可观赏处很多，八重樱、在霞池中倒映出"雪吊"的唐崎松，令人叫绝，还有秋季鲜艳的红叶为我们展示出不同季节树木的美丽。尤其是徽轸灯笼（高2.6米）是兼六园的象征，十分有名，在明信片或海报上能经常看到。这种灯笼的底部分为两部分，就像支撑琴弦的琴柱一样。其中一部分在水中，一部分在陆地上。正是这种不平衡成就了不协调的美学。另外，灯笼的前方有水池，水池上方有"虹桥"，它们与灯笼后面的红叶构成美景。

第17章　日本の伝統が息づく小京都・金沢

庭 / 庭

　英語では庭のことを garden と言いますが、日本の庭と欧米の庭とでは少々違います。日本の庭園は「風景式」(landscape style / natural style) ですが、欧米の庭園は「幾何学式」(geometrical style / architectural style) です。特に日本式庭園は、浄土を表す「浄土庭園」(Pure-Land-Style garden) や、禅の思想を表す「石庭」(rock [stone] garden) など宗教的な意味合いを持っています。また、兼六園のような「池泉回遊式庭園」(丘や池などに小径があり、その回りを散歩することができる庭)、平等院の庭園のような「舟遊式庭園」(船遊びができるような池のある庭)、竜安寺の石庭のような「観賞式庭園」(縁側や座敷から眺められるように設計された庭) などいろいろです。

　　　在英语中庭也叫花园，日本的庭园和欧美的有些不同，日本的庭园是"风景式"，而欧美的庭园则为"几何学式"。尤其是日本庭园，有表现净土的"净土庭园"，有表现禅思想的"石头庭园"等，这些庭园都有其宗教意义。另外，也有像兼六园这样的"池泉回游式庭园"（庭园里的小山丘和水池旁有小路，能绕着小山丘和水池散步）、平等院庭园"舟游式庭园"（这样的庭园内有能够划船的水池）、龙安寺的石头庭园这样的"观赏式庭园"（被设计成从外廊、客厅能够眺望园内景色的庭园）等各种庭园。

武家屋敷 / 武家宅邸

　さて、長町地区にある武家屋敷 (Samurai residence area) ですが、この地域は、その昔、百万石の金沢城下の旧武家に属し、今も封建時代 (feudal times) の名残をとどめる土塀の古い武家屋敷が続く町並みです。石畳の道路沿いには水路がめぐらされ、涼しい水音を響かせています。武家屋敷の敷地の近くには加賀友禅の工房である長町友禅館があります。中に入ると、最初は作業工程の説明があり、続いて下絵・糊置き・彩色・中埋めの作業をガラス越しに見学することができます。彩筆に使う道具なども展示されています。

　　　关于长町地区的武家宅邸，这片区域以前属于百万石级别的金泽城下的旧武家。目前，依然保留着封建时代的土墙原样的旧武家宅邸鳞次栉比。石阶的道路一旁溪水潺潺，水声清脆悦耳。武家宅邸的封地附近是加贺友禅的工房——长町友禅馆。进入友禅馆，首先看到的是关于有禅制造工艺的说明，之后可透过玻璃参观描绘、糊置、色插、地染等工序。另外馆内还陈列着染色用的道具等。

忍者寺 / 忍者寺

　忍者寺 (Ninja Temple having it many deceptive defenses) は正式には妙立寺 (Myoryu-ji Temple) と言います。堂内にある廊下や奇怪な部屋は迷路 (a mysterious maze of hallways and odd-angled rooms) のようになっており、隠し

階段（hidden stairs）、落とし穴（pitfall）、横穴のある井戸（well having a tunnel）など多種多様な仕掛け（device; gadget）があります。外観は２階建てですが、内部は４階建て７層という複雑な建築構造をしており、一見の価値があります。

忍者寺正式的名称为妙立寺。寺内的走廊、奇怪的房间像迷宫一样，另外还有隐藏楼梯、陷阱、挖有横洞的井等各种机关。寺庙外观为双层建筑，其内部有四楼七层，建筑结构复杂，值得一看。

キーワード / 关键词

★日本庭園 / 日本庭园

【参考】枯山水庭園 /【参考】枯山水庭园
水を用いず、石組みや砂によって山水を表現する庭園。石組みは砂利の海に配置され、瞑想するための小宇宙を造り出しています。禅寺に多くみられ、その例は京都の「龍安寺」の石庭です。

　　枯山水庭园是指不使用水，用点景石、砂石表现山水的庭园。点景石被置于砂石中，做成用于冥想的小宇宙。这样的庭园在禅寺中很多见，例如京都的"龙安寺"就是砂石庭园。

回遊式庭園 / 回游式庭园
庭園の小道を散策しながら見晴らしのきく場所から観賞できるように設計された庭園。京都の「平安神宮苑」や「銀閣寺」、東京の「六義園（りくぎえん）」、岡山の「後楽園」などが有名で、庭園内には丘、池、橋、小島また茶室などがあります。盛り土の山のある庭園は築山式庭園（つきやま）（artificial hill-style garden）とも言います。

　　回游式庭园是为信步走在园内的小道上时能够眺望、观赏庭园内的风景而设计的。如京都的"平安神宫苑"、"银阁寺"、东京的"六义园"、冈山的"后乐园"等都很有名。这些庭园内有小丘、水池、小桥、小岛、茶室等。另外有土山的庭园也叫作筑山式庭园。

第 17 章　日本の伝統が息づく小京都・金沢

Q&A 49　加賀友禅

Q 加賀友禅とはどのようなものですか。
加贺友禅是什么？

A

【主旨】
　加賀友禅は、友禅式に染め上げた絹織物で、加賀藩（現在の石川県）の金沢で発展したものです。友禅は、豪華な絵柄のある色彩豊かなものです。1712年宮崎友禅が、加賀友禅を染め上げる工程を加賀に紹介しました。加賀友禅の特徴は、ぼかしのある5種の鮮やかな色彩、藍、臙脂（えんじ）、黄土（おうど）、草、古代紫（加賀五彩）があることです。

　加賀友禅の工房である長町友禅館では、着物に用いる友禅絹に繊細な模様を施す秘術を実演したり、友禅染めの工程の説明をビデオで紹介しています。

　加贺友禅是一种使用友禅式染的丝绸绢布，起源于加贺藩（现在的石川县）金泽。友禅的图案鲜艳华丽，是1721年由宫崎友禅把加贺友禅技法介绍到加贺。加贺友禅的特点为它有5种色彩，蓝、胭脂、土黄、草绿、古紫（加贺五彩）作为基色，色彩鲜艳。

　加贺友禅的工房长町友禅馆，在那儿既有在和服布料的友禅绢布上绘制细致图案的演示，也有介绍友禅染技艺的录像。

加贺友禅

第1部　日本の文化・観光

第2部　日本の世界遺産　文化遺産・自然遺産

161

Q&A 50 日本三名園

Q 日本三名園の共通する特色はどのようなものですか。
日本三大名园的共同特点是什么?

A

【主旨】

　日本三名園は、金沢の兼六園、岡山の後楽園、そして水戸の偕楽園です。
　それぞれ共通点があります。いずれも、昔、江戸時代における有力な大名の所有地であった回遊式庭園です。兼六園は、1676年（加賀）藩主前田綱紀の庭園として最初に築造されました。後楽園は、1700年（岡山）藩主池田綱政によって造園されました。偕楽園は、1842年（水戸）藩主徳川斉昭の隠居所として築造されました。

　日本的三大名园指的是金泽的兼六园、冈山的后乐园和水户的偕乐园。
　这三大名园有着共同的特点，即都是从前江户时代有势力的大名封地上的回游式庭园。兼六园于1676年作为（加贺）藩主前田纲纪的庭园最早建成。后乐园建于1700年，由（冈山）藩主池田纲政营造。偕乐园于1842年作为（水户）藩主德川齐昭的休养地建造而成。

兼六园

第 17 章　日本の伝統が息づく小京都・金沢

Q&A 51　九谷焼

Q 九谷焼とはどのような焼き物ですか。
九谷烧是什么样的瓷器？

A

【主旨】

　九谷焼は、石川県の九谷で製造される磁器のことです。器は土で作られ、釉薬（ゆうやく）を塗って焼かれます。九谷焼の特徴は、下地が白い半透明になっていて、5種の色彩、すなわち赤、黄、緑、紫、紺青（九谷五彩）の釉薬を何層か重ね塗って作られた上品な手触りです。

　九谷焼は、伊万里焼（佐賀県）や清水焼（京都）と並び、その色合いとデザインにおいて明るい飾り付けのあることで有名です。

　九谷烧是石川县九谷烧制的瓷器。它是在土胎上涂上釉子烧制而成。九谷烧的特征主要体现在质地呈半透明状，有红、黄、绿、紫、藏青（九谷五彩）5种颜色，且这5种颜色的釉子重叠涂抹，形成上乘的手感。

　九谷烧可与伊万里烧（佐贺县）、清水烧（京都）相提并论，得益于其强烈的色彩搭配及款式而闻名。

163

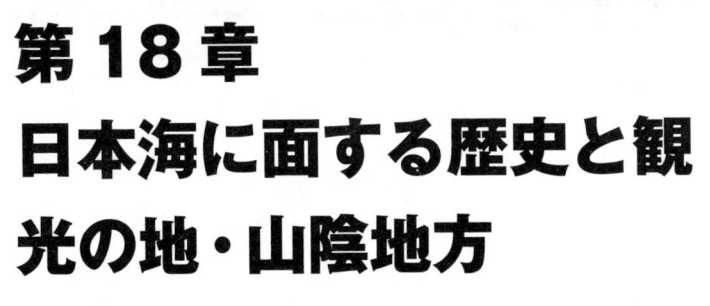

第18章
日本海に面する歴史と観光の地・山陰地方

面朝日本海的历史观光胜地・山阴地区

サンプルダイアローグ / 示例対话

観光客：日本海に面する本州の西部には、どこか観光地がありますか。
ガイド：はい、あります。この地域は「山陰地方」と呼ばれています。まず、美しい海岸を誇る**鳥取**県があり、ここには新婚カップルに人気の高い**砂丘**もあります。
観光客：そうですか。
ガイド：鳥取県には日本最大の砂丘があり、日本海に沿って東西約16キロ、南北約2キロにも延びています。日の出と日没の景色は最高です。
観光客：素晴らしいですね。
ガイド：この地域は、**ナシの果樹園**でも有名です。
観光客：他にも観光地がありますか。
ガイド：**島根**県には日本最大級の神社、**出雲大社**があり、縁結びの聖地として歴史があります。
観光客：この神社は、誰を祀っているのですか。
ガイド：かつてこの地方を治めたと信じられている神道の神、大国主命が祀られています。
観光客：そうですか。
ガイド：この神社の拝殿の入り口には、日本最大の注連縄がかかっています。
観光客：以前、この大きな注連縄の写真を見たことがあります。
ガイド：**山口**県には、日本最大の**石灰岩台地**で有名な**秋吉台**があります。
観光客：きっと美しいでしょうね。
ガイド：この台地の下には、日本最大、世界第3位の鍾乳洞である**秋芳洞** (⇒ Q&A 53) があります。
観光客：山陰地方には、たくさんの見所があっていいですね。
ガイド：そうですね。時間が許せば、**錦帯橋** (⇒ Q&A 54) を案内しましょう。1673年に釘を1本も用いずに造られた木造建築で、5つのアーチがあります。
観光客：ぜひ見たいです。

游客：日本海对面的本州西部有什么旅游景点吗？
导游：有啊。这部分地区被称作"山阴地区"，有以坐拥美丽海岸线著称的鸟取县，那儿有备受新婚情侣青睐的沙丘。
游客：是吗？
导游：鸟取县有日本最大的沙丘，沿日本海东西长约16公里，南北宽约2公里，是观看日出日落的绝佳之选。
游客：太棒了。
导游：这儿也因梨园而有名。
游客：还有别的什么旅游景点吗？

导游：岛根县有日本最大的神社——出云大社，它有着结姻缘圣地的历史。
游客：这个神社祭拜的是谁？
导游：祭拜的是人们认为曾经治理过这里的神道大神——大国主命。
游客：是吗？
导游：这个神社的前殿入口处有日本最大的"注连绳"。
游客：我以前看到过大注连绳的照片。
导游：山口县的秋吉台因是日本最大的石灰岩台地而有名。
游客：一定很美吧。
导游：这个台地下面有日本最大、世界第三的钟乳洞——秋芳洞。
游客：山阴地区有这么多好看的地方，真不错啊。
导游：嗯。如果您有时间的话，我带您去锦带桥。该桥建于1673年，是座木桥，该桥没用1根钉子，有5个桥拱。
游客：好想去看呀。

锦带桥

アテンドの知識 / 相关知识

　鳥取・島根・山口の3県にまたがる山陰地方は、ダイナミックな日本海（the Sea of Japan）に面し、日本でも人気のある重要な観光スポット（sightseeing [tourist] spots）が散在しています。

　　横跨鸟取、岛根、山口三县的山阴地区，面向汹涌的日本海，有一些在日本极具人气的重要旅游景区。

鳥取砂丘 / 鸟取沙丘

　鳥取県には、日本海に面した東西16キロ、南北2キロに及ぶ日本最大級の鳥取砂丘（Tottori Sand Dune）があります。その特徴は、砂丘の起伏の大きさ（a big expansion of ups and downs）で、高低差は最大約90メートルもあります。砂丘の砂は日本海からの風に吹かれて絶えず移動を繰り返し、とどまることがありません。砂が浮き上がっては少し進んで落下し、また躍動しては落下するのです。その時、細かい動きがくり返され、風によってできたさざ波模様の風紋（wind patterns [ripples] on the sands: rippling patterns on the sands formed by the wind）が形作られます。この海岸砂丘から眺める朝日（sunrise）も素晴らしいのですが、ゆっくりと日本海に沈む夕日（sunset）を眺めるのも最高です。渚(なぎさ)（beach）を歩く人々の姿は、遠くシルクロード（Silk Road）を連想させ、心は古代へと誘われます。

在鸟取县，面向日本海有东西长 16 公里，南北宽 2 公里的日本最大的鸟取沙丘。它的特征表现为沙丘起伏较大，高低差最大约为 90 米。沙丘的沙被日本海上的风吹动，不断移动，永不停止。沙被吹起又落下，继而再起再落。沙这种细微的流动，由风形成带有波纹图样风纹。从这样的海岸沙丘眺望日出，悠闲地欣赏夕阳落入日本海，那情景美轮美奂。看着在海岸上步行的人们的背景，让人联想起远方的丝绸之路，令人心驰神往。

鳥取の特産品 / 鸟取的特产

鳥取県を代表する特産品と言えば「二十世紀ナシ」（Twenty Century Pear; Asian Pear）です。新鮮でつやのある緑の肌、甘くてさわやかな果汁、まさに juicy fruit です。また山陰の冬の味覚の王様である「松葉ガニ」（Snow [Queen] Crab）も忘れてはなりません。自然に恵まれた鳥取の世界に誇る食べ物はいろいろあります。ちなみに、鳥取県から兵庫県・京都府にかけての山陰地方で水揚げされる「ズワイガニ」のことを「松葉ガニ」と呼びます。

鸟取的代表性特产是"二十世纪梨"。此梨新鲜，果皮呈绿色，富有光泽，肉汁味甜，爽口，实为多汁水果。另外，不能不提山阴地区冬天的招牌菜"松叶蟹"。物产丰富的鸟取县有很多可在世界上一提的食物。人们把从鸟取县到兵庫县、京都府的山阴地区渔获的"ズワイガニ"称为"松叶蟹"。

出雲大社 / 出云大社

島根県には、日本最大の神社の１つである出雲大社（Izumo-Taisha Grand Shrine）があります。この神社には、昔この地方を治めていたと信じられている神道の神、「ダイコクさま」の愛称で親しまれている大国主命(おおくにぬしのみこと)が祀られています。出雲大社は、日本最古の神社建築様式の典型で「大社造り」です。1952 年には本殿が国宝（national treasure）に指定され、縁結びの神（a god of marriage; a god who ties up relationships such as marriage）として親しまれています。拝殿の入り口にある日本最大の注連縄(しめなわ)（twisted straw rope hanging above the entrance of the shrine）は、神域の内と俗界の外を隔てた境界線（the boundary line between a sacred place and the secular world）のようです。人が神域に不用意に立ち入らないように、また不浄を持ち込まないように張られています。

神社にお参りする時、柏手(かしわで)（hand-clapping）を打ちますが、ほとんどの神社

第18章 日本海に面する歴史と観光の地・山陰地方

では「2拝2柏手1拝」(First, you bow twice. Then, you clap your hands twice. Finally you bow once again.）の拝礼法（⇒第2章「明治神宮」）です。しかし、出雲大社では「4柏手」(You clap your hands four times.）です。何故でしょうか。いろいろな説があるようです。たとえば、春夏秋冬の四季を通じてのご加護（the God's protection）をお願いするため、または、自分自身と自分が心に思う人の2人分の柏手を打つから、とも言われています。ところで、参拝の時、手を叩く（柏手）のは何故でしょうか。手を打つことは、拝む時の礼をさらに重ねる姿であり、それは神様への「崇敬の念」(a feeling of reverence for a deity）を表しているのです。

　2014年の秋、高円宮家の次女の典子さま（大正天皇のひ孫）と出雲大社禰宜（宮司の補佐役）である千家国麿さんの結婚式が晴れて出雲大社で行われました。2007年4月典子さまが18歳の時、出雲大社参拝の折に国麿さんと初対面し、その後、交際を深められたということのようです。ちなみに、婚約会見で国麿さんは「私どもの家の初代は、皇祖・天照大神の次男（天穂日命）と伝えられています」と話されました。天照大神といえば、天皇家を初めとする皇室（the Imperial family）の先祖（an ancestor）として知られています。と言うことは、典子さまと千家さんとは、はるか2000年の時空を超えたひと昔の先祖を同じくするカップルだと言えます。どうやら、「縁結びの神さま」の悪戯（いたずら）なのでしょうか。

　鸟取县有日本最大神社之一的出云大社。这里祭祀的是人们认为以前治理这个地方的神道大神——大国主命，并尊称她为"ダイコクさま"。出云大社是典型的日本最古老的神社建筑样式"大社造"的神社。1952年本殿被指定为国宝，成为人们喜爱的"结姻缘"的神。在拜殿的入口处有日本最大的注连绳，它好像是把神界与俗世隔开的境界线。它设在此处为的是不让人们无意间闯入神界，以及阻挡住不干净的东西被带入神界。

　参拜神社时，要双手击掌合十，几乎所有的神社都是"二拜二拍一拜"，而出云大社则为"四拍"。为何如此？貌似有各种说法。例如，据说是为寻求神灵春夏秋冬四季的庇佑，又或是为自己和自己思念的人拍手。然参拜时拍手又为什么呢？拍手是为多次跪拜行礼，以表示对神灵的"崇敬"之意。

　2014年秋，高园宫家的次女典子（大正天皇的孙女）和出云大社尔宜（宫司的助手）千家国吕的结婚仪式正式在出云大社举行。2007年4月，18岁的典子在出云大社参拜时初遇国吕，之后二人便开始了交往。在二人定婚约时，国吕说道："我家首任尔宜是皇祖・天照大神的次子（天穂日命）。"说起天照大神，她是以天皇家为首的皇室的先祖。也就是说，典子和千家是穿越了2000年时空，有着共同先祖的一对恋人。这是"结姻缘神"的恶作剧吧。

秋吉台と秋芳洞 / 秋吉台和秋芳洞

　山口県には、日本最大の石灰岩台地（limestone tableland）である秋吉台（Akiyoshidai Plateau）があります。カルスト地形（karst topography）の美観で有名で、その真下には、規模においては日本屈指の鍾乳洞（limestone cave complex）である秋芳洞があります。鍾乳洞とはカルスト地形（石灰岩の地形）の一種で、石灰岩の割れ目から浸みこんだ雨水などが、縦横に岩を溶かしてできる迷路のような石灰岩洞窟のことです。雨水に含まれる炭酸ガスの酸が、石灰岩を溶かすために造られるのです。洞窟の天井からしたたり落ちる水滴の中に含まれた多量の石灰分が沈殿して、鍾乳石（stalactite: 鍾乳洞の天井からぶら下がる石灰質の氷柱）、石筍（stalagmite: 鍾乳洞の床に出来た石灰質の石）、石柱（limestone pillar）、さらには百枚皿（⇒ Q&A 53）、黄金柱などの奇観が造りあげられ、自然の芸術品が続きます。何億年という歳月をかけて形成された自然の壮大な造形美で、大自然の摂理が織りなす一大ドラマでもあります。全長は約10キロですが、観光用に公開されているのは約1キロです。

　山陰地方の観光スポットはすべて必見で、他の地方ではその類を見ないスケールと美しさでいっぱいです。

　山口县有日本最大的石灰岩台地秋吉台。秋吉台因为溶岩地形的美景而有名，它的正下方是规模上在日本首屈一指的钟乳洞——秋芳洞。钟乳洞是溶岩地形（石灰岩地形）的一种，是由雨水渗透石灰岩裂缝，溶解上下的岩石而形成的犹如迷宫一样的石灰岩洞穴。雨水中所含有的二氧化碳中的酸，溶解了石灰岩形成这样的溶洞。从洞穴的天井处滴落的水滴中富含大量的石灰的成分，沉淀之后形成钟乳石（从钟乳洞中的天井上倒挂的石灰质的水柱）、石笋（钟乳洞的地面上形成的石灰质的石头）、石柱，还有百枚皿、黄金柱等奇观，成为大自然的艺术品。这儿既是大自然历经数亿年形成的宏大的景观，同时也是构织大自然法则的一部戏剧。秋芳洞全长约10公里，开放用于观光的约1公里。

　山阴地区的旅游景点都值得参观，无论在规模上还是美感上，这儿尽是别处没有的景观。

秋吉台

第18章　日本海に面する歴史と観光の地・山陰地方

Q&A 52　歌舞伎の起源

Q 歌舞伎には、どのような起源があるのですか。
歌舞伎起源于什么？

A
【主旨】
　歌舞伎は17世紀ごろ、出雲大社に奉仕していた巫女（出雲の阿国）が、京都で素朴な念仏踊りを踊ったのが、その起源と記録されています。徐々に発展して、現在の歌舞伎の形態になったのです。
　ところが、女性の歌舞伎は風紀を乱すので、徳川幕府は、女性による歌舞伎の演技を禁止しました。その後、歌舞伎は、女性の役を含め男性のみによって演技されるに至ったのです。さらに、歌舞伎は、演劇、古典舞踊、音楽の集大成ともいうべき総合芸術として完成されたのです。
【注】2009年（平成21年）歌舞伎は「ユネスコ無形文化遺産」に登録されました。

　　历史记载歌舞伎起源于17世纪出云大社的巫女（出云阿国）在京都演出的简单的念佛舞蹈。之后逐步发展，成为现在的歌舞伎。
　　然而，德川幕府认为女性表演歌舞伎败坏风俗，下令禁止女性出演，之后，歌舞伎均由男性表演，即使是女性角色也由男性出演。最后歌舞伎作为演剧、古典舞蹈、音乐的集大成的综合艺术形式呈现出来。

Q&A 53　秋芳洞

Q 日本三大鍾乳洞はどのようなものですか。
日本的三大钟乳洞是什么？

A
【主旨】
　まずは、山口県西部の秋吉台にある「秋芳洞」です。特に有名なのは「百枚皿」の美観で、ゆるやかな斜面地にできた石灰華段丘です。実際には500以上の皿状

171

の小池が連なっています。
　次に、高知県にある地下総延長４キロにも及ぶ「龍河洞」です。洞窟内には、天井からしたたり落ちる水で作られた小川や多くの素晴らしい鍾乳石柱があります。
　最後に、岩手県にある「龍泉洞」は、日本で最も澄み切った深さ 120 メートルの地底湖で知られています。
　　首先是位于山口县西部秋吉台的"秋芳洞"。此处最为有名的是"百枚皿"。它是在缓坡上形成的石灰华梯状丘。
　　其次是高知县的"龙河洞"，在地下总长为４公里。洞内天井处滴落的水形成小河及各种钟乳石柱的奇观。
　　最后是岩手县的"龙泉洞"，该洞因有着全日本最清澈，且深达 120 米的地下湖而闻名。

Q&A 54　錦帯橋

Q 錦帯橋とは、どのような橋ですか。
　　锦带桥是什么样的桥？

A

【主旨】
　錦帯橋は、1673 年（延宝元年）に１本の釘をも用いず、かすがいと巻金だけで作られた木造建築です。
　石の橋げたの上で連結された５連の木造アーチが、山口県岩国市の錦川に架橋されています。全長 210 メートル・幅５メートルの橋は、1950 年に台風で破壊されましたが、1953 年には原形の正確な複製として復旧しました。この橋はそろばんの形に似ていることから「そろばん橋」とも呼ばれています。
　錦帯橋は、神橋（栃木県日光市）、猿橋（山梨県大月市）と並び日本三大奇橋の１つです。

　　锦带桥建于 1673 年（延宝元年），整座桥是仅由插销和包铁固定而成的木桥，没有使用１根钉子。
　　连在石制桥衍上的５部木质桥拱横架在山口县岩国市的锦川河上。此桥全长 210 米，宽５米，1950 年被台风吹垮，1953 年在准确保持其原形的基础上进行了修复。这座桥形似算盘，也被称作"算盘桥"。
　　锦带桥与神桥（栃木县日光市），猿桥（山梨县大月市）合称为日本的三大奇桥。

第19章
熱狂的な阿波踊りの町・徳島

热情奔放的阿波舞之城・徳岛

サンプルダイアローグ / 示例对话

ガイド：民俗舞踊に興味がありますか。
観光客：はい、あります。お尋ねになるのは、どうしてですか。
ガイド：そうですね。徳島県を訪れると、観光の大きな目玉として、世界でも有名な**阿波踊り**（⇒ Q&A 55）が楽しめるのです。
観光客：どのような踊りですか。
ガイド：リオのカーニバルに似ていると言えるかもしれません。この踊りは400年以上もの歴史があり、8月12日から15日に行われます。
観光客：**熱狂的な雰囲気**を味わうために、日本全国から観光客がやってくるのですか。
ガイド：そうです。老若男女を問わず、どの参加者も三味線、太鼓、笛などの和楽器の伴奏に合わせて歌ったり踊ったりするのです。
観光客：わくわくしますね。
ガイド：この県は、**鳴門海峡の渦潮**（⇒ Q&A 56）とアジア最長の大吊り橋の１つである**大鳴門橋**でも有名です。
観光客：なぜ渦潮ができるのですか。
ガイド：**瀬戸内海**に速い**潮流**が生じるため、水位が変化して渦潮が起こります。
観光客：なるほど。
ガイド：車で徳島県へ行く場合は、鳴門市と瀬戸内海の淡路島を結ぶ大鳴門橋を渡る必要があります。でも、淡路島に着く前に世界最大の吊り橋「**明石海峡大橋**」を利用することになります。この橋は1998年に開通し、兵庫県の神戸市と淡路島とを結んでいます。
観光客：日本には巨大な橋が多いですね。
ガイド：はい、そうですよ。私たちは海に囲まれて住んでいますからね。
観光客：だから多くの橋について知識があるのですね。
ガイド：そうね、そうかもしれません。

导游：您对民俗舞感兴趣吗？
游客：嗯，很喜欢。为什么这么问啊？
导游：是这样，来德岛县的话，可以欣赏到这儿的旅游热点，在世界上都有名的阿波舞。
游客：是什么样的舞？
导游：可以说是和里约热内卢的狂欢节相似的舞。这种舞有400多年的历史，每年的8月12日到15日举行。
游客：为体验它狂热的氛围，每年从全国各地都有游客来吗？
导游：是的。不论男女老幼，大家都合着三弦、鼓声、笛声等和式乐器的伴奏唱歌、跳舞。

第 19 章　熱狂的な阿波踊りの町・徳島

游客：好想去看看啊。
导游：这个县因为鸣门海峡的涡潮和亚洲最长的大吊桥之一的大鸣门桥而有名。
游客：为什么会有涡潮？
导游：是因为濑户内海内有激流，产生巨大的水位差，从而形成涡潮。
游客：哦，是这样啊。
导游：乘车去德岛县的时候，要经过连接鸣门市和濑户内海淡路岛的大鸣门桥。但是，进入淡路岛之前要过世界最大的吊桥"明石海峡大桥"。这座桥是 1998 年开通的，它连接着兵库县的神户市和淡路岛。
游客：日本的大桥可真多啊。
导游：是的，因为我们四周都是海。
游客：所以你们也有很多关于桥的知识。
导游：嗯，也许是这样吧。

明石海峡大桥

アテンドの知識 / 相关知识

　　徳島と言えば、いまや世界的に知れ渡った熱狂的な「阿波踊り」、そして壮観な「鳴門の渦潮」でしょう。
　　说起德岛，就会提到享誉世界的狂热的"阿波舞"和壮观的"鸣门涡潮"吧。

阿波踊り / 阿波舞

　　阿波踊り（the Awa Dance）は 8 月 12 日から 8 月 15 日のお盆（the Bon Festival）の期間に行われ、徳島市をはじめ県内各地では乱舞が繰り広げられ「踊

175

り天国」と化します。穏やかな南国徳島の4日間熱気と情熱に包まれた日本のカーニバルがエネルギッシュに展開されるのです。

　この阿波踊りはいつ頃、どのようにして起こったのでしょうか。今を遡ること約400年前、蜂須賀家政（1558-1639）が徳島城を完成させた時、祝賀行事として城下の町民が無礼講（a social drinking party as equals; a social gathering on intimate terms regardless of rank or seniority）で酒を飲み、城内で「めでたし、めでたし」と踊りだした、という話が記録されています。明治・大正の各時代には財政援助があり、昭和初期に観光目的で「阿波踊り」と命名されました。今では毎年のように海外に遠征して、日本を代表する踊りとなり、"the Awa Folk Dance"として世界の踊りへと発展しつつあります。

　「踊る阿呆に見る阿呆、同じ阿呆なら踊らなにゃ損、損」（Some are crazy dancers, and some are crazy onlookers who are watching the crazy dancers. Since both are equally crazy, you may as well dance — may as well dance.）踊りには、身振りも手振りも鮮やかな「女踊り」（the female dance）と勇壮な「男踊り」（the male dance）があります。特に編み笠（the braided hat made of sedge or rush）をかぶって女性が手を高く差し上げて踊る姿はチャーミングです。「手を上げて足を運べば阿波踊り」と言われるように、阿波踊りは、手を肩よりさげてはいけない決まりがあります。下へ沈む感じの多い日本の踊りの中では「手を上に向けて踊る」（the dance with arms raised）のは珍しいのです。また、リオのカーニバルのようにチームがあり、踊りでは「連」（teams which vie with each other）と言います。連を構成するグループの人数は平均40～50人ですが、会社単位での参加などでは100人を越すこともあります。太鼓、笛、三味線、鉦のにぎやかで陽気なリズムに合わせて、数十人が連を組み街中を練り歩くのです。優雅な女踊りと、自由奔放な男踊りのコントラストが見事です。何と言っても、阿波踊りの最大の魅力は、踊り子と見物人が一体となって浮かれ出すところでしょう。せっかく「踊り天国」に来たのだから「踊らにゃ損、損」だそうです。

　阿波舞是每年的8月12日至15日盂兰盆节时跳的舞蹈。以德岛市为中心，德岛各地在这期间就是"舞蹈的天堂"，各地沉浸在舞蹈的气氛中。在这4天里，平静的南国德岛被热气和人们的热情所充斥，人们在这儿热情洋溢得展开了日本的狂欢节。

　这个阿波舞是什么时候又是怎么兴起的呢？可追溯到大约400年前，据记载，蜂须贺家政（1558-1639）在建设完成德岛城时，为庆祝德岛城的建成，在城下举行的不分身份高低、不拘礼节的活动，人们自由的喝酒，在城内呼喊着"可喜可贺、可喜可贺"边跳着舞。在明治、大正各时代都对其有财政资助，到了昭和初期，以观光为目的，为其命名为"阿波舞"。现在每年都有海外表演，阿波舞已经成为代表日本的舞蹈，并逐渐发展成世界性的舞蹈。

第 19 章　熱狂的な阿波踊りの町・徳島

"跳的傻，看的傻，反正都是傻，不跳更是傻"，跳舞的人中既有身形、手势比较优美的"舞女"，也有强壮的"舞男"。特别是带着编织的斗笠举着双手跳舞的女性，其舞姿十分迷人。正如"举起双手迈开脚的阿波舞"中所说，跳阿波舞时，手不能低于肩膀。日本的舞蹈多手是往下放，而"双手上举"的舞蹈实属罕见。另外，像里约热内卢的狂欢节一样，他们也有队伍，叫作"连"。构成连的人数平均 40–50 人，如果是以公司为单位参加的话也有超过 100 人。人们和着鼓声、笛声、三弦和钲的热情激昂的节奏，数十人组成连，在市内游行跳舞。优雅的舞女，自由奔放的舞男，不同的风格，煞是好看。不管怎么说，阿波舞的最大魅力在于舞者和观众浑然一体。好容易来一趟"舞蹈的天堂"，"不跳更是傻"。

鳴門海峡の渦潮 / 鸣门海峡的涡潮

　　四国の鳴門市と対岸の淡路島を隔てる約 1.3 キロの鳴門海峡の見所は、何と言っても「鳴門海峡の渦潮」と「大鳴門橋」です。

　　鳴門海峡の渦潮（the whirlpools in the Naruto Straits）はどうして起こるのでしょうか。それは約 6 時間おきに起こる潮の干満（the ebb and flow of the tide）によって、瀬戸内海（the Seto Inland Sea）と紀伊水道（the Kii Channel）の水位に最大 1.5 メートルほどの落差ができ、そのため、潮が激しい速度で流れるのです。このスピードは日本一、世界 3 位です。その激しい流れと緩やかな流れの境目に「渦」（the whirlpools）が起こり、自然のページェントを生み出します。渦は最大で直径 20～30 メートルに達するときもあります。激しい潮流（tidal current）が轟音をあげて逆巻き、千変万化する壮観さは自然の驚異です。観潮船で見学できますが、鳴門公園や大鳴門橋からも美しい渦潮を楽しむことができます。

　　位于四国的鸣门市和其对岸的淡路岛之间，长约 1.3 公里的鸣门海峡，其可看之处是"鸣门海峡的涡潮"和"大鸣门桥"。

　　鸣门海峡的涡潮是如何形成的呢？是因为大约 6 个小时一次的潮水涨落，形成濑户内海和纪伊水道水位间的落差、最大叮达 1.5 米，因此潮水形成激流。这种水流速度在日本第 1，世界第 3。激流和缓流相遇处便形成"涡潮"，形成自然的露天演出。涡潮有时最大直径可达 20-30 米。激流轰鸣汹涌，千变万化，其景观之壮观，堪称自然的奇异现象。人们可以乘坐观潮船，也可以在鸣门公园和大鸣门桥欣赏涡潮的美景。

大鳴門橋 / 大鸣门桥

　　大鳴門橋（the long suspension bridge across the Naruto Straits）は鳴門と淡路島の間を結び、渦潮ができる海峡（strait）をまたぐ全長 1,629 メートルの大吊橋（the suspension bridge）です。1985 年に開通し、本州と四国を橋で結ぶ、本州・四国の連絡橋（the connection [connecting] bridge）構想の 1 つとして造られ、鳴門の

177

名所になっています。

　大鸣门桥连接着鸣门和淡路岛,是横跨产生涡潮的海峡的大吊桥,全长 1629 米。1985 年开通,是构想着用桥连接本州和四国,建造成本州、四国的连接桥而建造的,它是鸣门的名胜。

明石海峡大橋 / 明石海峡大桥

　1998 年には、本州―淡路―四国を結ぶ本州・四国の連絡道（the expressway; the connecting road）の 1 つである明石海峡大橋（the Akashi-Kaikyo Road Bridge）が完成し、鳴門の渦潮を見学する観光客も大幅に増加しました。この橋の長さ（3,911m）、そしてケーブルを支える 2 つの主塔間の長さ（1,991m）は世界一です。ギネス世界記録にも「世界最大の吊り橋」として認定されました。
　ちなみに、1999 年完成した「尾道（広島）・今治（愛媛）ルート」は、10 の橋（ten individual bridges）を通る全長約 60km にも及ぶ「瀬戸内しまなみ海道」（Setouchi Shimanami Kaido Expressway）は、日本で初めて海峡を横断する自転車道また歩行者専用の道路も併設され、新観光ルートとして今なお根強い人気があります。

　1998 年连接本州—淡路—四国的本州、四国连桥之一的明石海峡大桥竣工,参观鸣门涡潮的游客大幅度增加。这座桥长度（3911m）,而且其支撑缆绳的两个主塔间的长度（1991m）是世界最长的。被吉尼斯世界纪录认定为是"世界上最大的吊桥"。
　另外,1999 年完成的"尾道（广岛）、今治（爱媛）车道"是连接 10 座桥,全长为 60km 的"濑户内海道",是日本第一条横跨海峡的自行车车道,同时也是步行专用道,作为新观光路线,现在仍很有人气。

キーワード / 关键词

★遍路 / 巡礼者
遍路の関連用語 / 巡礼者关联用语

遍路衣装　巡礼者衣服	☆白衣　白衣
菅笠　菅笠	（金剛）杖　金刚杖
脚絆（きゃはん）　绑腿带	輪袈裟（わげさ）　小袈裟
白地下足袋　白地足袜	
草鞋（わらじ）　草鞋	手甲（てっこう）　手背套
念珠（ねんじゅ）　佛珠	納札（おさめふだ）　纳礼
鈴　铃	御詠歌（ごえいか）　颂歌（颂佛的歌）

178

第19章　熱狂的な阿波踊りの町・徳島

Q&A 55　阿波踊り

Q 阿波踊りとはどのような踊りですか。
阿波舞是什么样的舞？

A

【主旨】

　阿波踊りは、1587年にまでさかのぼりますが、蜂須賀家政（1558-1639）領主が徳島城を完成した時に城下町の人たちはこれを祝って市内で踊ったということです。蜂須賀が、町人たちに酒をふるまった時、町人たちが無礼講で熱狂的に踊りだしたのです。

　8月12日から15日までのお盆期間中、昔「阿波」で知られる今の徳島で、多種多様な阿波踊りが演じられます。きれいな衣装着物をまとった大勢の男女の大集団が、三味線、笛、また太鼓などの音楽に合わせながら、列をなして熱狂的に歌い踊りながら市内を練り歩きます。

　　阿波舞的历史可追溯到1587年，蜂須賀家政（1558-1639）领主在德岛城建成时，城下町的人们为庆贺它的建成在市内跳舞。蜂須賀允许人们喝酒时不拘礼节，可以热情的跳舞。

　　从8月12日到15日的盂兰盆节期间，因为以前的"阿波"而知名的德岛上演着各种各样的阿波舞。穿着靓丽和服的众多男女们，和着三弦、笛声和鼓声，列队载歌载舞在街上游行。

Q&A 56　鳴門の渦潮

Q 鳴門の渦潮とは、どのような意味ですか。
鸣门涡潮是什么意思？

A

【主旨】

　「鳴門」の文字通りの意味は「轟音の門」です。太平洋と瀬戸内海を結ぶ鳴門海

第1部　日本の文化・観光

第2部　日本の世界遺産　文化遺産・自然遺産

179

峡は、轟音の渦潮を起こします。
　この渦潮の現象は、変化する潮の流れが四国と淡路島の間にある狭い海峡を通過するとき、急速に押し寄せることから起こるのです。海の水位には約1.5mの差異が生じるので、奔流する水で大小さまざまな渦潮が生じ、ときには最大直径20mにも及び、豪快な轟音を起こすのです。海峡を通過する流れが、ときとして時速20kmまたはそれ以上に達することもあります。渦潮の景観は、鳴門公園から満喫できます。
　"鳴门"顾名思义就是"巨声的门"。鸣门涡潮是连接太平洋和濑户内海的鸣门海峡形成的巨响的涡潮。
　这种涡潮现象是变化的潮水在通过四国和淡路岛之间的狭窄海峡时，因为急速涌在一起而形成的。因为海水水位有大约1.5米的落差，所以奔流的潮水形成大小不一的漩涡，有时会产生最大直径20米的漩涡，产生这样的漩涡时伴有震耳的轰鸣声。通过海峡的水流，有时时速可达20km或更快的速度。从鸣门公园可欣赏到涡潮的景观。

Q&A 57　四国霊場八十八ヶ所巡り

Q　「四国霊場八十八ヶ所巡り」について紹介してください。
请介绍一下"四国灵场八十八所"。

A

【主旨】
　四国には霊場八十八ヶ所巡りがあり、「お遍路さん八十八ヶ所巡り」とも言います。
　「遍路」というのは、四国に散在する弘法大師（空海）ゆかりの88か所の寺院を巡礼することです。霊場（または礼所）は、阿波（徳島県）に23札所、土佐（高知県）に16札所、伊予（愛媛県）に26札所、讃岐（香川県）は23札所があります。白い着物をまとった巡礼者（お遍路さん）は、頭にはすげ笠をかぶり、背には行李(こうり)を担いでいます。真ちゅう製の鈴を鳴らし、御詠歌を歌いながら、金剛杖(こんごうつえ)をついています。
　霊場を次々と巡礼するごとに、88の煩悩が1つずつ消滅し、悟りの境地に近づくという信仰があります。

第19章　熱狂的な阿波踊りの町・徳島

　　四国有灵场八十八所，也叫作"巡礼八十八所"。
　　所谓的"巡礼"是指生活在四国的弘法大师（空海）在有因缘的 88 座寺院之间巡礼。灵场（也叫礼所），阿波（德岛县）有 23 处，土佐（高知县）有 16 处，伊予（爱媛县）有 26 处，讚歧（香川县）有 23 处。巡礼者身着白色巡礼服，头戴蓑笠，身背行囊。摇着黄铜铃，唱着咏歌，手持金刚杖。
　　他们有这样的信仰，即每次巡礼灵场时，都会逐一消除 88 个烦恼，接近大彻大悟。

第20章
太陽と緑の国・宮崎

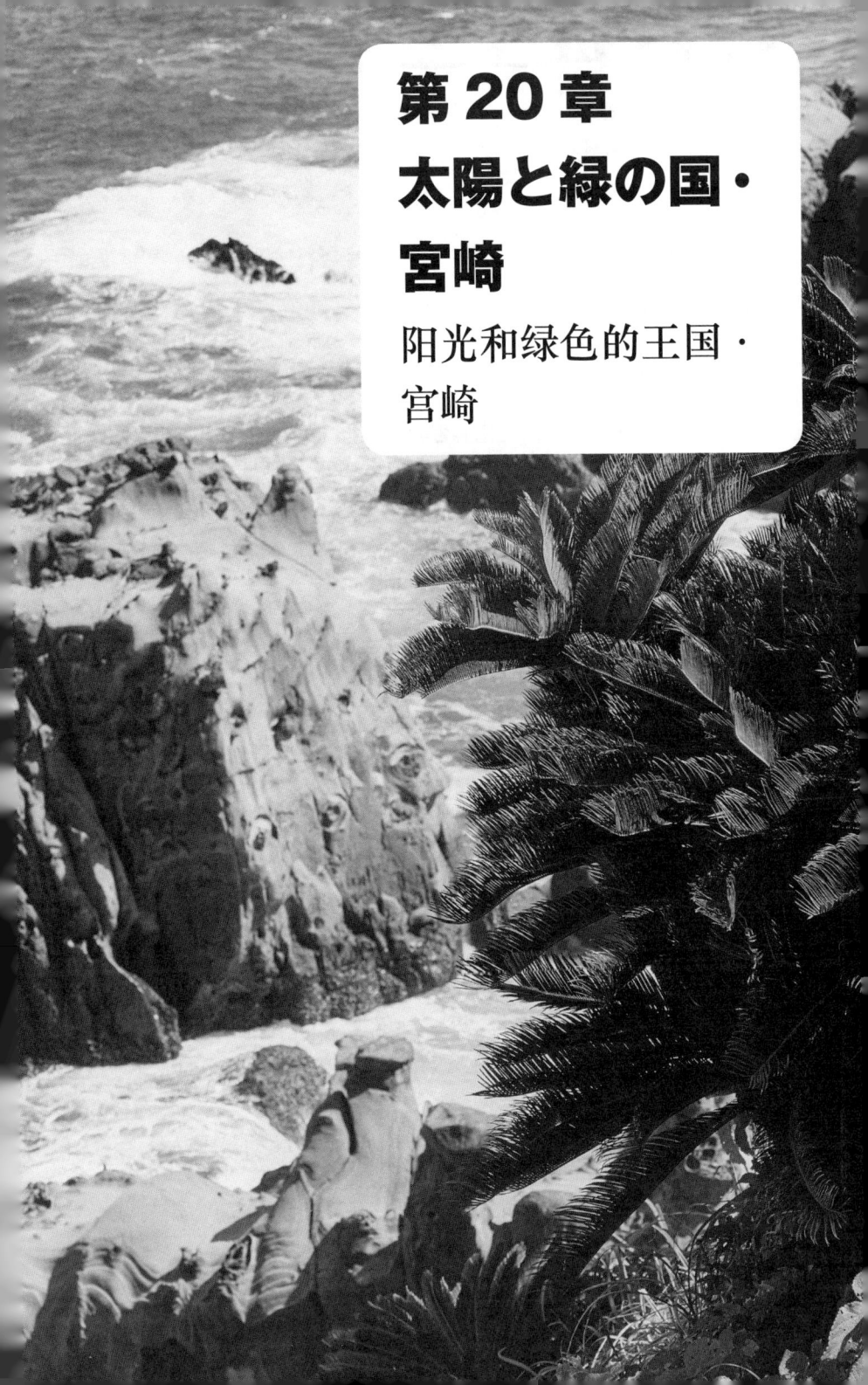

阳光和绿色的王国・宫崎

サンプルダイアローグ / 示例对话

ガイド：古代の史跡に興味があれば、宮崎県を観光するのをお勧めします。
観光客：なぜですか。
ガイド：**宮崎神宮**には、**伝説上日本の初代天皇**とされる神武天皇が祀られているのです。
観光客：なるほど。
ガイド：近くには博物館があり、地域の歴史に関する展示物や、埴輪など**考古学上の発見品**が収蔵されています。
観光客：そうですか。
ガイド：また、日本最大級の**西都原古墳群**が見学できます。この考古学的遺跡は、3～7世紀の300以上の多種多様な**埋葬塚（古墳群）**があることで有名です。
観光客：おもしろそうですね。
ガイド：「**高千穂**」と呼ばれる宮崎県北部地方の観光もお勧めです。そこは日本発祥の神話と関係の深い山村です。
観光客：この地域について、もう少し詳しく話していただけませんか。
ガイド：ここには、風光明媚な**高千穂峡**があります。柱状になった奇岩の多い断崖や、美しい**滝**が見られます。
観光客：なるほど。
ガイド：また、**天岩戸神社**があり、そこには天照大神が身を隠したと言われる洞窟があります。
観光客：天照大神に何が起こったのですか。
ガイド：岩戸神楽の舞によって洞窟から誘い出されたと伝えられています。この舞は「**神楽**」(⇒ Q&A 58) の原型とされています。
観光客：そうですか。知りませんでした。
ガイド：また、日本の誕生を記した神話の舞台である**高千穂峰**を観光することもできます。言い伝えによると、天照大神の孫であるニニギノミコトが、日本を統治するために天からこの山頂に降り立ったと言われています。
観光客：興味深いですね。

导游：如果您对古代的历史遗迹感兴趣的话，我给您推荐宫崎县。
游客：为什么？
导游：因为在宫崎神宫里供奉着传说中的日本第一代天皇神武天皇。
游客：是嘛。
导游：而且它附近有博物馆，那儿有与该地域历史相关的展示品，并收藏着陶俑等考古学上发现的物品。
游客：是吗？

第20章　太陽と緑の国・宮崎

导游：另外还可以参观日本最大的西都原古坟群。这个考古学遗址因为有3-7世纪间的300多座各种各样的埋葬塚（古坟群）而有名。
游客：好像很有意思啊。
导游：我给您推荐"高千穗"，它是宫崎县北部的一个旅游景点。那儿是一个和日本本土神话有着很深渊源的山村。
游客：能给我详细的说说那儿吗？
导游：这儿有风光明媚的高千穗峡谷。在那儿可见到美丽的瀑布、断崖，断崖上有很多呈柱状的奇石。
游客：噢。
导游：还有天岩户神社，神社里有据说是天照大神藏身的洞窟。
游客：天照大神怎么了？
导游：相传他是被岩户神乐的舞蹈从洞窟中引诱出来的。这个舞蹈就是"神乐"的原型。
游客：是吗？还真不知道啊。
导游：另外还可以看到高千穗峰，高千穗峰是形成日本诞生神话的舞台。据传天照大神的孙子琼琼杵神为了统治日本从天上降临到这个山顶。
游客：越来越有意思了。

アテンドの知識 / 相关知识

　　かつて「新婚旅行のメッカ」(the mecca for a honeymoon trip) と言えば宮崎。今ではプロ野球の読売ジャイアンツやサッカーJリーグなどの「キャンプのメッカ」(the mecca for camping) として知られています。しかし宮崎本来の姿は「太陽と緑と花の国」で知られる観光地です。

　　曾经一提到"新婚旅行的圣地"人们便会想到宫崎。现在宫崎作为职业棒球读卖希神队和足球J联赛的训练营而知名。然而宫崎本来是有名的"阳光、绿色和花海的王国"的旅游胜地。

太陽と緑と花の国 / 阳光、绿色和花海的王国

　　島全体に熱帯植物や亜熱帯植物が茂り、「鬼の洗濯板」(the fantastic eroded rock formations which look like a washboard) の奇岩で有名な「青島」(Aoshima islet. 周囲1.5km)、眼下にぱっと広がる太平洋と鬼の洗濯板の波状岩が見渡せる「堀切峠」(the Horikiri-toge Pass)、96kmに及ぶ美しいフェニックスとソテツの樹が並ぶ海岸線 (the beautiful coastline extending for 96 kilometers) の「日南海岸」(the Nichinan Coast)、自由に放牧された馬の群れやソテツの自生が見られる「都井岬」(Cape Toi) など、限りがありません。

第1部　日本の文化・観光

第2部　日本の世界遺産　文化遺産・自然遺産

宫崎到处生长着繁茂的热带植物和亚热带植物，境内有"青岛"（因"鬼之洗衣板"的奇石而有名）（周长 1.5km）、"堀切峠"（可一览无余浩瀚的太平洋和鬼之洗衣板的波状岩层）、"日南海岸"（总长 96km，住着美丽的不死鸟、生长着凤尾松的海岸线）、"都井岬"（可见到被自由放牧的马群和自生的凤尾松）等不胜枚举的景观。

建国の神話と宮崎神宮 / 建国神话和宫崎神宫

ところで、宮崎県は「古墳と神話の地」(the land of tumulus and mythology) としても有名です。宮崎県は 2 月 11 日の「建国記念の日」(National Foundation Day; National Founding Day)（★キーワード参照）と深い関係にあることをご存じですか。

宮崎神宮（Miyazaki Shrine）はうっそうとした深い緑の中に荘厳にたたずむ社殿をもちます。ここは初代天皇とされる神武天皇とその父君・母君を祭神とする伝統ある神社で、「神武さま」という愛称で市民に親しまれています。「建国記念の日」は、日本の初代天皇「神武天皇」が大和（奈良）の橿原で即位した日（紀元前 660 年 2 月 11 日）を伝える神話 (the legend that the first Emperor Jimmu ascended to the throne on February 11) に基づいて定められたのです。これは「アメリカの独立記念日」(Independence Day) のように史実に基づいた日ではありません。現在も議論を呼んではいますが、大部分の人は日本の建国を祝い、その発展を祈願しています。

宫崎县作为"古坟和神话之地"也很有名。大家知道吗，宫崎县和 2 月 11 日的"建国纪念日"有很深的关系。

宫崎神宫是伫立在郁郁葱葱的绿色大自然中的庄严的神殿。这个神社是座传统的神社，祭祀着第一代天皇神武天皇和他的父亲、母亲。被市民们敬称为"神武さま"。在日本有神话说纪元前 660 年 2 月 11 日是日本第一代天皇神武天皇在大和（奈良）的橿原即位的日子，"建国纪念日"则源于这个神话，并不是像"美国独立纪念日"那样基于历史事实。现在也有争论，大部分的人认为是祝贺日本建国，祈求国家发展而定的。

神楽 / 神乐

宮崎と言えば、もう 1 つ「お神楽」(the Shinto dance and music performed at Shinto shrine by young shrine maidens) があります。宮崎の北部に天岩戸神社 (Amano-Iwato-jinja Shrine) があり、ここでは天照大神 (the Sun Goddess) を祀っています。その社殿の背後には、天照大神が隠れたとされる「天岩戸の洞窟」(Amano-Iwato Grotto [Cave]) があります。そして天照大神を呼び出すために岩戸の前で乙女（アメノウズメノミコト）が面白く舞ったのです。これが神楽の原型だと言われています。

第20章　太陽と緑の国・宮崎

第1部　日本の文化・観光

　提到宫崎，还有就是"神乐"。宫崎北部有个天岩户神社，这儿供奉着天照大神。在神殿的后面有被认为是天照大神藏身处的"天岩户洞窟"。为了将天照大神从洞窟中吸引出来，年轻的女子在洞外欢快的跳舞。据说这就是神乐的原型。

高千穂峰 / 高千穂峰

　また宮崎県と鹿児島県の県境に高千穂峰（Mount Takachiho）がそびえています。この高千穂峰には、天照大神の孫であるニニギノミコトが日本を統治するために天からこの山頂に降りたという「天孫降臨」（⇒Q&A 59）の神話があります。神話の舞台として訪ねてみるのも、いにしえの薫りがして興味深いものです。

　モダンな「現在」とミステリアスな「過去」を秘めた地、それが「宮崎」なのです。

　在宫崎县和鹿儿岛县的交界处耸立着高千穂峰。这座高千穂峰有着"天孙降临"的神话，说的是天照大神的孙子琼琼杵神为了统治日本从天上降到此山山顶。如果去造访这座神话的舞台，定能体会到日本古老的韵味，颇有意思。

　同时蕴藏着神秘"过去"与时尚"现在"之地，而这，就是宫崎。

第2部　日本の世界遺産　文化遺産・自然遺産

187

Q&A 58　神楽

Q 神楽のルーツは何ですか。
神乐的起源是什么？

A

【主旨】

　　宮崎県の高千穂町は、天岩戸神社で演じられる「夜神楽」で知られています。この神社には、天照大神が身を隠した岩戸があります。

　　高千穂の伝説によれば、天照大神は兄弟（スサノオノミコト）に対して激怒し、洞窟（天岩戸）に身を隠しました。彼女の怒りを和らげるために、他の神（アメノウズメノミコト）が、洞窟の面前で滑稽な踊りをしたので、天照大神は、何事が起こったのかと思い岩戸から出てきました。初めて演じられた岩戸の舞は、現在も神社の祭典で演じられる神楽の原形だと言われています。

　　神楽は、神聖な場所に神を呼び降ろし、神道儀式を行うために、巫女が神社で演じる舞踊・音楽のことです。神楽は太鼓や笛の合奏を伴います。

　　宫崎县的高千穗町因为在天岩户神社演奏的"夜神乐"而有名。这个神社内有天照大神藏身的岩洞。

　　据高千穗的传说，天照大神被其兄弟（素戈鸣尊）惹怒，藏身于洞窟（天岩户）之中。为了平息她的愤怒，其他的神就在洞口跳滑稽的舞蹈，天照大神从岩洞中出来看外面发生了什么事。有人说就是当初表演的岩户的舞蹈成为了现在神社祭典时表演的神乐的原型。

　　神乐是指在祈求神来到神圣地方的神道仪式中，巫女在神社表演的舞蹈和音乐。神乐是鼓声和笛声的合奏。

高千穂神社　　　　　天岩戸神社

第20章　太陽と緑の国・宮崎

Q&A 59　天孫降臨

Q 天孫降臨についてお話しください。
请谈一下天孙降临。

A

【主旨】

　天孫降臨というのは、天照大神の孫であるニニギノミコトが、日本を統治するために天上から地上（高千穂の峰）に降ったという伝説のことです。

　ニニギノミコトは、日本の国を平定し、統治するために送られたのです。彼は、三種の神器（剣・鏡・曲玉）となった権力の象徴を賜り、その後、国の統治を開始したのです。

　彼のひ孫は激戦の末、大和地方を征服しました。その後、彼は日本の神話では初代天皇神武とされる人物となりました。神武天皇は、大和地方に朝廷を設けました。歴史上、7世紀頃、大和政権が1つのまとまった政治形態として制定されました。この朝廷が統治している時に、世襲的な天皇制が確立し、今日に至っています。今上の明仁天皇は、125代目に在位する天皇ということになります。

　天孙降临是天照大神的孙子琼琼杵神为了统治日本，从天上降临到地上（高千穗的山峰）的传说。

　琼琼杵神是为平定日本国，统治日本国而降临的。他赐给人类三件神器（剑、镜子、玺）作为权力的象征，之后就开始统治国家。

　他的曾孙在激战之后征服了大和。之后他就是日本神话中的第一代天皇神武天皇。神武天皇在大和设立了朝廷。在历史上，7世纪初，大和政权被制定为一个统一的政治形态。这个朝廷统治时期，确立了天皇世袭制，且直至今日。现在的明仁天皇是第125代在位的天皇。

高千穂渓谷

第1部　日本の文化・観光

第2部　日本の世界遺産　文化遺産・自然遺産

キーワード / 关键词

★建国記念の日 / 建国纪念日

建国記念の日は、日本の創建を記念した日で、国を愛する心を養うために2月11日にお祝いします。☆日本書紀によれば、紀元前660年のこの日に、日本の初代天皇である神武天皇が即位し、皇室の系列を創設しました。1873年、明治政府は、この祝日を「紀元節」の名で祝うことを決定しました。戦後は、歴史的な根拠がないと言われ、祝日とはみなされませんでした。しかし、1966年になると、「建国記念の日」の祝日として復活し、日本の建国を記念し祝い、また愛国心を培うために1967年に初めて施行されました。

　　　建国纪念日是纪念日本创建的日子。为了培养国民的爱国之心，定于2月11日庆祝。根据日本书纪记载，公元前660年的这一天，日本的第一代天皇神武天皇即位，创设了皇室系列。1873年明治政府决定把这个节日叫作"纪元节"来庆祝。战后，据说是没有历史根据，政府不认可这个节日。然而1966年，它又作为"建国纪念日"被使用，为了纪念日本建国和培养国民的爱国心，于1967年开始实施。

【参考】日本における「国民の祝日」/ 日本的"国民节日"

- 元日　　　　　　　元旦
- 成人の日　　　　　成人节
- 建国記念の日　　　建国纪念日
- 春分の日　　　　　春分
- 昭和の日　　　　　昭和之日
- 憲法記念日　　　　宪法纪念日
- みどりの日　　　　绿之日
- こどもの日　　　　儿童节
- 海の日　　　　　　海之日
- 敬老の日　　　　　敬老日
- 秋分の日　　　　　秋分
- 体育の日　　　　　体育节
- 文化の日　　　　　文化节
- 勤労感謝の日　　　劳动感谢日
- 天皇誕生日　　　　天皇诞生日

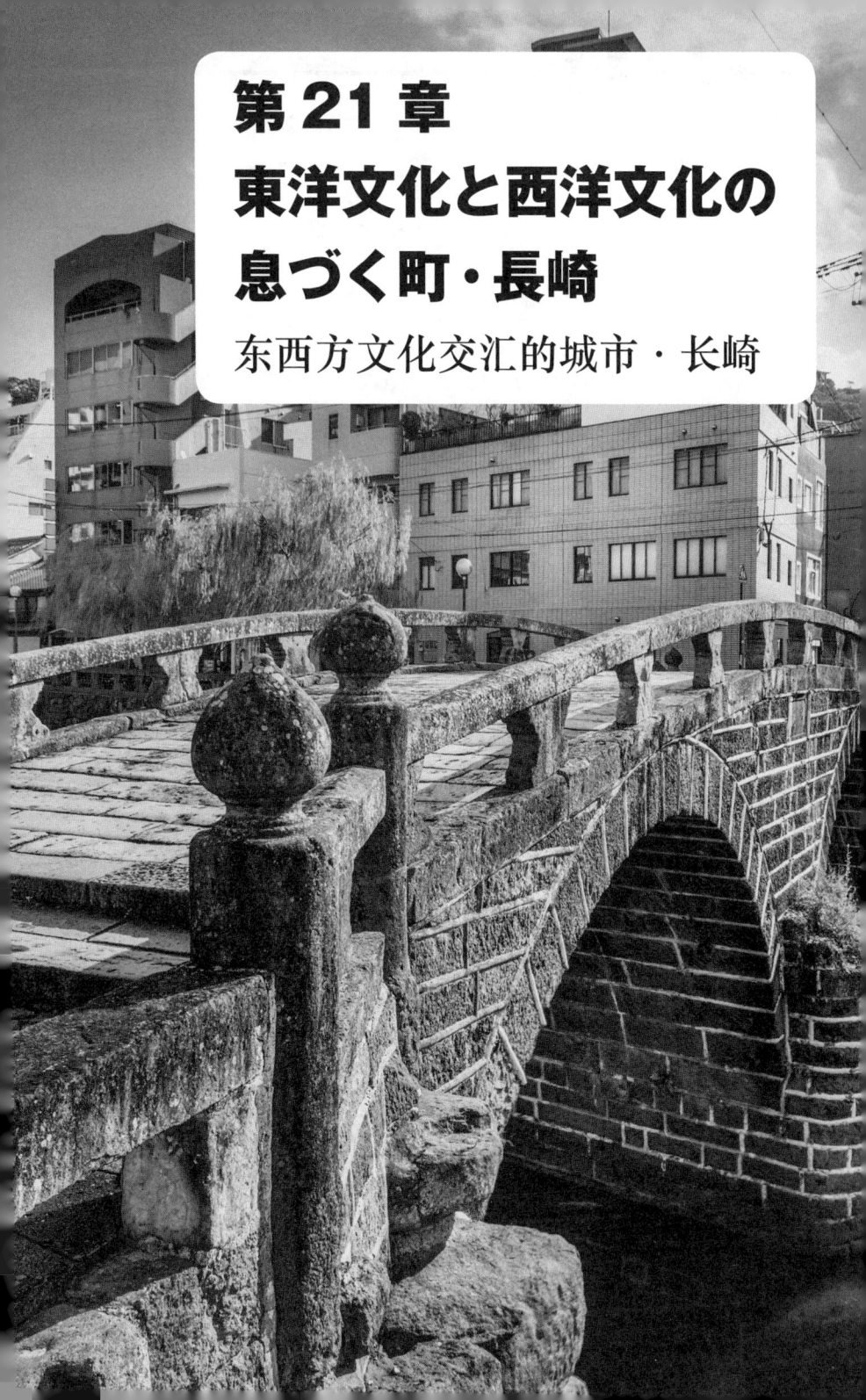

第21章
東洋文化と西洋文化の息づく町・長崎

东西方文化交汇的城市・长崎

サンプルダイアローグ / 示例対话

ガイド：ご存じのように、日本全国には多くの神社仏閣があります。しかし、日本におけるキリスト教の中心地として、非常に重要な役割を果たしてきた県が1つあります。

観光客：長崎県のことですね。

ガイド：そのとおりです。長崎県にはカトリック教会が多数あります。例えば、日本最古の**ゴシック建築**である**大浦天主堂**は、1597年に**十字架に架けられた** 26人のキリスト教信者を記念して建てられたものです。

観光客：なるほど。

ガイド：もう1つは**カトリック浦上教会**（旧称、浦上天主堂）です。現在の建物は、第二次世界大戦時に原爆によって破壊された後に再建されたものです。

観光客：そうですか。

ガイド：ええ。**日本26聖人殉教地**（⇒ Q&A 61）は、豊臣秀吉のキリスト教禁止令によって、1597年に26人のキリスト教信者が十字架に架けられた跡地です。浦上教会からは少し離れていますが、一見の価値があります。

観光客：この市には、キリスト教関連の歴史的名所がたくさんあるようですね。

ガイド：はい、そうです。市内だけでなく、**島原半島**にも江戸時代の隠れキリシタン（★キーワード参照）に関連する史跡が多数あります。

観光客：そういえば、若い頃にこの歴史について少し学んだことがあります。

ガイド：そうでしたか。この半島には「**雲仙地獄**」と呼ばれる小さな山があり、蒸気の煙を吹き上げることで有名です。信仰を捨てることを拒否したキリスト教信者が、蒸し殺された場所でもあります。

観光客：恐ろしいですね。

ガイド：**島原城**は、1637年のキリスト信者と農民による**一揆**、**島原の乱**と深い関係があります。そこでは有名なマリア観音像（★キーワード参照）を含め、キリスト教の**遺物**を多数見ることができます。

観光客：なるほど。

ガイド：平戸島は、16世紀に外国貿易のために開かれた日本最初の港として知られています。この島には、聖フランシスコ・ザビエルの日本来訪を記念して建てられた、**平戸ザビエル記念教会**もあります。

観光客：長崎には、キリシタン時代と関連する博物館がたくさんあるのですね。

导游：正如您所知，日本全国有很多的神社、佛阁。然而，在日本有一个县作为基督教的中心，有着非常重要的作用。

游客：是长崎县。

导游：是的。在长崎县有很多天主教教堂。例如：日本最早的歌德式建筑大浦天主教堂，就是为纪念1597年26名基督教徒被钉在十字架上而建。

游客：噢。

导游：还有一个天主浦上教堂（旧称浦上天主教堂）。现在的天主浦上教堂是第二次世界大战时被原子弹爆炸破坏后重建的。

游客：是吗？

导游：是的。日本 26 圣人殉教地是指 1597 年丰臣秀吉下令严禁基督教，26 位基督教徒被钉在十字架上的地方。这儿离浦上教堂有段距离，但是值得一看。

游客：在市区好像有很多与基督教相关的历史名迹啊。

导游：是的。不仅在市区，在岛原半岛上也有很多与江户时代的隐者天主教相关的史迹。

游客：这么说来，我年轻的时候关于历史也学过一点。

导游：是吗？这个半岛上有座被叫作"云仙地狱"的小山，因为山上会升起蒸汽般的烟雾而有名。这儿是拒绝放弃信仰的基督教徒被蒸死的地方。

游客：好可怕。

导游：岛原城与 1637 年基督教徒和农民暴动的岛原之乱有着很深的关系。在那儿能看到很多包括有名的玛利亚观音像在内的基督教的遗物。

游客：是呀。

导游：平户岛是日本 16 世纪初，为对外贸易而开设的最早的港口，它因此而有名。这个岛上有平户沙勿略纪念教堂。这是为纪念圣人弗朗西斯科·沙勿略来日本而建。

游客：在长崎有很多与天主教时代相关的博物馆啊。

アテンドの知識 / 相关知识

異国情緒あふれる町、長崎。鎖国時代（national seclusion period）にも外国との貿易を行い、東洋文化と西洋文化を取り入れたエキゾチックな町です。今では、オランダ坂やグラバー邸などの名所旧跡をはじめ、ハウステンボス（Huis Ten Bosch）、長崎オランダ村（Nagasaki Holland Village）、長崎バイオパーク（Nagasaki Biopark）などのテーマパーク（theme park）がつくられ、日本全国から多くの観光客を誘致しています。

京都や奈良に数多くの「神社仏閣」があるように、長崎にはキリスト教に関する「教会」や「聖堂」が数多く散在しています。日本におけるキリスト教（Christianity）の中心地として重要な役割を果たしている長崎は、キリスト教を生活基盤とする欧米の人々にとっては関心の的です。

充满异国风情的城市——长崎。长崎在日本锁国时代依然与外国进行

贸易活动，它是融合了东洋文化和西洋文化的、带有异国情调的城镇。现在在长崎有荷兰坡、格洛弗邸宅等有名的旧址，另外还有豪斯登堡、长崎荷兰村、长崎 BIO 动物园等主题公园，吸引了日本全国各地的游客。

就像京都、奈良有很多"神社"、"佛阁"一样，在长崎分布着很多与基督教有关的"教堂"、"圣堂"。长崎作为日本基督教的中心地发挥着重要的作用，也是以基督教为生活基础的欧美人所关心的地方。

カトリック浦上教会（旧称、浦上天主堂）/ 天主浦上教堂（旧称浦上天主教堂）

カトリック浦上教会（Urakami Cathedral）は、東洋一と言われる赤レンガ造りのロマネスク式教会（Romanesque church）です。1873 年キリシタン禁制が解かれたキリスト教信者は村に帰り、1925 年にこの天主堂を建立し、信仰の深さを示しました。その後、1945 年の長崎原爆で焼失しましたが 1959 年に再建されました。被爆を免れた「長崎の鐘（アンゼラスの鐘）」（the Bells of Nagasaki）は昔のままの姿で塔上で今も鳴り響いています。1962 年には司教座聖堂（cathedral ☆ church ではない）になり、信者数は日本最大規模のカトリック教会です。「被爆聖アグネス像」（Atomic bombed St. Agnes）は国連本部（the United Nations Headquarters）に安置されています。

天主浦上教堂是被称为东洋第一的红瓦罗马风格教堂。1873 年天主教被解禁，教徒们回到村里，1925 年建立这个天主教堂，代表着他们虔诚的信仰。之后，该教堂被长崎原子弹爆炸所烧毁，1959 年重建。免于受原子弹爆炸破坏的"长崎之钟"现在依然是原来的样子，在教堂上敲响。1962 年这座教堂改为司教座圣堂，是信徒最多的天主教会。"被爆圣女安格尼斯像"被放置在联合国本部。

大浦天主堂 / 大浦天主教堂

大浦天主堂（Oura Church）は日本最古のゴシック様式の教会（Gothic church）で 1953 年には国宝（national treasure）に指定されました。1597 年に殉教した「日本 26 聖人殉教者」を記念して 1865 年にフランス人宣教師によって木造で建立され、1875～1879 年には煉瓦造りで改築されました。堂内のステンドグラスの光が厳かな雰囲気を漂わせています。

大浦天主教堂是日本最古老的哥特式教堂，1953 年被指定为国宝。大浦天主堂是座木制建筑，由法国人传教士建于 1865 年，是为纪念 1597 年殉教的"日本 26 圣人殉教者"，1875-1879 年被改造成砖造建筑。教堂内的彩色玻璃让它显得庄严、肃穆。

第 21 章　東洋文化と西洋文化の息づく町・長崎

日本 26 聖人殉教地 / 日本 26 圣人殉教地

　日本 26 聖人殉教地（the Site of Martyrdom of the 26 saints of Japan）は、豊臣秀吉によって発令されたキリスト教禁止令（the prohibition of Christianity）の結果、26 人のキリスト教信者が 1597 年に十字架に磔にされ、処刑された殉教の地です。

　日本 26 圣人殉教地是丰臣秀吉颁布基督禁教令，1597 年 26 名基督教徒被钉在十字架上处刑殉教的地方。

平和祈念像 / 和平祈念像

　長崎といえば、広島と同様に原爆被災地です。長崎市の平和公園の北端には平和祈念像（Peace Memorial Statue）（⇒Q&A 60）が建てられています。神の愛と仏の慈悲を象徴しています。

　长崎和广岛一样都是原子弹爆炸的受害地。人们在长崎市和平公园的北端，建造了和平祈念像。这座祈念像象征着神的爱眷和佛的慈悲。

島原半島と島原城 / 岛原半岛和岛原城

　島原半島（the Shimabara Peninsula）には、日本で最初に指定された国立公園の 1 つである雲仙と、1990 年代初頭に激しい噴火を起こした普賢岳があります。また、この島原はキリシタン弾圧で有名な場所でもあり、近くには煮えたぎる蒸気の濃霧がたちこめる「雲仙地獄」があり、信仰を捨てることを拒否するキリスト教信者が焼死させられた場所でもあるのです。

　島原城（Shimabara Castle）は徳川時代で最大の反乱であったと言われる島原の乱（the Shimabara rebellion）で、キリシタン弾圧に苦しむキリスト教信者と重税に悩む農民による反乱軍の立てこもった城です。現在の天守閣は、1964 年に復元され、キリシタン史料館になり、そこにはマリア観音像（Maria-Kannon Images）（★キーワード参照）を含め、キリスト教信者の遺物（relics of Christians）が収蔵されています。

　岛原半岛上有日本最早被指定为国立公园的云仙和 1990 年代初期强势喷发的普贤岳火山。另外这个半岛也因为镇压天主教而有名，同时还有被大量的蒸汽形成的浓雾所笼罩的"云仙地狱"，是烧死拒绝丢弃信仰的基督教徒的地方。

　岛原城被认为是德川时代最大叛乱岛原之乱爆发的地方，是苦于被镇压的天主教徒和难负重税的农民组成起义军的地方。现在的天守阁 1964 年被复原，成为天主教史料馆，那儿收藏着包括玛利亚观音像在内的基督教徒的遗物。

平戸島 / 平户岛

　平戸島（the Hirado(-shima) Island）は外国貿易のために門戸を開いた日本最初

の港です。早くから西欧や中国の文化を取り入れ、キリシタン文化の影響を受けた島です。この島には聖フランシスコ・ザビエルの平戸来訪を記念して1931年に建てられた平戸ザビエル記念教会（Hirado St. Xavier Memorial Church）があります。また殉教と関連のある隠れキリシタンの遺構（★キーワード参照）がこの島に散在しています。

　　平户岛是为进行对外贸易而开设的日本最早的港口。这个岛从很早便接受西欧和中国文化，是受天主教文化影响的岛。这个岛上有1931年为纪念圣人弗朗西斯科·沙勿略来访平户而建的平户沙勿略纪念教堂。另外还分布着和殉教相关的隐者天主教的旧建筑物。

五島列島 / 五岛列岛

　　五島列島（the Goto Islands）には、多くの入江（inlet）、海峡（strait）、絶壁（cliff）、それに温泉をもつ5つの主要な島と、約150の小島（islets）があります。この諸島にも、江戸時代以降は多くのキリスト教信者が住んでいた村落があります。

　　五岛列岛是由很多河流入口、海峡、绝壁、拥有温泉的5个主要岛屿和大约150个小岛组成。这些岛上在江户时代以后有很多基督教徒居住的村落。

天草諸島 / 天草诸岛

　　天草諸島（the Amakusa Islands with the unspoiled coastal scenery）は、今も損なわれていない美しい海岸の景色をもつ、大小120余の島々です。しかしこの美しい風土の背景には、天草四郎（1621-1638）をはじめとするキリシタン悲哀の歴史があります。天草諸島と九州本土を陸続きにする「天草五橋」（the Five Amakusa Bridges）は「夢の架け橋」と呼ばれ、国道266号は「天草パールライン」（Amakusa Pearl Line）の愛称で親しまれる有名な国際観光ルートとなっています。

【注】「長崎の教会群とキリスト教関連遺産」は、4世紀にわたるキリスト教を通じた日本と西欧の交流や、独特の宗教・文化的伝統を今に顕示する資産として、2016年のユネスコ世界文化遺産登録に向けて推薦されることが閣議了解を経て正式に決定されました。（2015年1月16日）

　　天草诸岛有至今尚未被破坏的美丽的海岸线，由大小120个岛组成。然而，在这块美丽的大地上有以天草四郎（1621-1638）为首的天主教徒悲痛的历史。天草诸岛和九州本土相连的"天草五桥"被称为"梦之桥"，是国道266号"天草珍珠线"的爱称，"梦之桥"受人喜爱，成为有名的国际旅游路线。

　　【注】"长崎教堂群和基督教相关遗产"是4世纪时日本通过基督教与西欧的交流，将独特的宗教、文化传统保留至今的资产，2016年通过内阁同意向世界教科文组织世界文化遗产推荐，并被正式列入。（2015年1月16日）

第21章　東洋文化と西洋文化の息づく町・長崎

Q&A 60　平和祈念像

Q ブロンズの平和祈念像は、何を訴えているのですか。
青铜的和平祈祷像在告诉我们什么？

A

【主旨】

　ブロンズの「平和祈念像」の左腕は水平に伸び、右腕は天を指しています。水平に伸びる左腕は「世界平和」を象徴し、天を指す右腕は「原爆の脅威」を示しています。閉じた目は、「原爆犠牲者の冥福を祈る姿」です。4メートル高さの台座に座る9.7メートルの像は、1955年に完成した北村西望氏の作品であり、原爆被害者に捧げる記念碑です。

　この像は、1945年8月9日に投下された原爆の爆心直下地につくられた長崎平和公園にあります。ブロンズの平和祈念像を含め、この平和公園は、あの運命の日を追想するもの、また原爆の破壊力に対する警告として今に至っています。

　　青铜的"和平祈祷像"左手水平伸直，右手指向天空。水平伸直的左手象征着"世界和平"，指向天空的右手代表着"原子弹爆炸的威胁"。铜像闭着眼睛，是"为原子弹爆炸牺牲者祈福的姿势"。这座铜像是北村西望氏的作品，完成于1955年。铜像身长9.7米，底座高4米，是纪念原子弹爆炸受害者的纪念碑。

　　这座祈祷像坐落在长崎和平公园，处于1945年被投原子弹爆炸的正中心位置。和平公园包括铜制和平祷像，既有对爆炸时的追忆，也是作为对原子弹爆炸破坏力的警告保存至今。

Q&A 61 日本 26 聖人殉教地

Q 日本 26 聖人殉教地とは、どのようなものですか。
日本 26 圣人殉教地是什么样的地方?

A

【主旨】

　石の浮き彫り細工で彫刻された 26 殉教者の聖人に捧げられた記念碑で、1962 年に西坂公園に建てられました。記念壁には、1597 年に当地で十字架に架けられ処刑された外国人のカトリック神父と修道士 6 人、そして日本人のキリスト教信者 20 名が描かれています。中には、弱冠 12 歳と 13 歳の少年も加わっていました。信仰を捨てれば生命は救われたにもかかわらず、十字架上での死を選びました。26 人の殉教者は、1862 年教皇から聖人の列に加えられました。

　カトリック教は 1549 年フランシスコ・ザビエルによって日本へ伝えられました。大阪や長崎などでは新宗教キリスト教信者が急増しました。豊臣秀吉はその新宗教の潜在的な社会変革の力を恐れ、キリスト教の禁教令を日本全国に発布しました。

　　纪念 26 名圣人殉教者的纪念碑是一座精工细雕的石刻浮雕，1962 年立于西坂公园。纪念壁上雕刻着 1597 年在当地被钉在十字架上处死的外国人天主教神父和 6 名修道士，以及 20 名日本的基督教徒。其中有 12 岁和 13 岁的少年。尽管如果他们丢掉信仰便可免于一死，但是他们却选择了死在十字架上。26 名殉教者 1862 年被教皇加入圣人之列。

　　丰臣秀吉听闻外国人（西班牙人）能轻易地侵入日本，日本的当权者们害怕基督教的强大影响。因此，丰臣秀吉下令严禁基督教。

第21章　東洋文化と西洋文化の息づく町・長崎

> キーワード / 关键词

★隠れキリシタン / 隐者天主教

隠れキリシタンと言えば、江戸時代にキリスト教禁止令の発令中、キリスト教の信仰を隠れて遵守したキリスト教信者のことです。

多くのキリスト教信者は、迫害を逃れるために信仰を捨てるように強要されました。しかし、信者によっては、信仰を守るために密かに地下にもぐる者もおれば、人里離れた地域で信仰を堅持した者もいます。信者によっては、観音菩薩に似せた聖マリア像（マリア観音像）を保持しながら仏教徒に変装する者もいました。ある信者は、地蔵菩薩に偽装するイエス像と共に自宅に十字架を密かに保管していました。疑わしいキリスト教信者は、信者でないことを証明するために、幼子イエスを抱く聖マリアの絵画を踏む（踏み絵）ように強要されました。1873年明治維新の時、外国からの訴えでキリスト教禁止令は廃止されました。

　　　隐者天主教是指在江户时代基督教被禁止时，隐藏起自己的基督教的信仰，实际在遵守基督教教规的基督教徒。

　　　为逃避迫害，很多基督教徒被迫丢掉信仰。然而，为了保持信仰，他们有人秘密在私底下信仰，也有人去了无人烟的地方坚持自己的信仰。有的信者保存了酷似观音菩萨像的玛利亚像（玛利亚观音像），伪装成佛教教徒。有的信者把耶稣像乔装成地藏菩萨，和十字架一起秘密得保存在家里。可疑的基督教信者，为证明自己不是教徒，被强制要求踩踏抱着幼子耶稣的圣母玛利亚的画像。1873年明治维新时期，因为来自国外的控告，基督教禁教令被废除。

第22章
美しいサンゴ礁に囲まれた島・沖縄
美丽珊瑚礁环绕之岛・冲绳

サンプルダイアローグ

ガイド：ご存じのように、この島には第二次世界大戦の**激戦地**が多く、多くの兵士と市民が尊い命を失った場所でもあります。

観光客：敗戦は免れないとして現地で亡くなった女子高生と、その教師に捧げられた「**ひめゆりの塔**」（⇒Q&A 63）に関する本を読んだことがあります。

ガイド：沖縄戦跡国定公園にある場所をいくつか紹介しましょう。ここは、第二次世界大戦中に日本の最後の砦となった場所です。戦争記念碑が多数並ぶ公園には、死者に対して敬意を表すために大勢の人が訪れます。

観光客：平和への祈りには、"No more Okinawas"（★キーワード参照）の標語を入れる必要がありますね。

ガイド：その通りです。沖縄滞在中には、14世紀頃に創建され、15世紀に確立された**首里城**を是非訪れてみてください。**古代琉球王朝**の美しさを見ることができますよ。この城は2000年には日本の世界遺産として登録されました。

観光客：この城の正門である「**守礼門**」（⇒Q&A 62）も見られますか。

ガイド：もちろんです。この門は沖縄のシンボル的な存在であり、また伝統的な琉球建築の粋を極めたものとして知られています。

観光客：素晴らしいですね。沖縄には、海辺の絶景と美しい**亜熱帯植物**もありますよね。

ガイド：そうです。ご存じのように、沖縄は多種多様な亜熱帯の魚類や植物、珊瑚礁のある美しい自然環境に恵まれています。

観光客：沖縄には、独特の琉球文化遺産もたくさんあると思うのですが。

ガイド：はい、多数ございます。例えば、**沖縄の染物**「**紅型**」があります。花、鳥、山河などの独特のデザインを施し、明るい色合いで染め上げたものです。他にも、三線音楽や、民謡や楽器で伴奏された琉球舞踊といった様々な伝統芸術が楽しめますよ。

観光客：おもしろそうですね。

导游：正如您所知，这个岛有很多第二次世界大战时的发生激战的地方，有很多士兵和市民在这儿失去了宝贵的生命。

游客：我读过关于"姬百合之塔"的书，这座塔祭奠是在日本即将战败时当地牺牲的女高中生及她们的老师们。

导游：我给您介绍冲绳战迹国定公园里的几处地方吧。这儿是第二次世界大战中日本最后坚守的地方。这个公园里立着很多战争纪念碑，有特别多的人为表达对死者的敬意而来到这里。

游客：为祈祷和平，有必要在这儿放"No More Okinawas"的标语。

第22章　美しいサンゴ礁に囲まれた島・沖縄

导游：是的。来冲绳一定要去看看14世纪创建、15世纪建成的首里城。在那儿可见到古代琉球王朝的美。这座城于2000年被列入为日本的世界遗产。
游客：能见到首里城的正门"守礼门"吗？
导游：当然可以。这个门是冲绳的象征，是传统的琉球建筑中的精粹。
游客：太好了。在冲绳还有壮丽的海岸和美丽的亚热带植物。
导游：是的。正如您所知，冲绳有各种各样亚热带的鱼类、植物、珊瑚礁等美景。
游客：我想冲绳还有很多独特的琉球文化遗产。
导游：对，有很多。像冲绳织染物"红型"。这是一种有独特的花、鸟、山河的设计，并且色泽鲜艳的织染物。另外还有三弦音乐、民谣以及由乐器伴奏的琉球舞蹈等各种传统艺术。
游客：好像很有意思啊。

アテンドの知識 / 相关知识

「メンソーレ、沖縄」（Welcome to Okinawa.）

　沖縄といえば、世界でも類をみない亜熱帯魚（subtropical fish）や亜熱帯植物（subtropical plants）、さらにはサンゴ礁（coral reef）の海と大小100余の島々に囲まれた、美しい自然環境に恵まれた地上の楽園。その沖縄の歴史を少し振り返ってみましょう。

　　"欢迎来到冲绳"
　　冲绳四周由大小100余座的岛屿环绕，是自然环境优美的地上乐园。它境内有在世界上罕见的亚热带鱼、亚热带植物，还有生长着珊瑚礁的大海。我们回顾一下冲绳的历史吧。

琉球王国の城跡、首里城 / 琉球王国的城迹、首里城

　15世紀頃の沖縄には琉球王国（the Ryukyuan Kingdom）があり、中国・朝鮮・東南アジア諸国との貿易で栄えていました。その後、明治時代には「沖縄県」が生まれました。第二次世界大戦の激戦地（the bloodiest battlefield）であった沖縄は、戦後米国の占領下に置かれましたが、1972年に沖縄の日本復帰（the return of Okinawa to Japan）が実現しました。3年後の1975年に沖縄国際海洋博覧会（Okinawa International Oceanic Exposition）が開幕し、世界の注目を浴びました。沖縄戦で焼失した首里城（Shuri Castle）の正殿も1992年には沖縄本土復帰20周年を記念して復元されて色鮮やかによみがえり、一般公開され今に至っています。首里城の空間配置は北京の紫禁城（the Forbidden City）に代表される中国

203

の宮殿様式と非常に似ており、中国との親密な関係がしのばれます。(⇒第2部「日本の世界遺産」)

15世纪时，冲绳有琉球王国，琉球王国与中国、朝鲜、东南亚各国互通贸易，十分繁荣。之后，明治时代设立了"冲绳县"。曾是第二次世界大战激战地的冲绳战后处于美国的占领下，1972年实现了回归日本。3年后的1975年，冲绳国际海洋博览会开幕，受到世界瞩目。在冲绳之战中烧毁的首里城的正殿也于1992年作为冲绳本土回归20周年纪念被复原，得以光鲜复活，且被公开至今。首里城内的空间配置和北京紫禁城所代表的宫殿样式十分相似，它使人联想到中国和冲绳的亲密关系。

平和記念の地としての沖縄 / 作为和平纪念地的冲绳

沖縄海洋博の跡地に造られた海洋博公園と復元された首里城を中心とする首里城公園（Shuri Castle Park）がある国営沖縄記念公園（Okinawa Commemorative National Government Park）は、世界の観光客を集めています。また多くの人が沖縄戦跡国定公園（Okinawa Old Battlefield Quasi-National Park）には必ず足を向けますが、中でも沖縄平和祈念公園（Okinawa Memorial Peace Park）には慰霊碑（a cenotaph）や慰霊塔（a memorial tower (dedicated to the unknown war dead)）が数多く建てられ、屏風状の石碑に戦没者の名（約24万）が刻まれた「平和の礎」(いしじ)(the Cornerstone of Peace; the Peace Memorial Stone)には今も身内の名前を探す遺族の姿が見られます。世界中に知られている「ひめゆりの塔」(⇒Q&A 63)は、日本の敗北が近づいたとき当地で尊い生命をささげた、女学生とその教師で結成された従軍看護婦の慰霊碑（a cenotaph dedicated to the dead students and teachers）です。戦後約70年を経た現在でも線香や献花が絶えることがありません。ひめゆり平和祈念資料館（the Himeyuri Peace Museum）では、ひめゆり学徒の展示とともに、その体験が語られ、聞く人の心を揺さぶります。

2000年の初夏、世界の首脳が一同に会する「九州・沖縄サミット」が沖縄名護市で開催されました。東京ではなく、沖縄での開催に意義がありました。沖縄で経験した戦争の悲劇（the war tragedy）を繰り返してはいけないことを、世界の人々にもう一度訴える必要があり、その重要性は今日益々高まっていると言えます。

在冲绳海洋博的遗址上建造的海洋博公园和以首里城为中心复原的首里城公园是国营冲绳纪念公园，它们聚集了世界各地的游客。另外有很多人必去冲绳战迹国定公园，在这里的冲绳和平祈念公园里建了很多的慰灵碑、慰灵塔，屏风状的石碑上刻着牺牲者的名字（约24万），这座石碑被叫作"和平之基"，现在依然能看到很多人在那上面找自己至亲之人的名

第 22 章　美しいサンゴ礁に囲まれた島・沖縄

字。世界有名的"姫百合之塔"就是日本在临近战败之时，在当地奉献了自己宝贵生命的女学生和老师们组成的从军军医的慰灵碑。从战后至今，历经 70 年香火及鲜花不断。在姫百合和平纪念馆里展出着姫百合学生的照片，她们的事迹被传颂，震撼着听者们的心。

2000 年初夏，世界首脑会面的"九州、冲绳峰会"在冲绳名护市召开。此峰会不选在东京而在冲绳，有着其重要的意义。可以说有必要再次向世界宣布，不要再重复冲绳所经历的战争悲剧了，而且其重要性也日见高涨。

サンゴ礁の海と玉泉洞 / 生长着珊瑚礁的大海和玉泉洞

　沖縄本来の観光の特色は、なんと言っても美しいエメラルドグリーンの海とサンゴ礁（coral reef）に囲まれた日本のトロピカルゾーンでしょう。ここの海は、深さによって青からエメラルド色、濃い紺色と多様に変化します（It changes in color from blue to emerald and deep indigo depending on its depth.）。また清流の流れる美しく壮観な鍾乳洞（stalactite cave）である玉泉洞（Gyokusendo Cave with spectacular limestone formations）も見逃すことができません。全長 5 キロメートルにも及ぶ洞窟内にある無数の石筍（stalagmites）は東洋一であり、100 万以上の鍾乳石（stalactites）も必見です。

　冲绳固有的观光特点是美丽的碧绿色的大海和被珊瑚礁包围着的日本热带地区。这片海，根据深度不同海水的颜色从蓝色变成祖母绿色、深蓝色等。另外不能不提接着清泉的美丽壮观的钟乳洞玉泉洞。这座全长 5 公里的洞窟内有无数的石笋，是东洋第一大钟乳洞，而且洞内的 100 万个以上的钟乳石也是必看的。

伝統工芸の紅型、天然記念物イリオモテヤマネコ / 传统工艺红型、天然纪念物西表山猫

　沖縄の伝統工芸の代表格は「紅型」（cloth dyed in colorful patterns）です。これは 400 年の歴史をもつと言われ、一枚の型紙から多彩な模様を染め分けて作る織物です。

　九州の南端と台湾との間の約 1,200 キロに及び連なる諸島からなる沖縄県は、世界でも珍しい国の特別天然記念物「イリオモテヤマネコ」（the Iriomote wild cat）の生息地である西表島、島の多くがサトウキビ畑（sugarcane field）で覆われる石垣島など変化に富んだ観光地です。沖縄リピーター（★キーワード参照）が多いのもうなずける気がします。

　冲绳的传统工艺代表作品是"红型"。据说它已有 400 年的历史，是把一张漏花纸纸板分别染上各种图案制作而成的纺织品。

第 1 部　日本の文化・観光

第 2 部　日本の世界遺産　文化遺産・自然遺産

在九州南端和中国台湾之间，约1200公里，有很多小岛，它们相连在一起组成冲绳县，在冲绳有世界罕见的国家特别天然纪念物"西表山猫"。而且西表山猫的栖息地西表岛，以及种植着很多甘蔗的石垣岛等都是富有变化的旅游景点。人们多次故地重游冲绳也是可以理解的。

守礼门

第22章　美しいサンゴ礁に囲まれた島・沖縄

Q&A 62　守礼門

Q 守礼門とは、どのような門ですか。
守礼门是什么样的门？

A

【主旨】

　守礼門は、首里城へ通ずる公式楼門です。この門は、中国皇帝から賜った「平和を守る国」という意味の「守礼之邦」が刻まれた額を掲げるため16世紀初頭に創建されたものです。建造物は、第二次世界大戦時に破壊されましたが、1958年、原形に似せて復元されました。中国建築のように見えますが、実際は、琉球様式の代表的なもので、世界に類するものはありません。

　今では沖縄の観光シンボルとなり、観光客の団体は必ずといってよいほど、この門の前に並んで記念写真を撮ります。この守礼門の絵は、2千円札の中にも見られます。

　守礼门是通往首里城的正式楼门，建造于16世纪初期。这个门是为了挂中国皇帝赐给的，表示"爱护和平之国度"的"守礼之邦"的匾额。这座建筑在第二次世界大战时被破坏，1958年按照其原型进行了复原。它看上去像中国的建筑，但实际上是琉球样式的代表作，在世界上绝无仅有。

　现在守礼门作为冲绳的观光象征，游客们可以说是必到此游览，且在门前拍照留念。在2千日元的纸币上也印着守礼门的画。

Q&A 63　ひめゆりの塔

Q ひめゆりの塔をご紹介ください。
请介绍一下姫百合之塔。

A

【主旨】

　ひめゆりの塔は、女子高校生とその教師たちの戦死を記念して建てられた慰霊碑です。第二次世界大戦後、同窓生の手で慰霊碑がつくられました。

207

米軍が沖縄に侵入した1945年の3月23日に、日本軍は、240名の野戦病院の看護婦団を結成しました。その看護婦の大部分は、女子高校生とその教師でした。米軍の進入で行き詰まった彼女たちは、地下壕から逃れることはまったく不可能でした。そこで彼女たちは白衣を制服に着替え、校歌を歌いながら手榴弾で一緒に自決したのです。彼女たちのほとんどは戦死し、戦争で生き残った看護婦はわずかでした。

　戦争の悲惨さを伝えるこの話は、小説や映画を通して国内外で知られるようになりました。

　姫百合之塔是为纪念女子高中生和老师们的战死而建的慰灵碑，是第二次世界大战之后由他们的同学建造的。

　1945年3月23日，美军侵占冲绳，日本军组成了240名野战医院的护士团。其中大部分的护士是女子高中生和她们的老师。由于美军的逼近，在地道中的她们无路可逃，于是她们把白色的护士服换成制服，唱着歌用手榴弹集体自杀。她们中的大部分都战死，在战争中生存下来的护士只有极少数。

　这个故事表达的是战争悲剧，并通过小说、电影被国内外所了解。

キーワード / 关键词

★ノーモア・オキナワ / No More Okinawas
「沖縄の悲劇を二度と繰り返すな」"冲绳的悲剧不要再重演"

「ノーモア・ヒロシマ」の英語、**No more Hiroshimas.**（複数形に注意）のフレーズは「もう二度と広島の惨劇は繰り返すな」という意味です。ここでは広島（固有名詞）という「都市」ではなく「広島が受けたような悲劇」という普通名詞的意味になります。**No more Hiroshma.**（単数形）とすると「もはや広島は存在しない」また「広島なんかなくなってしまえ」という意味になってしまうので注意が必要です。☆ No More ~「~はもうたくさんだ」。

　"ノーモア・ヒロシマ"的英语"No More Hiroshimas"（注意复数形式），这个短句的意思是"广岛的悲剧不要再重演"。在这儿广岛（固有名词）并不是一个"城市"，它的意思已变成"像广岛这样的悲剧"这样的普通名词。如果是 No more Hiroshima（单数形式）的话，意思就会变成"广岛已经不存在"或者"已经没有广岛了"，这点需要注意。**No More** 的意思是"已经有很多了"。

第22章　美しいサンゴ礁に囲まれた島・沖縄

★リピーター
日本では、「何回も繰り返して」経験する「旅行者」(frequent traveler)、「飛行機利用者」(frequent flyer) または「ホテル宿泊者」(frequent hotel stayer) の人を指すときに「リピーター」を用いますが、英語の repeater には「常習犯、留年生」等の意味があります。そのため repeater の用語を避けて、次のように表現する方がよいでしょう。
　　在日本，在表示有"反复多次"经验的"旅行者"、"乘坐飞机的人"或"住宾馆的人"时，使用"リピーター"这个词，英语中的 repeater 指的是"惯犯、留级生"。因此一般不使用这个词，采用下面的表达方式。

獅子像

第23章
日本三景のチャンピオン・松島

日本三大景之冠・松岛

サンプルダイアローグ / 示例对话

観光客：先日、美しい「松島」の写真を見ました。
ガイド：ご存じのように、**松島**（⇒ Q&A 64）は、広島の宮島・京都の天橋立と並ぶ日本三景の1つになっています。
観光客：そうなのですか。
ガイド：はい。松に覆われた小島の点在する美しい湾と、静かな海岸を誇りにしているのです。
観光客：素敵ですね。
ガイド：松島湾にある島の多くが、**海食**によって不思議な形をしています。その中には、海水によって造られた穴のあいた洞窟やトンネル、アーチ門などもあります。
観光客：松に覆われた島と海は、緑と青の美しいコントラストを見せていますね。
ガイド：はい。アーチ型の短い橋で海岸とつながる小島には「**五大堂**」と呼ばれる小さな木造の**礼拝堂**が見えます。
観光客：写真に映っていた松で覆われた小島にある五大堂は、有名な松島のシンボルですね。
ガイド：そのとおりです。危険にさらされた地にありながら、2011年3月11日の東北大地震と津波の大きな被害から免れました。
観光客：よかったですね。ところで、岩の崖にある、あの小さな別荘に行くことができますか。
ガイド：はい、大丈夫です。あの別荘は「**観瀾亭**」と呼ばれ、月見を行う**高貴な場所**です。中には茶室もありますよ。
観光客：本当ですか。是非そこで日本茶を頂きたいですね。
ガイド：もちろん、行きましょう。松島海岸を離れる前に、有名な観光スポットがもう1つあります。
観光客：どんなところですか。
ガイド：828年に建立された、代表的な仏教寺院「**瑞巌寺**」（⇒ Q&A 65）です。現存する建物は、1604年に武将伊達政宗によって、伊達家の**菩提寺**として再建されたものです。
観光客：そこまではどれくらいかかりますか。
ガイド：それほど遠くありません。五大堂から数分ほどです。
観光客：そうですか。
ガイド：17世紀初頭の素晴らしい芸術性がしのばれる、彫刻や絵画を鑑賞することができます。

游客：前些天我看了美丽的"松岛"的照片。
导游：正如您所知，松岛和广岛的宫岛、京都的天桥立合称为日本三大景。

第 23 章　日本三景のチャンピオン・松島

游客：是吗？
导游：是的。松岛上有美丽的海湾，那儿有很多长满松树的小岛，还有安静的海岸。
游客：好美啊。
导游：松岛湾的很多小岛因为海水侵蚀，形成令人不可思议的形状。其中有由海水冲蚀形成的带洞的洞窟、隧道、拱形门等。
游客：长满松树的小岛和大海，让我们看到了绿与蓝的美丽对比啊。
导游：是的。拱形的短桥把海岸和小岛相连，在小岛上有一座叫作"五大堂"的小型木制礼拜堂。
游客：照片上拍摄的满是松树的小岛上的五大堂是有名的松岛的象征。
导游：是的。它位处危险的地方，而 2011 年 3 月 11 日的东北大地震和海啸它都幸免于难了。
游客：太好了。可是能去那些位于岩石的悬崖上的小别墅吗？
导游：没问题的。那个别墅叫作"观澜亭"，是赏月的好地方。那里面还有茶室。
游客：是吗？我一定要在那儿品尝日本茶。
导游：当然，我们去吧。在离开松岛海岸之前，还有一处有名的旅游景点。
游客：是什么样的地方？
导游：是 828 年建造的有代表性的佛教寺院"瑞严寺"。其中现存的建筑都是 1604 年由武将伊达政宗作为伊达家的菩提寺重建的。
游客：到那儿多长时间？
导游：不是很远，距离五大堂几分钟的路程。
游客：是吗。
导游：在那儿可以欣赏到体现 17 世纪初精湛艺术性的雕刻、绘画。

アテンドの知識 / 相关知识

　　「松島や、ああ松島や、松島や」（Matsushima, Ah! Matsushima! Matsushima!）俳人松尾芭蕉（1644-1694）が松島の景勝地（scenic spots; picturesque sites）について詠んだという逸話がありますが、実際は後世の狂歌師の作と言われます。日本人なら無言のうちに鑑賞できる一句ですが、英語でどのように通訳すればよいのか戸惑います。

　　"松岛呀，啊啊松岛呀，松岛呀"，众所周知这是俳句诗人松尾芭蕉（1644-1694）吟诵松岛的景胜之地的诗句。这句话如果是日本人沉默着也能鉴赏，而用英语则很难翻译。

213

松島 / 松岛

　松島の湾に浮かぶ大小260余の島々（the pine-covered islands of Matsushima Bay）には枝ぶりの良いクロ松・アカ松が盆景（a miniature potted tree or plant）のような風光をみせ、芭蕉に「松島は扶桑（＝日本の異名）第一の好風（＝良い景色の意味）にして…」と言わしめた自然美の極致（the acme [ideal perfection] of natural beauty）です。

　在松岛湾的260多个小岛上，生长着枝型优美像盆景一样的黑松、红松，这里的自然景色秀丽，让芭蕉写下这样的句子："把松岛比为扶桑（日本别名）第一美景"。

五大堂 / 五大堂

　五大堂は松島湾を背景に立つ松島のシンボルです。慈覚大師が瑞巌寺守護のために木造の「五大明王」（five Buddhist deities represented with a fierce glaring countenance）を安置したことから五大堂と呼ばれています。現在の建物は伊達政宗が改築したもので、約400年の歳月を刻む優雅な桃山建築の様相を残し、国の重要文化財（Important Cultural Asset [Property]）となっています。

　松島灯籠流し花火大会（lantern-floating and fireworks）は、毎年8月15・16日の夜に行われ、約700年の歴史をもつと言われています。この夜は色とりどりの灯籠が松島湾に浮かび（small paper lanterns containing lighted candles that are floated on water）、1万発以上もの花火が夜空を照らします。1万個近くの灯籠が島々の間を浮かぶさまは幻想的で、観光客を魅了します。

　五大堂是以松岛湾为背景的松岛的象征。因为慈觉大师为守护瑞严寺，在寺内安置了木制的"五大明王"，所以被称为五大堂。五大堂内现在的建筑是伊达政宗改建之后的建筑，一直保留着有400年历史的优雅的桃山建筑样式，是国家的重要文化遗产。

　松岛灯笼花火大会在每年的8月15、16日两天的夜晚举行，据说已有约700年的历史。这天夜里，颜色各异的灯笼漂浮在松岛湾内，有1万发以上的焰火照亮夜空。近1万个灯笼漂浮在各个小岛之间，使人浮想联翩，流连忘返。

瑞巌寺 / 瑞严寺

　瑞巌寺（Zuigan-ji Temple）は828年（天長5年）に禅師・慈覚大師（円仁）が開いた古刹（an old temple）で、伊達家の菩提寺（the family temple where memorial tablets of one's ancestors are kept）でもあります。瑞巌寺は鎌倉建長寺派の禅宗（★キーワード参照）寺院でしたが、現在は臨済宗妙心寺派へと変遷しました。桃山時代の代表的な建築であるこの寺には絢爛豪華な襖絵（pictures painted on sliding doors）や国宝級の遺構（remains）が数多く残され、伊達家の文化と美が

結集された東北随一の禅寺(Zen Temple)として今に至っています。「動」(dynamic; motion)の松島と「静」(static; stillness)の瑞巌寺のコントラストが実に見事です。

瑞严寺是828年（天长5年）禅师慈觉大师（圆仁）开设的古刹，它也是伊达家的菩提寺。瑞严寺是镰仓建长寺派的禅宗寺院，现在变更为临济宗妙心寺派。作为桃山时代的代表建筑，这座寺院保存着很多绚烂豪华的隔扇画等国宝级遗物，它集结了伊达家的文化和美，至今仍是在东北首屈一指的禅寺。"动"的松岛和"静"的瑞严寺形成鲜明对比，实乃绝景。

仙台と伊達政宗 / 仙台和伊达政宗

伊達政宗（1567-1636）は安土桃山から江戸初期にかけての武将（feudal warlord; military commander）というだけではなく、和歌、絵画、茶道への造詣が深い人物でした。外国との交流も盛んにし、支倉常長（はせくらつねなが）（1571-1622）をローマに派遣したことは有名で、ヨーロッパではよく知られています。現在のグローバルな時代でこそ海外交流は日常的ですが、当時としては非常に珍しいことでした。

松島から仙台市に入ると、仙台藩主であった伊達政宗を祀る霊廟（れいびょう）である瑞鳳殿（Zuihoden, the mausoleum of Lord Date Masamune）を拝観することができます。瑞鳳殿は、典型的な桃山様式の威風を伝える荘厳華麗な建築物です。ホトトギスの初音を聞きに訪れた政宗公がここを墓所とするように自ら指定しました。今は、老杉に包まれた静寂の中に伊達政宗が眠っています。

仙台城跡（the Sendai Castle ruins）は通称「青葉城」と呼ばれ、1603年にここ青葉山に伊達氏の居城として政宗が築城しました。建物は火災で焼失しましたが、本丸城壁の苔むした石垣と復元された大手門の「隅櫓（すみやぐら）」（a corner turret）は往時を偲ばせてくれます。伊達政宗のブロンズの騎馬像（a bronze statue of Date Masamune mounted on his horse）は、この山に建っています。山頂に立てば、天下取りの野望に燃えた政宗公と同じ視線で、仙台市街と遠くに見られる太平洋の景色が一望できます。

伊达政宗（1567-1636）不仅是从安土桃山时代到江户初期的武将，而且也是在和歌、绘画、茶道上有很深造诣的人物。他与外国的交流频繁，因派支仓常长（1571-1622）去罗马而有名，且在欧洲也小有名声。在当今全球化的时代，海外交流已是平常之事，但在当时十分罕见。

从松岛进入仙台市，可以参观到祭祀仙台藩主伊达政宗的灵庙瑞凤殿。瑞凤殿是典型的带有桃山样式威风的、庄严华丽的建筑。政宗来这儿听杜鹃鸟的初次鸣叫，于是亲自把这儿指定为自己的墓地。现在，伊达政宗长眠在被古杉树的包围的一片静寂之中。

仙台城迹通称为"青叶城"，1603年青叶山作为伊达氏的居住城所，由政宗建造而成。此建筑在火灾中被烧毁，然而本丸城壁上长满鲜苔的石头

墙和被复原的大手门"隅橹"可让我们缅怀往日。伊达政宗的铜制骑马像也建在这座山上。站在山顶，可拥有和怀揣夺取天下雄心壮志的政宗公一样的视野，能望尽仙台市街景和远处太平洋的景色。

震災を乗り越えて / 克服地震灾害

　　2011年3月11日に発生した観測史上最大の東日本大震災（Great Eastern Japan Earthquake）では、仙台は最大震度6強を記録し、沿岸部を襲った巨大津波（Huge Tsunami [tidal wave]）によって未曾有の大災害を受け、10万人以上を超える避難者が発生しました。しかしながら、厳しい試練を乗り越えて復興へと歩み続ける仙台は、2014年ソチオリンピック男子メダリスト（羽生結弦）の世界1位、また2013年日本野球界で低迷を続けていた球団（楽天イーグルス）の日本1位を生み出しました。東北の底力を垣間見ることができました。仙台人の「底力(そこぢから)」(potential power; latent energy; real ability)という合言葉は、被災した人々を大きく勇気づけました。

　　2011年3月11日发生了在观测史上最大震级的东日本大地震，仙台市最大震级为6级，其沿海部分遭受到巨大的海啸，造成了从未有过的大灾害，超过10万人受灾。然而，仙台克服严峻考验，逐步复兴，培养出了2014年索契奥林匹克中的男子金牌获得者（羽生结弦），另外，2013年在日本棒球届持续低迷的职业球队（乐天金鹰队）获得了日本第一名。从这可见东北的潜力。仙台人的"潜力"这个口号给了受灾后的人们巨大的勇气。

伊达政宗像

第 23 章　日本三景のチャンピオン・松島

Q&A 64　松島海岸

Q 松島を紹介してください。
请介绍一下松岛海岸。

A

【主旨】

　「松島」は、広島の「宮島」、京都の「天橋立」と並び、日本三景の 1 つとされる名勝です。260 余に及ぶ松の木に覆われた大小の島々は、風光明媚な湾に浮かび、遠方から見れば、日本庭園の風景の中に巨大な池があるかのような趣を呈しています。どの小島も、海食の結果個性的でユニークな形をしています。島によっては、海水によって穴のあいた洞窟、トンネルそしてアーチ道があります。海と松に覆われた島には、青と緑の美しいコントラストが見られます。

　有名な俳句「松島や、ああ松島や、松島や」は江戸時代後期の狂歌師、田原坊の作と言われています。松島の美しい景観を表現する言葉に当惑する姿が浮かびます。

　"松岛"是与广岛的"宫岛"、京都的"天桥立"齐名的日本三大景中的一处名胜。松岛由 260 座大大小小的岛屿组成，岛上种满了松树。整个松岛浮在风光明媚的海湾中，从远方看，就好像日本的庭园中有个大水池一样。所有的小岛都因海水侵蚀形成各自独特的形状。不同的岛上，由于海水侵蚀不同，有的形成带洞的洞窟，有的形成隧道或弧形通道。四周环海、长满松树的松岛展现出蓝和绿的鲜明对比。

　据说有名的俳句诗人松尾芭蕉，为美如画的松岛所迷，咏出了"松岛呀，啊啊松岛呀，松岛呀"这样的诗句。让人看到松岛的美难以用来语言表达。

217

Q&A 65 瑞巌寺

Q 瑞巌寺とは、どのようなお寺ですか。
瑞严寺是什么样的寺院?

A

【主旨】

　松島海岸から歩いて数分の所にある「瑞巌寺」は、東北地方随一の禅寺です。瑞巌寺は、828年（天長5年）慈覚大師が開創しましたが、現在の建物は伊達政宗によって伊達家の菩提寺として1604年（慶長9年）に再建され、1609年（慶長14年）に完成しました。

　寺院の参道にある小道には、昔仏僧が掘った仏像が配置された自然の岩窟（境内にある法身窟）があります。この岩窟は、「座禅」（＝真理に目覚め、心の平静を得るために座して瞑想する）の修業のために使用されました。寺院の本堂には現在、17世紀初頭の輝かしい芸術性がしのばれる彫刻や、襖の絵画が納められています。特に関心を寄せられるものとして、正宗がローマに派遣した支倉常長にパウロ5世教皇が賜った有名な一対のカットグラス燭台があります。

　"瑞严寺"距松岛海岸步行只有几分钟的路程，它是东北地区首屈一指的禅寺。瑞严寺于828年（天长5年）由慈觉大师开创，现在的建筑是由伊达政宗重建之物。伊达政宗把瑞严寺作为伊达家的菩提寺于1604年（庆长9年）开始重建，1609年（庆长14年）完成。

　寺院参道的小路上，有放置以前佛僧们雕刻的佛像的自然岩窟（寺院内有法身窟）。这些岩窟用于"座禅"（为了发现真理，得到心灵的平静而打坐、冥想）。寺院的正殿中收藏着彰显17世纪初期辉煌艺术性的雕刻及隔扇上的绘画。特别值得注意的是，保罗5世教皇赠与政宗派遣去罗马的支仓常长的是有名的一对雕花玻璃烛台。

第 23 章　日本三景のチャンピオン・松島

キーワード / 关键词

★禅宗 / 禅宗

「禅宗」は 9 年間座り続けて修業したと言われる菩提達磨(ぼだいだるま)によって、6 世紀初頭インドで開基されました。禅宗は、12・13 世紀に日本に伝えられました。現在の禅宗は、栄西（臨済宗）、道元（曹洞宗）、そして隠元（黄檗宗）によって日本に伝えられました。禅宗では、深い静かな瞑想による個人的な経験を通して悟り、すなわち精神的な覚醒の境地に至るのです。禅宗は、茶道や華道といった日本文化に多大な影響を及ぼしました。

　　据说菩提达摩连续打坐 9 年练习修行，他在 6 世纪初在印度创建了禅宗。禅宗于 12、13 世纪时传入日本。现在的禅宗分别经荣西 (临济宗)、道元 (曹洞宗)、隐元 (黄檗宗) 等传入日本。禅宗讲究的是通过沉静的冥想，结合个人的经验去领悟，即达到精神觉醒的境地。禅宗对茶道、花道等日本文化有着很大的影响。

第 1 部　日本の文化・観光

第 2 部　日本の世界遺産　文化遺産・自然遺産

第24章
北国の夏が燃える東北三大祭り

让北国之夏沸腾起来的东北三大祭

サンプルダイアローグ / 示例対话

ガイド：日本のお祭りに興味がありますか。
観光客：とても興味があります。
ガイド：東北三大祭りをご案内しましょう。
観光客：うれしいです。
ガイド：まず、8月2日から7日にかけて青森県で行われる「**ねぶた祭**」(⇒ Q&A 66) についてお話します。
観光客：このお祭りの主な特徴はなんですか。
ガイド：明かりをつけた「ねぶた」行列があることです。ねぶたとは、山車の上にのせる巨大な飾り人形で、**伝説上の英雄**や動物、鳥類などの形をしています。
観光客：なるほど。
ガイド：秋田県には、8月3日から6日にかけて行われる「**竿灯祭**」(⇒ Q&A 67) があります。
観光客："Kanto"とはどんな意味ですか。
ガイド：9本の水平棒を取り付けた長い竿のことです。揺れる棒の両側に明かりをつけた提灯が46個提げられていて、豊作の米穀の形を模しています。この祭りの特徴は、色鮮やかな衣装の若者が、巧みにバランスをとりながら巨大な「竿灯」を運ぶ行列です。
観光客：こんなに大きな「竿灯」を、どうやってバランスをとるのですか。
ガイド：いい質問ですね。彼らは手を使わずに「竿灯」を肩、額、腰、顎などにのせてバランスをとります。テンポの激しい太鼓やかん高い音色の笛などの伴奏に合わせて、バランス技術を披露するのです。
観光客：おもしろそうですね。
ガイド：宮城県では、8月6日から8日にわたって「**七夕祭**」(⇒ Q&A 68) が行われます。七夕祭りは日本中で行われていますが、仙台の祭りは別格です。その特徴は、中心街を色鮮やかに飾る様々な巨大**吹き流し**です。
観光客：三大祭り見物を楽しみにしています。

导游：您对日本的祭祀活动感兴趣吗？
游客：很感兴趣。
导游：那我给您介绍一下东北三大祭活动吧。
游客：太好了。
导游：首先给您介绍一下从8月2日开始到7号，在青森县举行的"睡魔祭"。
游客：这个祭祀活动有什么主要特点吗？
导游：主要有装点着灯光的"睡魔"队伍。所谓的睡魔，就是在祭祀用的

第24章　北国の夏が燃える東北三大祭り

彩车上放上巨大的装饰人偶，一般是传说中的英雄、动物或鸟类的形狀。

游客：哦。

导游：在秋田县，从8月3日到6日有"竿灯祭"。

游客："竿灯"是什么意思啊？

导游：就是在很长的竿上水平放置9根竿子。摇晃的竿子两侧放上46个点亮了的灯笼，做成丰收的谷米的形状。这个祭祀活动的特点是，穿着鲜艳衣服的年轻人，一边巧妙地保持平衡，一边组成托着竿灯的队伍。

游客：这么大的"竿灯"，如何保持平衡啊？

导游：这个问题问的好。他们不用手，而是把"竿灯"放在肩上、额上、腰上、上颚等地方并保持平衡。他们伴着节奏热烈的鼓声和音色高昂的笛声，表演保持平衡的技术。

游客：好像很有意思啊。

导游：在宫城县，从8月6日到8日是"七夕祭"。七夕祭整个日本都有，但是仙台的七夕祭尤为特别。其特点是由很多装饰中心街的色泽艳丽的各种各样的大风幡。

游客：很期待去看三大祭活动啊。

竿灯祭

アテンドの知識 / 相关知识

　　北国の夏が燃える8月の祭りと言えば、東北三大祭りです。旅行社は競ってこの祭り見物のツアーを企画し、また北国の人々もこの時ばかりは、その準備に燃えるのです。東北三大祭りを今一度眺めてみましょう。

223

如果说起北国 8 月夏天酷暑中的祭祀活动，当数东北的三大祭。旅行社都竞相策划三大祭的观光旅行活动，北国的人们也只有在这时热火朝天地准备。我们一起看一下东北的三大祭吧。

ねぶた祭 / 睡魔祭

　　ねぶた祭（the *Nebuta* [Dummy-Float Parade] Festival）は国の重要無形民俗文化財（Important Intangible Folk Cultural Property）に指定された日本一の火祭りで、青森市最大のイベントです。その由来については諸説があるのですが、その中でも坂上田村麻呂の伝説が有名です。約 1,200 年前、蝦夷（現在の北海道・東北地方北部）を平定するために征夷大将軍（Generalissimo）の坂上田村麻呂（758-811）がこの地に来ました。反逆者を制圧するために使用したのが「人形」（figures）で、その中に武者を隠し、音楽に合わせて敵をおびき寄せたり混乱させたりするために作ったのが最初だと伝えられています。その人形に対して「あれは何だ」と訪ねる表現をアイヌ語で「ネプタン」と言い、それが「ねぶた」の呼び名になったという説です。また津軽方言で「眠い」（drowsiness）という意味の「ねぶて」が「ねぶた」になったという説もあり、夏の睡気を払う「眠り流し」行事だという考え方です。しかし最近では七夕の「灯籠流し」（the floating of lighted lanterns on water）の変形だとする有力な説もあります。いずれにせよ、外国の人に「ねぶたって何？」と聞かれて頭をかくようでは話になりません。

　　ねぶた祭りでは、武人をかたどった巨大な張子人形に灯を入れ、それを台車に乗せて大勢の曳き手が町内を練り歩きます。台車の周囲には勇壮な太鼓や笛が鳴り響き、また花笠をかぶった浴衣姿の「ハネト」と呼ばれる踊り子が、「ラッセラー」の掛け声とともに陽気に跳ね回ります。(⇒ Q&A 66)

　　睡魔祭是被指定为国家重要的非物质民俗文化遺产的日本第一的火祭，是青森县最大的活动。关于它的由来，众说纷纭，其中坂上田村麻呂的传说最为有名。大约 1200 年前，征夷大将军坂上田村麻呂为平定蝦夷（现在的北海道、东北地区的北部）来到这儿。据传他最初为了镇压反叛者，使用"人偶"，并在人偶中藏入武士，让他们合着音乐诱惑敌人、制造混乱。"睡魔"说是源于阿伊努人询问人偶"那是什么"的阿伊努语。另外，也有人说在津轻方言中，表达"困"的"ねぶて"变成了"ねだて"，是为驱赶夏天的困意而举行的"驱逐睡魔放灯"的活动。然而最近也有一种有说服力的说法即是由七夕的"放河灯"转化而来。不管是怎样说法，被外国人被问到"什么是睡魔？"，也是很难解释的。

　　睡魔祭指的是把灯放入形似武士样的、巨大的纸糊人偶中，并它放在祭祀用的彩车上，由众多的人推着它在城市里列队缓行。彩车周围是震耳

第 24 章　北国の夏が燃える東北三大祭り

的鼓声和笛声、还有带着花斗笠的穿着和服、被称为"跳人"的舞娘，她们嘴里叫着"啦赛啦"，神采飞扬的跳着舞蹈。

竿灯祭／竿燈祭 / 竿灯祭

　　竿灯祭（the *Kanto* Lantern Parade Festival）は秋田県で行われる最大のイベントです。この祭りは、真夏の病魔や邪気を払う「眠り流し行事」として行われていた秋田独自の風俗でした。「眠り流し」から五穀豊穣（a good [rich] harvest）を願う行事へと祈りが変わったのです。

　　「カントウ」という語を始めて聞く外国の人が「関東」と間違え、秋田県は関東にあるのですか、と尋ねることがあります。この「竿灯」ですが、昔は笹竹などに願い事を書いた短冊（a long narrow rectangular piece of paper for writing poems or wishes）を飾って町を練り歩き、最後に川に流していました。それが徐々に高い灯籠（lantern）などが使用されるようになり、今では竹竿（a long high bamboo pole）になりました。現在の「竿灯」は、農作物の豊作を祈って稲穂を型どり、最大で高さ 12 メートルの竹竿に 9 本の横竿を張り、それに多いもので 46 個の提灯が付いています。竿灯を手で支えず、腰、額、肩などに乗せてバランスをとりながら操る技もさることながら、総数数百の竿灯にいっせいに灯が入り、光の大河をつくるさまは壮観で、豊作の秋に見える黄金色の稲田を連想させます。竿灯がつくりだす幻想的な光景は実に圧巻です。（⇒ Q&A 67）

　　竿灯祭是在秋田县举办的最大的活动。这个祭祀活动以前是为驱逐盛夏时节病魔或邪气而举行的"驱逐睡魔放灯"活动，是秋田县的独特的风俗。现在由"驱逐睡魔放灯"转变为祈祷五谷丰登的活动。

　　"竿灯"这个词，外国人最初听到时和"关东"混淆，有时会问秋田县在关东吗。这儿的"竿灯"说的是以前在竹子上装饰写有心愿的短笺，并在市里列队游行，最后放至河中。之后逐步地开始使用高高的灯笼，现在变成使用竹竿。现在的"竿灯"是做成稻穗的形状，祈祷农作物的丰收，在最大的高为 12 米的竹竿上放上 9 根横杆，那上面多的可以挂 46 个灯笼。竿灯不用手，而是把它托在腰、额、肩的上面，保持平衡，展示技艺。数百只的竿灯上一起点灯，组成的光的海洋甚为壮观，让人联想到秋天丰收时的金黄色稻田。竿灯制造出的让人充满幻想的景象正是竿灯祭的压轴之所在。

仙台七夕祭 / 仙台七夕祭

　　仙台七夕祭（the Star Festival at Sendai City）は毎年 8 月 6 日から 8 日までの 3 日間で行われます。祭りの間は、仙台のいたるところに多数の竹が立てられ、色とりどりの吹き流し（colorful streamers）や短冊などの優雅な飾り付けが行われ、

風に揺れる七夕飾りが幻想的な姿を見せます。「七夕」は日本中で行われていますが、仙台七夕は特に有名で、その昔、仙台の藩主・伊達政宗の奨励により武家や商人の間で盛んになりました。今では市内の目抜き通りに、鮮やかな色彩と和紙の柔らかい感触を生かした多種多様な吹き流しを飾り立てた豪華なトンネルが作られ、その数は 3,000 本を優に越えると言われます。七彩の吹き流しや人形などの仕掛け物などは 1 本数十万円、一等級は 100 万円もするという豪華さを競う七夕祭りは、まさに日本一です。

本来の「七夕」は旧暦の 7 月 7 日に行われ、7 月 15 日を中心とする先祖の霊を祭る盆 (the Bon Festival) の行事として起こったものです。後世になって盆の行事と七夕の行事が切り離されました。庶民の七夕は、日本古来の「棚機(七夕)の信仰」が中国の「牽牛・織姫の伝説」と結びついたものです。若い男女が年に一度再会し、翌日に天空に帰るにあたり、持ち帰ってもらうために願い事を書いた五色の竹飾りをつくる風習が生まれたのです。「短冊」は願い事、「千羽鶴」は家内安全、「紙衣」は病気災害除け、「巾着」は富と繁栄を表しています。質素であろうと、豪華であろうと、人々の願いは今も昔も変わらないのです。七夕の日には室内を花で飾る習慣もあり、今日の生け花 (the flower arrangement) の元祖であることをつけ加えておきましょう。(⇒ Q&A 68)

東北の 8 月 5 日から 7 日は、もう 1 つ山形県の「花笠祭」(★キーワード参照) があります。これを含めると「東北四大祭り」となります。

　　仙台七夕祭是每年 8 月 6 日到 8 日举行 3 天的活动。活动期间，仙台的所有地方都立着很多的竹子，上面优雅地装饰着颜色各异的风幡和短笺，风中摇弋的七夕装饰带给人梦幻般的美丽。"七夕"在全日本均有祭祀活动，而仙台的七夕祭尤为有名，是以前受到仙台的藩主——伊达政宗的鼓励，在武家和商人之间盛行起来的活动。现在在市里的繁华街道上立着用各种风幡装饰起来的豪华的花拱，这花拱上使用的风幡共有 3000 条之多，它们色泽艳丽、透着和纸的柔和。七夕祭中的七彩的风幡、人偶等装饰物一个数十万日元，也有人相互攀比使用一等品 100 万日元的风幡或人偶，这也是在日本首屈一指。

　　本来"七夕"是阴历 7 月 7 日举行，是来自于 7 月 15 日祭祀先祖的盂兰盆节。之后盂兰盆节的祭祀活动和七夕的活动被分离开来。庶民的七夕节是日本古代的"七夕的信仰"与中国的"牛郎织女的传说"相结合的产物。年轻的男女，一年相见一次，第二天便各自回到天上，为了让他们在回去时带走，于是便有了把心愿写在彩色的竹饰品上的风俗。"短笺"上写的是心愿，"千纸鹤"代表家人的平安，"纸衣"代表驱灾避祸，"荷包"代表富有和繁荣。不论是朴素的还是奢华的，人们的心愿从古至今均没有改

变。此外，七夕当天也有在室内装饰花的习惯，这正是现在插花的起源。

在东北地区从 8 月 5 日到 7 日还有山形县的"花笠祭"，包括"花笠祭"在内构成"东北四大祭"。

仙台七夕祭

Q&A 66 ねぶた祭

Q ねぶた祭とは、どのような祭りですか。
睡魔祭是什么样的祭祀活动？

A

【主旨】

　　ねぶた祭は、8月2日から7日まで青森市で行われます。「ねぶた」と言うのは、伝説上の人物や動物を表現した飾り人形のことで、竹や針金の骨組みで作られ、紙や布で覆われています。「ねぶた」は多様な色彩で描かれ、内部から大きなローソクまたは電球で照明されています。
　　この祭りの特徴は、山車に乗せた巨大な「ねぶた」の楽しい行列で、着物姿の大勢の人が「ラッセラ！ラッセラ！」と威勢よく叫びながら笛や太鼓の音楽に合わせてねぶたを市中で運んだり、引き回したりします。
　　この祭りの起源は、武将坂上田村麻呂が自分の軍隊の大きさを敵軍に混乱させるために、人物や動物の形をした「ねぶた」を巧みに利用して反乱を鎮圧したということです。また、眠気を払って、先祖の霊を慰めるお盆を迎えるための祭りだとも言われています。

　　睡魔祭是8月2日到7日在青森市举行的祭祀活动。所谓的"睡魔"，是指装扮成传说中的人物或动物的人偶。这些人偶用竹子或金属丝做骨干，外面敷上布或者纸。"睡魔"被描绘成各种颜色，并被其内部放入的大蜡烛或灯泡照亮。
　　睡魔祭的特点是在祭祀用的彩车上放上巨大的"睡魔"，众多的人穿着和服列着队，合着笛声和鼓声，声势浩大地喊着"啦赛啦！啦赛啦！"，推着彩车在市里游行。
　　睡魔祭的起源据说是武将坂上田村麻吕为让敌军因为自己军队的强大而产生混乱，巧妙得利用做成人或动物形状的"睡魔"，镇压反乱。另外，也有人说是睡魔祭为了驱除困意，迎接慰藉先祖亡灵的盂兰盆节而进行的祭祀活动。

Q&A 67 竿灯祭

Q 竿灯祭とは、どのような祭りですか。
竿灯祭是什么样的祭祀活动？

A

【主旨】

　竿灯祭は、8月3日から6日まで秋田市で行われます。「竿灯」と言うのは、長い帆型の竹竿で、9本の水平な横ばりから照明の紙提灯がさがっています。「竿灯」には、豊作を象徴する実り豊かな稲穂の形をした照明の提灯が50個ほどつるされています。

　祭りの特徴は、たくましい男性が「竿灯」を頭、肩、顎または腰の上で巧みにバランスをとりながら行列することです。多くの地区から参集した男性は、ビートの早い太鼓やピッチの高い笛などの伴奏に合わせて絶妙なバランス技術を競って見せ合うのです。

　この祭りは、年中作業を妨害する眠気の邪気を追い払うため、また、五穀豊穣を祈願するために行われます。

　　竿灯祭是8月3日到6日在秋田市举行的祭祀活动。所谓的"竿灯"指的是长长的呈帆型的竹竿，上面有9根水平放置的竹竿，并且上面挂着照明用的纸灯笼。"竿灯"上吊着50个左右的照明灯笼，把它们做成现实中丰收的稻穗的样子，象征着丰收。

　　竿灯祭的特点是强壮的男子把"竿灯"放在头上、肩上、颚上或腰上，巧妙地保持着平衡组成列队。从各地赶来的男人们，伴着激昂的鼓声和高扬的笛声，相互竞争着精妙的保持竹竿平衡的技术。

　　竿灯祭一是为了驱逐一年中妨碍工作、使人发困的邪气，再是为祈求五谷丰登而进行的祭祀活动。

第1部　日本の文化・観光

第2部　日本の世界遺産　文化遺産・自然遺産

第24章　北国の夏が燃える東北三大祭り

Q&A 68 仙台七夕祭

Q 仙台七夕祭とは、どのような祭りですか。
仙台七夕祭是什么样的祭祀活动？

A

【主旨】

　仙台七夕祭は、8月6日から8日まで仙台市で行われます。七夕祭りは、相愛するベガ星（織女星）とアルタイル星（牽牛星）に関する中国伝来のものです。2星は、天の川の反対側に住んでいるのですが、年に一度だけ7月7日には会うことが許されました。天の川での幸せな再会を祈願して　この夜になれば人々はこのロマンチックな祭りを祝うのです。

　この祭りの特徴は、色とりどりの短冊や派手なデザインをほどこしたきらびやかなものを吊した竹枝の豪華な装飾です。伝説と関連したロマンチックな詩、また願い事などを短冊に書き添えます。七夕祭は、通常7月7日には日本中で行われますが、仙台では1か月遅れで豪華に行われ、伊達正宗のころに始められました。

　仙台七夕祭是8月6日到8日在仙台市举行的祭祀活动。七夕祭是关于相爱的织女星和牛郎星的节日，来自于中国。织女星和牛郎星隔着银河而住，一年只被允许在7月7日这天相见。为祈祷他们在银河的幸福相会，每到这天夜里，人们便进行浪漫的祭祀活动。

　七夕祭的特点是竹枝上豪华的装饰。在竹枝上挂着颜色各异的短笺和设计花哨、灿烂夺目的东西。在短笺上写着与传说相关的浪漫的诗或者心愿。七夕祭一般整个日本都在7月7日举行，而仙台则从伊达政宗时开始晚一个月举行，并且场面豪华。

第24章　北国の夏が燃える東北三大祭り

> キーワード / 关键词

★花笠祭 / 花笠祭

花笠祭は、8月5日から7日まで山形市で行われます。

「花笠」は、明るい色彩の造花で飾り立てた丸いわら帽子です。この祭りの起源は、大正時代にまでさかのぼり、尾花沢市の徳良湖で荒れ地を埋め立てた際に開墾工事を祝って花笠音頭を歌ったのが始まりです。

この祭りの特徴は、花笠をかぶり、色鮮やかな同じ模様の衣装を身につけた1万人以上が踊る華やかな行列です。上下左右に花笠をくるくる回しながら、三味線と太鼓の音色に包まれて、「ヤッショ！マカショ！」と叫びながら一斉に市中を踊ります。

　　花笠祭是8月5日到7日在山形市举行的祭祀活动。

　　"花笠"指的是由色泽鲜艳的假花装饰出来的圆草帽。花笠祭的起源可上溯到大正时代，开始于在尾花泽市的德良湖填湖造田时祈祷该工程圆满竣工而唱的花笠舞曲。

　　花笠祭的特点是，有着由1万人以上、带着花斗笠，穿着同样图案、色泽鲜艳衣服的舞娘组成的华丽的队伍。她们上下左右的不停地转着花斗笠，伴随着三弦和鼓声，喊着"呀笑！麻咔笑"，一起在城市里舞蹈。

第1部　日本の文化・観光

第2部　日本の世界遺産 文化遺産・自然遺産

231

第25章
森と湖の別天地・北海道
森林和湖泊之世外桃源・北海道

サンプルダイアローグ / 示例对话

ガイド：北海道は美しい風景や海景、**四季折々の姿を見せる**豊かな大自然に恵まれています。

観光客：北海道はとても大きいので、数え上げる観光名所もいろいろありそうですね。

ガイド：そのとおりです。

観光客：一番のお勧めはどこですか。

ガイド：個人的には、阿寒国立公園をお勧めします。

観光客：何か特別な理由があるのですか。

ガイド：この公園には美しい森と湖があるからです。

観光客：たとえば、どんなものですか。

ガイド：写真を見たことがあるかと思いますが、「**摩周湖**」は**湖面を頻繁に覆う神秘的な霧**で世界的に有名です。

観光客：はい、その湖の写真を見たことがあります。

ガイド：湖水は世界屈指の透明度を誇ります。この湖に流れ込む川も、流れ出る川もひとつもありません。

観光客：本当ですか。

ガイド：「**阿寒湖**」は、スポンジ球のような緑色の**藻類**「マリモ」の生息地として有名です。

観光客：いつでもマリモを見られるのですか。

ガイド：この植物は朝日が上ると湖面に浮かび、日が暮れると沈むのです。

観光客：おもしろいですね。

ガイド：「**屈斜路湖**」は、湖畔の砂を暖めた「砂湯」と呼ばれる温泉で有名です。近場では**露天風呂**が楽しめます。

観光客：この国立公園にはユニークな湖がいろいろありますね。

ガイド：はい。他に、「丹頂鶴」(⇒ Q&A 70) という美しい日本鶴も見逃せません。昔から鶴は**長寿の象徴**、**縁起のいい**鳥だと考えられてきたのです。

観光客：素敵ですね。余す所なく観光したいです。

导游：北海道风景优美、海景秀丽，在这儿可见到四季的多彩变化。

游客：北海道很大，好像有很多有名的旅游胜地。

导游：是的。

游客：最应该去的是哪儿？

导游：我个人推荐去阿寒国立公园。

游客：有什么特别的理由吗？

导游：因为这个公园里有美丽的森林和湖。

游客：比如？

第 25 章　森と湖の別天地・北海道

导游：我想您可能见过照片，"摩周湖"因为湖面上经常被神秘的雾笼罩着，所以在世界上都很有名。
游客：是的，我见过那个湖的照片。
导游：湖水的透明度在世界上屈指可数，而且这个湖完全没有河流的流入和流出。
游客：是真的吗？
导游："阿寒湖"也因为生长着海绵球状的绿色海藻"球藻"而有名。
游客：随时都能在那儿见到球藻吗？
导游：这种植物太阳升起的时候浮上水面，太阳落下它也沉下水底。
游客：真有意思啊。
导游："屈斜路湖"因为湖边有把湖岸上的砂暖热的"砂汤"温泉而有名。在它附近还可以享受露天温泉。
游客：这个国立公园里有各种很独特的湖啊。
导游：是的。另外还有"丹顶鹤"这种美丽的日本鹤不能不看。自古鹤就被认为是长寿的象征，是吉祥的鸟。
游客：太棒了，真想看个遍啊。

アテンドの知識 / 相关知识

　　日本に滞在する外国人がこんなことを言いました。「暖かい九州の人と寒い北海道の人が結婚すればいいですね」。その理由を聞くとこんな返事がありました。「冬休みは暖かい九州で、夏休みは涼しい北海道で過ごせるでしょう」。
　　梅雨がない北海道の良さは、何よりもその広大さです。壮観な国立公園（national park）が6つもあり、しかも四季を通じての独特な姿を現す美しい自然の景観は多くの人に愛されています。どこか1か所だけを推薦することは難しいのですが、強いて選ぶとすれば阿寒国立公園でしょう。この公園には、昔から営々と作り上げてきた美しい森と湖があります。

　　生活在日本的外国人这样说道："生活在温暖的九州的人和生活在寒冷的北海道的人结婚的话最好"。问其理由，他们会这样回答"因为可以寒假的时候在温暖的九州生活，暑假的时候在凉爽的北海道度过。"
　　北海道没有梅雨季节，它的好处在于它比日本的任何一个地方都宽广。在这儿有6处壮观的国立公园，而且四季自然景观各异，深受很多人的喜爱。单纯的仅推荐某一个最美的地方的话很难，但如果必须要选的话就是阿寒国立公园了吧。这个公园里有人们很久以前辛苦营建的美丽森林和湖泊。

235

摩周湖 / 摩周湖

　園内の摩周湖（Lake Mashu）は、しばしば湖面を覆う神秘的な霧（the mysterious fog）のため「霧の摩周湖」とも呼ばれています。世界屈指の透明度（the transparent depth）を持つ水面に絶壁の樹木を映す絶妙な景観は、訪れる人々を魅了してやみません。この湖には、注ぐ川もなければ流れ出る川もなく、また雨がいくら降っても水位（the water level）がいつも変わらないと言われています。

　国立公园内的摩周湖因为湖面上经常笼罩着神秘的雾，所以也被称为"雾的摩周湖"。它是世界上屈指可数的透明度高的湖。绝壁上的树倒映在湖面上，形成绝妙的景观，令人流连忘返。据说这个湖既没有流入的河流也没有流出的河流，另外无论怎么下雨水位都保持不变。

阿寒湖 / 阿寒湖

　阿寒湖（Lake Akan）は特別天然記念物（Special Natural Monument）である「マリモ」(the spherical green algae)（★キーワード参照）で有名です。マリモは湖水で成長する、緑色をしたスポンジのような、球形の優雅な淡水藻（＝毬藻）で、日が照ると水面に上がり、暗くなれば水中に沈む不思議な植物です。小さいものはピンポン球ほど、大きいものになるとサッカーボールほどで、その繁殖や成長の過程はまだ謎に包まれています。観光バスのガイドさんが「マリモ悲話」（若い男女の恋がこの世で成就できなかったため、2人の美しい心が1つになり、マリモの姿になって今も漂うという物語）を聞かせてくれるかもしれません。

　阿寒にはマリモと並びもう1つの特別天然記念物である丹頂鶴（red-crested crane）（⇒Q&A 70）が生息し、訪れる人はその優雅な姿を見ることができます。釧路市には丹頂鶴自然公園（Red-crested Crane Natural Park）があります。阿寒湖周辺にはその他に、エゾシカ、キタキツネ、シマフクロウなど各種の動物を身近に見ることができます。

　阿寒湖因为特别天然纪念物"球藻"而有名。球藻是生活在湖水里，像绿色海绵球一样的、呈好看的球形的淡水藻，这是种晴天时浮在水面上，天变暗时沉在水中的令人不可思议的海藻。小的有乒乓球大小，大的像足球大小，它的繁殖和生长过程现在还是个迷。观光巴士上的导游可能会给游客们讲"球藻的悲惨故事"。（是关于年轻的男女相恋，今世不能生活在一起，两人的心合成一个，化作球藻的样子直到现在还漂浮在水中的故事。）

　阿寒湖中除了球藻之外还有一种特别天然纪念物，那就是生活在那里的丹顶鹤。来访的人们可以见到它优雅的身姿。在釧路市有丹顶鹤自然公园。阿寒湖周边除了丹顶鹤之外还可以近距离见到北海道鹿、北狐、岛枭等各种动物。

第 25 章　森と湖の別天地・北海道

屈斜路湖 / 屈斜路湖

　屈斜路湖（Lake Kussyaro）は鮮やかなコバルトブルーの水の色をしたカルデラ湖で、冬は白鳥の飛来地であり、謎の怪獣クッシーの噂もあります。湖面ではカヌーやヨット、ウインドサーフィンといった水上スポーツでにぎわう明るいリゾート地。湖畔の砂を暖める砂湯（hot spring heating the sand on the beach）の温泉でも知られ、露天風呂も楽しめます。美幌峠（the Bihoro Pass）に登れば、屈斜路湖の美しい雄大なパノラマが一望でき、湖上遊覧船あるいは屈斜路湖や摩周湖などを眼下に見ながらのセスナ機遊覧飛行も利用できます。

　　屈斜路湖是破火山口湖，湖水清澈干净，呈蔚蓝色，冬季是天鹅的栖息地，这里也有水怪库希的流言。湖面上是皮划艇、快艇、风帆冲浪等水上运动丰富的旅游胜地。屈斜路湖也因为温暖着湖畔上的砂的砂汤温泉而有名，在这儿还能享受露天温泉。如果登上美帆顶可一览无余屈斜路湖美丽雄大的全景。此外还有湖上游览船或可利用塞斯纳机游览飞行，屈斜路湖和摩周湖等尽收眼底。

アイヌコタン / 阿伊努部落

　昔からアイヌ（⇒Q&A 69）の人々が住んでいた湖畔にはアイヌコタン（Ainu Kotan Village）があり、アイヌ古式舞踏（Ainu performing traditional dances）をはじめアイヌの生活や文化を知ることができます。この踊りは国の重要無形民俗文化財（Important Intangible Folk Cultural Property）に指定されています。

　「アイヌ」とはアイヌ語で「人間」（human being）、「コタン」とは「集落」（village）という意味です。アイヌの人々は民族固有の文化背景をもつ日本の先住民（original inhabitants of Japan）でもあるのです。ある仮説では、縄文時代前に日本列島に移住して住み着いた南方系モンゴロイドの子孫（the descendants of Southern Mongolians）としています。やがてアイヌはさらに東北に移住することになり、主として現在の北海道に定住しました。明治時代になると、政府の移住策が進み、北海道への移住者は増加しました。政府はアイヌを日本国民に同化させる目的で「北海道旧土人保護法」（Law for the Protection of Native Hokkaido Aborigines）を制定しました。しかしこの保護法は、1997年（平成9年）「アイヌ文化振興法」（Law for the Promotion of the Ainu Culture）の施行に伴い廃止されました。現在では、北海道でアイヌは独自の伝統文化を持ち、来訪者にアイヌ文化を紹介しています。

　　以前阿伊努人居住的湖畔有阿伊努部落，由阿伊努古式舞踏等可知阿伊努人的生活和文化。这种舞蹈被指定为日本重要非物质民俗文化财产。

　　"アイヌ"、"コタン"在阿伊努语中分别是"人间"、"村落"的意思。阿伊努人是拥有民族特有文化背景的日本原住居民。也有假说他们是绳文时代以前移居至日本列岛的南方系蒙古族的子孙。阿伊努人往东北迁移，

主要居住在现在的北海道。到了明治时代，日本政府推行移居政策，移住到北海道的人增多。政府为了把阿伊努人同化为日本国民，制定了"北海道旧土人保护法"。现在在北海道还保存着阿伊努独自的传统文化，并为来访者介绍阿伊努文化。

摩周湖

第25章　森と湖の別天地・北海道

Q&A 69　アイヌ民族

Q 「アイヌ（人）」についてお話し願えますか。
请谈一下阿伊努人。

A

【主旨】

　アイヌ（人）は、樺太、千島列島、北海道と本州北部に及ぶ地域に住んでいた日本先住民の民族集団です。アイヌの多くは、昔、日本列島の大部分を占有していた人々でしたが、南方からの侵入者によって北の北海道へと押しやられました。

　伝統的なアイヌの共同体は、漁猟、狩猟、山菜採取などに依存していましたが、徐々に内地人の社会に見られる商業漁業や米穀栽培に取って代わられだしたのです。明治時代以降は、植民地化と内地人との同化政策によってアイヌは急減しました。また、子孫によってアイヌの文化やアイヌ語を維持しながら、衣食住などにおいては内地人の習慣へと変遷していったのです。

　白老ポロトコタンでは、観光客のためにアイヌ原住民の生活様式や、アイヌ舞踊が鑑賞できるようになっています。

　　阿伊努人是指住在桦太、千岛列岛、北海道和本州北部地区的日本原住居民的民族集团。阿伊努人以前占据着大部分的日本列岛，后来被南方的侵入者赶到了北方的北海道。

　　传统的阿伊努共同体依赖渔猎、狩猎、采野菜等为生，后来逐渐开始从事在内地常见的商业、渔业、稻米种植等。明治时代之后，由于殖民地化和与内地人的同化政策，阿伊努人锐减。现在他们的子孙维系着阿伊努的文化和阿伊努语，而他们的衣食住等都改变成了内地人的生活习惯。

　　在白老町的阿伊努民族博物馆，有为观光者设计了可观赏的阿伊努原住民的生活样式、阿伊努舞蹈等。

Q&A 70 鶴の象徴

Q 日本では鶴は何を象徴しているのですか。
在日本鶴象征什么？

A

【主旨】

　日本最大の沼沢地である釧路湿原に行けば、特別天然記念物に指定されている頭部の赤い「丹頂鶴」が見られます。

　東洋の格言に「鶴は千年、亀は万年」があります。鶴は千年生きると言われますが、実際には動物園などでは80年生きたという記録があります。鶴は、幸福をよぶ長寿のシンボルです。鶴亀の組み合わせを描く絵画が、結婚式や年賀状のようなめでたい機会に幸運や長寿のしるしとして飾られます。

　春になると、雌の鶴は2個の卵を産みます。雄雌ともに同等の役割を果たしながら、卵とその後のヒナの世話をします。理想的なカップルのシンボルでもあり、日本の結婚式のスピーチなどではよく引用されます。

　如果去日本最大的沼泽地钏路湿原的话，便可见到被指定为特别天然纪念物的头部呈红色的"丹顶鹤"。

　东洋有句格言叫"千年的鹤，万年的龟"。据说鹤能活一千年。实际上在动物园，有它们能活80年的记录。鹤是幸福、长寿的象征。鹤龟同在的画，一般被装饰在结婚仪式或贺年片这样值得庆祝的场合，代表幸运和长寿。

　一到春天，雌性鹤就会产出2颗蛋，雄鹤和雌鹤则一起照顾蛋及出生后的幼鹤。他们是理想的情侣的象征，经常被引用于日本的结婚仪式的致辞等等。

第25章　森と湖の別天地・北海道

| キーワード / 关键词 |

★マリモ / 球藻

マリモは藻類の緑色をした球のことで、小さいものはピンポン球ほど、大きいものになるとサッカーボールほどの大きさです。「マリモ」は、湖の入り江でのみ成長します。湖底にあるばらばらの糸状の藻類が転がり回り、そのうち一緒に固まって球体のようになる時、「マリモ」が形作られるのです。野球のボールのような大きさになるまで成長するには約200年は要します。

「マリモ」は、日本では1897年にはじめて阿寒湖で発見されました。太陽が明るく照ると、湖面に浮かび、阿寒湖に素晴らしい緑の微光がきらめきます。「マリモ」は特別天然記念物に指定されています。「マリモ」は、富士山近くの山中湖にも見られます。

　　球藻是藻类中绿色的呈球状的植物，小的有乒乓球大小，大的有足球那么大。"球藻"只生活在湖泊中。湖底缠绕着很多线状的藻类，它们缠在一起形成固定的球状时就生成了"球藻"。它们要长到棒球的球那般大小需要大约200年的时间。

　　在日本"球藻"于1897年首次在阿寒湖被发现。太阳光照在湖面上，球藻浮出水面，阿寒湖中闪烁着耀眼的绿光。"球藻"被指定为特别天然纪念物。有人在富士山附近的山中湖里也发现了"球藻"。

第1部　日本の文化・観光

第2部　日本の世界遺産　文化遺産・自然遺産

241

第 2 部

日本的世界遗产

文化遗产・自然遗产

① 文化遺産 / 文化遗产

法隆寺地域の仏教建造物
法隆寺地区的佛教建筑

1993年12月被列入联合国教科文组织的世界遗产
【所在地】奈良県生駒郡斑鳩町 / 奈良县生驹郡斑鸠町
【概要】「法隆寺」と「法起寺」の建造物の総称。
　"法隆寺"和"法起寺"建筑物的总称

法隆寺 / 法隆寺

　法隆寺（Horyu-ji Temple）は西院と東院の2地域から成る建物の総称で、両院の境内には飛鳥時代（592-709）から江戸時代（1603-1868）にかけての38件の「国宝」、152件の「重要文化財」など重要な寺院建造物と仏像があります。日本芸術の宝庫であり、初期仏教の芸術品の収蔵所でもあります。7世紀末期から8世紀頃にかけて建立された西院には「金堂」や「五重塔」が日本に現存する最古の木造建築としてその姿を残しています。
　法隆寺是西院和东院两院建筑的总称，两院院内有从飞鸟时代（592-709）至江户时代（1603-1868）的38件"国宝"和152件"重要文化遗产"等重要寺院建筑物和佛像，是日本艺术的宝库，也是日本初期佛教艺术品的收藏地。7世纪末8世纪初在西院建立的"金堂"、"五重塔"，是日本现存的最古老的木质建筑。

法起寺 / 法起寺

　法起寺（Hokki-ji Temple）には創建当時そのままの姿をとどめる日本最古の「三重塔」が現存します。伽藍周辺の発掘によれば、伽藍の配置図には中門を

1 法隆寺地域の仏教建造物

入ると右側（東側）に三重塔、左側（西側）に金堂（1863年に聖天堂として再建）そして中央後方に講堂（1694年再建）があります。法起寺式伽藍配置は法隆寺と対称的です。

法起寺现存的日本最古老的"三重塔"，依然是创建当时的模样。根据对寺院周边的发掘可知，在寺院的分布图上，进入中门，右侧（东侧）是三重塔，左侧（西侧）是金堂（1863年作为圣天堂重建），而且中央后方是讲堂（1694年重建）。法起寺的寺院分布与法隆寺是对称的。

法隆寺地区的佛教建筑

Q&A 71 法隆寺

Q 法隆寺についてお話し願えますか。
请谈一下法隆寺。

A
【主旨】
　法隆寺は日本に現存する最古の寺院であるだけでなく木造建築としても世界最古の姿をそのまま留めています。1993年（平成5年）には、法隆寺と法起寺の2寺を含む「法隆寺地域の仏教建造物」としてユネスコ世界遺産に登録されました。法隆寺の顕著な特徴はシルクロードの文化と日本文化のユニークな様相が調和を保ちながら巧妙に、また完全に融合していることです。

　法隆寺は奈良県斑鳩にある仏教寺院です。斑鳩寺の名でも知られています。推古天皇（554-628年）統治時代に日本の仏教の中心地として聖徳太子が最初の寺院を7世紀初頭に創建したと言われています。法隆寺で仏教が開花し、当地から日本津々浦々に普及しました。

245

法隆寺建立の由来は、金堂にある歴史的発議の中に見ることができます。薬師如来像の光背銘に記されている記録によると、用明天皇（聖徳太子の父親）は自らの病気平癒のため仏像作成と伽藍建立を発願しましたが、完成前に崩御されました。この遺志を継いで聖徳太子と推古天皇は、607年に薬師如来像の作成と寺院の建立を完成させました。寺院は数世紀にわたり絶えず修理や再構築がなされてきました。日本政府は1934年に大規模な寺院の修理に着手し、1985年に完成させました。

法隆寺は日本の飛鳥時代以降の仏教芸術品の素晴らしい収蔵物を多数有しています。見事な芸術品を所蔵する建造物は現在では西院と東院として知られる主要な2箇所の境内周辺に配置されています。

世界遺産は総計48物件－西院には9物件、東院には21物件、僧院とその他の建造物が17物件、さらには法起寺の三重塔が含まれています。物件すべては国宝また重要文化財として保護されています。その物件地域（15.3ha）は特別史跡に指定されています。

法隆寺不仅是日本现存的最古老的寺院，作为木质建筑，也是世界上保存原样最古老的寺院。1993年（平成5年）法隆寺和法起寺两处寺院合称"法隆寺地区的佛教建筑物"，并被列入联合国教科文组织的世界遗产。法隆寺的显著特征是它保持着丝绸之路的文化和日本文化独有的现象，同时又把两种文化巧妙地融合在了一起。

法隆寺是位于奈良县斑鸠地区的佛教寺院。斑鸠寺的名称也广为人知。据说法隆寺是推古天皇（554-628）统治时代作为日本佛教的中心地，7世纪初为圣德太子建造的最古老的寺院。在法隆寺，佛教的文化活动频繁，并从当地向日本全国各地普及。

在金堂里存放的历史性提议中可以看到法隆寺建立的由来。根据药师如来像光背铭文的记载，用明天皇（圣德太子的父亲）为祈祷自己病愈而起誓建造佛像和寺院，但他却在佛像和寺院建成之前驾崩。继承他遗愿的圣德太子和推古天皇，于607年完成了药师如来像，并建成了寺院。该寺院历经几个世纪，不断被修葺、完善。日本政府于1934年开始着手对其进行大规模修建，并于1985年完成。

法隆寺收藏了日本飞鸟时代之后的很多优秀的佛教艺术品。收藏着这些日本优秀艺术品的建筑，主要分布在现在的西院和东院两处。

这里的世界文化遗产总计共48处，西院9处、东院21处、僧院和其他建筑物17处，其中包括法起寺的三重塔。其中的物件均为国宝或重要文化遗产被保护起来。那儿的建筑（15.3ha）也被指定为特别历史遗迹。

1 法隆寺地域の仏教建造物

Q&A 72 西院と東院

Q 西院と東院にはどのような文化遺産がありますか。
东院和西院有什么样的文化遗产？

A

【主旨】

　法隆寺は西側の西院と東側の東院の2地域から成る建物の総称です。両院の境内には飛鳥時代（592-709）から江戸時代（1603-1868）にかけて多数の「国宝」や「重要文化財」を含む寺院建造物と仏像があります。さらに日本芸術の宝庫であり、初期仏教の芸術品の収蔵所です。境内には僧侶の宿所、講堂、図書館また食堂なども多数あります。

　西院は元来7世紀末頃に建立されました。西院の境内には金堂や五重塔のように現存する世界最古の木造建造物があります。

　「金堂」は現存する世界最古の木造建築です。金堂の内部の壁に描かれた絵画の容貌や衣装はインドのアジャンタ石窟群または中国の敦煌に見られる壁画との類似点があります。金堂には本尊である釈迦三尊（国宝）があります。釈迦三尊は釈迦如来坐像（座高87.5cm）を中尊として、両脇士に薬王菩薩と薬上菩薩の立像が配置されています。この釈迦三尊（止利仏師の傑作）は飛鳥彫刻を代表する傑作として著名です。釈迦如来像は聖徳太子の等身像と伝えられています。

　「五重塔」（国宝）は約34メートルの高さで金堂の西側に聳えています。現存する世界最古の木造建築でもあります。飛鳥時代の五重塔建築の典型的な様式を顕示しています。670年に火災にあいましたが711年に再建されたと言われています。

　東院地域はかっての斑鳩宮の跡地であり、聖徳太子が622年に逝去するまでの居住地として601年に太子によって建立されました。宮は荒廃したので739年には聖徳太子に奉納された東院に取って替わられました。東院の中核的な建物である「夢殿」は、現存する日本最古また最も優美な八角円堂です。夢殿は聖徳太子の遺徳を偲んで739年に行信僧都によって建立されました。夢殿の本尊である救世観音は、飛鳥時代に彫刻された金箔のはられた木造観音菩薩立像です。この像は聖徳太子の等身像と言われています。宗教上の理由で古来秘伝とされ長い白布で包まれていました。しかし白布はアメリカの芸術史家アーネスト・フェノロサの懇請で解かれ、1884年（明治17年）には日本の芸術評論家岡倉天心によって

開帳されました。現在春季（4月11日から5月18日）と秋季（10月22日から11月22日）に年2回開扉されています。

　　法隆寺是西侧的西院和东侧的东院两处建筑的总称。两院内有从飞鸟时代（592-709）到江户时代（1603-1868）的很多"国宝"和"重要文化遗产"的寺院建筑物和佛像。另外法隆寺也是日本艺术的宝库，收藏着日本初期佛教的艺术品。院内有不少僧侣的住所、讲堂、图书馆和食堂等。

　　西院建于公元7世纪末。院内有金堂、五重塔等现存的世界最古老木质建筑物。

　　"金堂"是现存的世界最古老的木质建筑。金堂内部墙壁上的绘画，其人物相貌和服装均和印度的阿旃陀石窟或中国的敦煌里可见的壁画有着相似的地方。金堂的正佛是释迦三尊（国宝）。释迦三尊的释迦如来坐像（座高87.5cm）为中尊，两旁的侍像为药王菩萨和药上菩萨的立像。释迦三尊的雕像（止利法师的杰作）作为代表飞鸟时代雕刻艺术的杰作而闻名。相传释迦如来像是圣德太子的等身佛像。

　　"五重塔"（国宝）高度约为34米，高耸于金堂的西侧，是现存的世界最古老木质建筑。它是飞鸟时代五重塔建筑的典型样式。据说它670年遭遇火灾，但711年又被重建。

　　东院原是指斑鸠宫的旧址，圣德太子622年去世，作为他生前的居住地601年由圣德太子建造。后因斑鸠宫已荒废，739年被圣德太子所敬奉的东院所取代。东院的核心建筑是"梦殿"，"梦殿"是现存的日本最古老、最优美的八角圆堂。梦殿是为缅怀圣德太子遗德，于739年由行信僧都建造而成。梦殿的正佛是救世观音，是飞鸟时代雕刻并塑成金身的木质观音菩萨立像。据说这尊佛像是圣德太子的等身像。因为宗教上的原因，被认为是自古的秘传，佛像被长长的白布包裹着。然而白布受美国的艺术史家费诺罗萨的恳请被解开，并于1884年（明治17年）由日本艺术评论家冈苍天心开龛。现在每年的春季（4月11日到5月18日）和秋季（10月22日到11月22日），一年两次开龛。

アテンドの知識 / 相关知识

アジャンタの石窟寺院（1983年ユネスコ世界遺産に登録）/ 阿旃陀石窟寺院（1983年被列入联合国教科文组织的世界遗产）

　　インドのマハラーシュトラ州（Maharashtra）北部、ワゴーラー川湾曲部を囲む断崖を550mに渡って断続的にくりぬいて築かれた大小30の石窟で構成された古代の仏教寺院群。石窟内では美術的価値のある壁画や彫刻が多数拝観できます。

1 法隆寺地域の仏教建造物

在印度马哈拉施特拉邦的北部，瓦沟拉河河湾峡谷高耸的断崖上，绵延550米，断续地被挖掘建造成大小30个石窟，并由此组成了古代佛教寺院群。石窟内的具有美术价值的壁画、雕刻很多都能参观。

敦煌・莫高窟（1987年ユネスコ世界遺産に登録）/ 敦煌、莫高窟（1987年被列入联合国教科文组织的世界遗产）

中国・シルクロード都市の敦煌にある仏教芸術の石窟。500近い石窟内部には仏教を主題とする壁画（仏画）が多数描かれ、2,000体余りの塑像が安置されています。

莫高窟是位于中国丝绸之路的城市敦煌的佛教艺术石窟，共有近500个石窟。在这近500多的石窟内有很多以佛教为主题的壁画（佛画），还安置了2000多座的塑像。

法隆寺の金堂（長さ9.1m／幅7.3m／高さ17.8m）/ 法隆寺的金堂（长9.1m/宽7.3m/高17.8m）

金堂の内陣には仏像や芸術品が多数収蔵されています。金堂の豪華な壁画（例：世界的に有名な「飛天図」）は日本の仏教絵画の代表作として国際的に著名。今日金堂にある壁画は1967年（昭和42年）から1968年（昭和43年）にかけて復元［模写］されたものです。

金堂内收藏着很多的佛像和艺术品。金堂内的豪华壁画（例：世界知名的"飞天图"），是日本佛教绘画的代表作，享誉世界。目前金堂里的壁画是从1967年（昭和42年）到1968年（昭和43年）间被复原（仿造）的。

法隆寺の五重塔／法隆寺的五重塔

第二次世界大戦中には爆撃から保護するために安全に解体されました。戦後になると、607年の建造当初使用されていたものと同じ材木を使用し、原型通りに再建されました。中央柱の基部には舎利容器が安置されています。五重塔の内陣には歴史上の釈迦の生涯を描いた塔本四面具と言われる塑像群（国宝）が安置されています。東面には「維摩（大乗仏教の俗人哲学者）と文殊（釈迦の弟子）の問答」、西面には「分舎利（釈迦の棺の左右にひざまずきながら、死後に釈迦の遺骨を分割する）」、南面には「弥勒の浄土」、北面には仏教国では特に有名な「釈迦の入滅（＝仏弟子たちが釈迦の入滅を悲しむ）」の像があります。

为了从第二次世界大战的轰炸中保护五重塔，把它进行了安全分解。直到战后，按照其607年建造时的样子进行了重建，使用的是和当时建造时一样的木材。在中央柱的基部安置着放置舍利的容器。五重塔的正殿内放置着历史上描绘释迦生涯，被称为塔本四面具的雕像群（国宝）。东面是"维摩（大乘佛教的俗人哲学者）和文殊（释迦的弟子）的问答"像、西面

249

是"分舍利（跪在释迦棺材的左右，死后分割释迦的遗骨）"像、南面是"弥勒净土"像、北面是在佛教国度特有名的"释迦的圆寂（佛家众弟子悲痛释迦的圆寂）"像。

夢殿 / 梦殿

奈良時代（739年）に聖徳太子を供養する目的で行信僧によって造営された日本最古の八角堂です。聖徳太子が、夢の中に現れた金人（仏身）に啓示妙義を受けたという伝承により「夢殿」と名づけられました。堂内には聖徳太子の等身大といわれる救世観音立像（国宝）が本尊として安置されています。

梦殿是奈良时代（739年）以供奉圣德太子为目的，由行信僧营建的日本最早的八角堂。据说是圣德太子在梦中见到金人（佛身），受其启示，故命名为"梦殿"。梦殿的正殿内供奉的主佛是和圣德太子等身的救世观音的立像。

アーネスト・フェノロサ（Ernest Francisco Fenollosa: 1853-1908）/ 费诺罗萨（1853—1908）

アメリカ合衆国の東洋美術史家。明治時代に来日し、日本美術の紹介に尽力しました。岡倉天心とともに古寺の美術品を訪ね、天心とともに東京美術学校の設立に協力したことで知られます。

费诺罗萨是美利坚合众国的东洋美术史家。明治时代来到日本，并致力于日本美术的介绍。因为和冈仓天心一起遍访日本古寺的美术品，合作创办东京美术学校而为人所知。

Q&A 73 法起寺

Q 法起寺についてお話しください。
请谈一下法起寺。

A

【主旨】

　法起寺は日本の古都・奈良に隣接する古代集落である斑鳩の岡本地域にあります。法隆寺・東院の北東方面にある山裾の小丘に位置しています。寺院の敷地は古くは606年（推古14年）に聖徳太子が法華経を講説されたという岡本宮でし

1 法隆寺地域の仏教建造物

た。山背 大兄王（聖徳太子の長男）は622年に命じられた聖徳太子の最後の遺言の条文どおり岡本宮を寺院に改めました。638年寺院は完成し、太子の遺志は成就しました。

この寺院は706年に建立されたと言われる三重塔（高さ24m）でよく知られています。三重塔（国宝）は唯一創建当時のままに建ち、現存するこの種の塔では日本最古です。奈良市西ノ京町の「薬師寺」にそびえる東塔といわれる三重塔を除けば現存する日本最大の三重塔でもあります。再三の修理はありましたが1970から1975年にかけて原形の建物に近いように再建されました。

寺院境内の元の伽藍配置が明示された最近の発掘調査によれば、右［東］側に「三重塔」、左［西］側に「本堂」(1863年再建)、中央正面奥に「講堂」(1694年再建)がありました。法起寺は聖徳太子建立七大寺に数えられています。

法起寺位于与日本古都奈良相毗连的、有古代村落斑鸠的冈本地域，在法隆寺东院东北方向的山脚下的山丘上。该寺院是古代606年（推古14年）圣德太子讲法华经的冈本宫。山背大兄王（圣德太子的长子）在622年按照圣德太子的最后遗言的条文把冈本宫改为寺院。638年完成寺院建设，也成就了圣德太子的遗愿。

这座寺院因相传706年建造的三重塔（高24m）而知名。三重塔（国宝）是现在唯一一座保持建造时的原型、在同类塔中最早的塔。除了耸立在奈良市西京町的"药师寺"的被叫作东寺的三重塔之外，三重塔也是现存的日本最大的三重塔。它虽多次被修建，但从1970年到1975年间人们对它进行了与原建筑最为相近的重建。

根据寺院境内原伽蓝布置所示及最近的挖掘调查可知，法起寺的右（东）侧是"三重塔"，左（西）侧为"本堂"（1863年重建），中央正面里面是"讲堂"（1694年重建）。法起寺是圣德太子建立的七大寺之一。

第1部 日本の文化・観光

第2部 日本の世界遺産 文化遺産・自然遺産

② 文化遺産 / 文化遗产

姫路城
姫路城

1993 年 12 月被列入联合国教科文组织的世界遗产
【所在地】兵庫県姫路市（播磨国飾東郡姫路）/ 兵库县姫路市（播磨国饰东郡姫路）
【概要】登録地域の面積は、構成資産 107ha、それを保護する緩衝地帯 143ha です。
登录地区为构成资产 107ha，及保护姫路城的缓冲地带 143ha。

姫路城 / 姫路城

姫路城は 1951 年（昭和 26 年）に国宝に指定され、1993 年（平成 5 年）には「法隆寺地域の仏教建造物」と並びユネスコ世界遺産に登録されました。「5 層 6 階の大天守」(a five-story, six-floor donjon) と渡櫓 (elevated turret corridor) で結ばれた「3 層の小天守」(smaller, three-story keeps) 3 基から成る連立式天守閣 (combined [linked] donjons; interconnected-style keeps) の建造物であり、世界に誇る日本最大規模の古城です。

姫路城 1951 年（昭和 26 年）被指定为国宝，1993 年（平成 5 年）与"法隆寺地区的佛教建筑物"一起被列入联合国教科文组织的世界遗产。姫路城是由"5 层 6 阶的大天守"和 3 座由渡櫓链接的"3 层小天守"组成的连立式天守阁，是日本扬名世界的最大规模的古城。

姫路城

Q&A 74 姫路城

Q 姫路城を築城したのは誰ですか。なぜこの城は白鷺城と呼ばれているのですか。
姫路城是由谁建成的？这座城为什么叫白鹭城？

A

【主旨】

　姫路城は、17世紀初頭における日本の城郭建造物としては残存する最高傑作の範例です。その中心は、連結構造物でつながった大天守と3基の小天守から成る天守群です。

　1333年（元弘3年）に播磨国（現・兵庫県）の武将・赤松則村（1277～1350）が姫山の麓に最初の砦を築いたと言われます。その10年後の1346年には、赤松貞範（則村の次男、1306～1374）が小規模な姫山城を築城しました。1580年には、羽柴（後の豊臣）秀吉が破損した城郭を引き継ぎ、1581年には3層の天守閣を有する本格的な城郭を築き、「姫路城」に改名しました。

　徳川家康は1600年の関ヶ原の戦いでの戦功に対して池田輝政（家康の娘婿）に姫路城を授与しました。1601年、城主は城の再建に着工し、1609年までかけて現在の5層6階の城に大改修しました。今日見る壮麗な城の外観を構築するには、江戸時代初期から9年の歳月をかけて多大な修復を重ねたのです。城は軍事拠点としてだけでなく徳川家の威厳を顕示するものとして築かれました。姫路城下を焼き尽くした第二次世界大戦下の空襲にも焼けることなく、城は4世紀前の完成以来甚大な被害を受けることはありませんでした。1995年の阪神・淡路大震災のような大規模な自然災害からも逃れ無傷で現存しています。

　姫路城は五層の天守閣から城壁一面にいたるまですべての建造物が白漆喰総塗籠に仕上げられているので通称「**白鷺城**」としてよく知られています。大天守閣と高架状の渡櫓で連結された3基の小天守閣の白漆喰塗の壁は飛翔しようとして翼を広げる白鷺の姿を造り出しています。大天守閣は外観上5階に見えますが、実際の内部は6階［5層6階］であります。複雑な構造の中には、櫓また外門や城壁などが多数点在します。天守閣に至るまでの迷路のような通路は、複雑すぎて侵入者が閉じ込められて行き詰るほどです。城は1868年の明治維新まで日本で堅持されてきた封建制度の力強い象徴です。

　　姫路城是现存17世纪初日本城郭建筑的最高杰作的范例。它的中心是由连接构造物连接起来的大天守和3座小天守组成的天守群。

据说是 1333 年（元弘 3 年）播磨国（现兵库县）的武将——赤松则村（1277-1350）在姬路山的山脚下建造了最初的城郭。之后时隔十年的 1346 年，赤松贞范（则村的次子，1306-1374）建造了小规模的姬山城。1580 年羽柴（之后的丰臣）秀吉继承了破损的城郭，于 1581 年修建了有 3 层天守阁的真正的城郭，并改名为"姬路城"。

德川家康把姬路城赏给在 1600 年关原之战中获胜的池田辉政（家康的女婿）。1601 年池田辉政动工重建，直到 1609 年改建成现在的 5 层 6 阶的城郭。现在看到的壮丽的姬路城外观是从江户时代初期开始历时 9 年不断修建而成的。姬路的修建不仅是作为军事据点，也彰显着德川家的威严。第二次世界大战中的空袭，烧毁了姬路城下的地方，但是姬路城免遭烧毁，避免了 4 世纪前建城以来的最大的灾害。此外它还从 1995 年的阪神淡路大地震这样大规模的自然灾害中幸免于难，保存至今。

姬路城因为从五层的天守阁到城墙墙壁全涂上白色灰浆，所以也称为"白鹭城"，并为世人所知。姬路城的大天守阁和由高架于地面的渡橹连在一起的 3 座小天守阁，他们涂着白色灰浆的墙壁像正要展翅飞翔的白鹭。大天守阁外观看上去有 5 层，实际内部有 6 阶是"5 层 6 阶"的结构。复杂的内部构造中有很多的橹、外门和城墙墙壁。到天守阁的路像迷宫一样，复杂到入侵者进入后会被困在里面走不出去。姬路城是 1868 年明治维新以前日本坚守封建制度的有力象征。

アテンドの知識 / 相关知识

姫路城の異称「白鷺城」には、「はくろじょう」（音読）と「しらさぎじょう」（訓読）の 2 種類の読み方があります。正式な読み方は音読の「はくろじょう」ですが、親しみを込めた訓読の異称「しらさぎじょう」もよく使われています。ちなみに、「シラサギ」は「白いサギ」のことです。「シラサギ」という名前の鳥はいません。

参考までに、松本城（国宝）は「烏城」（からすじょう）、会津若松城は「鶴ヶ城」（つるがじょう）、岡山城は「烏城」（うじょう）、広島城は「鯉城」（こいじょう）など、動物にちなんだ異称をもつ城が多数あります。

姬路城又称"白鹭城"，有"はくろじょう"（音读）"しらさぎじょう"（训读）这两种读法。正式的读法是音读的"はくろじょう"，而带有亲切感的训读的别称"しらさぎじょう"也被经常使用。"しらさぎ"是指的"白色的鹭"。没有叫"しらさぎ"的鸟。

松本城（国宝）称为"乌鸦城"（からすじょう）、会津若松城称为"鹤城"（つるがじょう）、冈山城称为"乌城"（うじょう）、广岛城称为"鲤城"（こいじょう）等等，日本有很有来自于动物名的城郭。以上仅供参考。

254

③ 文化遺産 / 文化遗产

古都京都の文化財
古都京都的文化遗产

1994 年 12 月被列入联合国教科文组织的世界遗产
【所在地】京都府京都市・宇治市と滋賀県大津市 / 京都府京都市、宇治市和滋贺县大津市
【概要】京都府と滋賀県にある「神社」(3 物件)・「仏閣」(13 物件)・「城」(1 物件) の総称 (合計 17 物件) です。古代中国の都城を模範 (the model for the capitals of ancient China) として 794 年に建設された平安京 (the imperial capital of Japan) とその近郊地域にあり、平安・鎌倉・室町・桃山・江戸の各時代における 1,000 年以上にわたる歴史建造物群です。

京都的文化遗产是指存于京都府、滋贺县内的"神社"(3 座)、"寺院"(13 处)、"城郭"(1 处) 的总称。(合计 17 处) 它们是位于以古代中国都城建设为范本的、794 年建造的平安京及其周边地区的、拥有 1000 年以上历史的、跨越平安、镰仓、室町、桃山、江户各朝代的历史建筑物群。

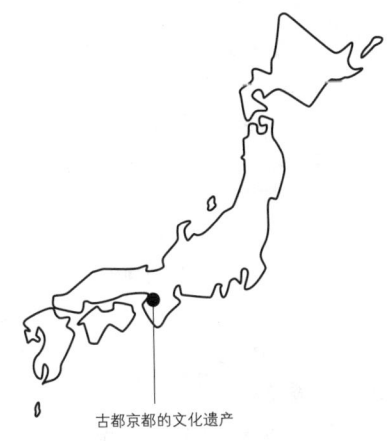

古都京都的文化遗产

Q&A 75 都の寺院群

Q 京都ではユネスコ世界遺産はいくつ登録されていますか。遺産例をいくつかお話し願えますか。
京都是什么时候被列入为联合国教科文组织的世界遗产的？请举出几个遗产的例子。

A

【主旨】

　千年以上に及び日本の都が置かれていた京都は、古代中国の都をモデルにして794年に創建されました。ユネスコ世界遺産「古都京都の文化財」は京都府の京都市、宇治市そして滋賀県の大津市に広がり、13物件の寺院と3物件の神社そして1物件の城で構成されています。総計17物件の世界遺産の起源は10世紀（794年）から19世紀（1868年）に及び、どの遺産も建立された時代を代表しています。京都は19世紀中頃まで首都としてだけでなく重要な文化の中心地としても決定的な役割を果たしてきました。

　有名な世界遺産をいくつか挙げます。

《1》**鹿苑寺**は**金閣寺**の正式名称です。金閣寺は、金箔を装い青銅の鳳凰像をのせた三層の楼閣でよく知られています。最初の建物は（室町幕府第三代）将軍足利義満（1358-1408）の隠居の山荘として1397年に創建され、当時は北山殿で知られる領地でした。彼の子（第四代将軍足利）義持は建物を禅寺に転じ、寺は義満の法名（「鹿苑院殿」）にちなんで「鹿苑寺」と名付けられました。寺は臨済宗相国寺派に属します。

　1950年建物は、寺の丘山で若い仏僧が自殺を図ったために、焼失しました。現存する金閣寺は1955年に原型に沿って復元されものです。金箔張りと新しい塗装は当時のものより厚みがあり、1987年に完成しました。さらには絵画などを含む建物の内部や金閣の屋根は2003年に修復されました。建物の機能は仏陀の遺骨を納める舎利殿です。池（鏡湖池）の静かな水面に映る楼閣は壮観です。

《2》**教王護国寺**、通称「**東寺**」は東寺真言宗の総本山です。寺院は794年平安京への遷都直後、京都の守護寺として（桓武）天皇の命により796年に創建されました。往時は「西寺」があり、対をなす寺は平安時代（794-1185）には京都最大の門である羅生門の両側に建てられていました。東寺の造建物には仏教の彫刻が多数収蔵されています。境内には本尊の薬師如来を祀る金堂（国宝）、また弘法大師坐像（国宝）を安置する御影堂（国宝）があります。

寺院の境内には、新幹線の列車の車窓からも見える東寺の「五重塔」が聳えています。元の塔の建立は826年（天長3年）に弘法大師空海によって始められ、落雷の火事などで4回焼失しています。現在の五重塔は江戸時代に遡り、1644年に徳川家光の寄進によって再建されたものです。京都のランドマークタワーである五重塔は54.8メートルで木造塔としては日本一の高さを誇っています。

《3》**西芳寺**は美しい苔の庭園を有する「**苔寺**」として有名です。この寺院は聖徳太子の別荘の跡地です。寺院は奈良時代に仏僧 行 基によって建立されました。1339年には仏僧夢窓疎石によって禅寺として中興されました。国指定の特別名勝である庭園（上段の枯山水庭園と下段の池泉回遊式庭園）は、後世の日本庭園に多大な影響を及ぼしました。

京都建于794年，有一千多年作为日本帝都的历史，这座城市是参照古代中国帝都的建设样式而建造的。世界遗产"古都京都的文化遗产"的京都府包括京都市、宇治市及滋贺县的大津市，由13座寺院和3座神社、1处城郭组成。总计17处的世界遗产，建设时间从10世纪（794年）至19世纪（1868年），不论哪一处的遗产都能代表其所被建造时的时代。京都不仅是19世纪之前日本的帝都，同时作为重要的文化中心起着决定性的作用。

举几个有名的世界遗产的例子。

《1》鹿苑寺是金阁寺的正式的名称。金阁寺因有三层放置金箔装裱的青铜凤凰像的楼阁而有名。最近的建筑是作为（室町幕府第三代）将军足利义满（1358-1408）的隐居山庄于1397年建造而成，当时在北山殿是有名的领地。他的儿子（第四代将军足利）义持把该建筑改为禅寺，寺院也源于义满的法名（"鹿苑院殿"）而被命名为"鹿苑寺"。该寺院属于临济宗相国寺派。

1950年该建筑被在寺院的山丘上自杀的年轻佛僧烧毁了。现存的金阁寺是1955年按照其原型复原的建筑。金箔的贴着和外观的涂料质地均比之前厚，并于1987年完成。寺院的内部包括绘画等以及金阁寺房顶的修复是2013年完成的。此建筑物主要用于存放佛陀的遗骨舍利殿。倒映在水池（镜湖池）中的金阁寺尤为壮观。

《2》教王护国寺俗名"东寺"，是东寺真言宗的总本山。寺院建于796年，是794年帝都迁往平成京之后，作为京都的守护寺由（桓武）天皇下令建造的。以前还有"西寺"，这两座相对称的寺院分别被建于平安时代（794-1185）京都最大的门——罗生门的两侧。东寺的建筑中收藏着很多佛教的雕刻。寺院内有供奉本尊药师如来的金堂（国宝），和安置弘法大师坐像（国宝）的御影堂（国宝）。

寺院里耸立着透过新干线的列车的车窗都能看到的东寺的"五重塔"。

之前的塔是826年（天长3年）弘法大师空海开始建造的，因为雷电发生火灾等，它被烧毁四次。现在的五重塔可追溯至江户时代，1644年由德川家康捐赠而重建。作为京都标志性塔建筑的五重塔高54.8米，是日本最高的木质塔建筑。

《3》西芳寺也是"苔寺"，它因寺内庭园里有好看的藓苔而有名。这座寺院是圣德太子别墅的遗迹。它是由奈良时代的佛僧行基建造而成。1339年由佛僧梦窗疏石作为禅寺发展兴旺起来。成为国家指定特别名胜的庭园（上段的枯山水庭园和下段的池泉回游式庭园）对后世日本庭园的建设有着很大的影响。

西芳寺

④ 白川郷・五箇山の合掌造り集落

文化遺産 / 文化遗产

白川乡・五箇山的合掌造村落

1995 年 12 月被列入联合国教科文组织的世界遗产
【所在地】岐阜県大野郡白川村の荻町、富山県南砺市の相倉と菅沼 / 岐阜县大野郡白川村的荻町、富山县南砺市的相仓和菅沼
【概要】飛騨地方の白川郷（荻町）と越中（現・富山県）の五箇山（相倉と菅沼）にある合掌造りの家屋を有する集落です。

　　該遺産包括飞騨地区的白川乡（荻町）和越中（现富山县）的五箇山（相仓和菅沼）有合掌造房屋的村落。

合掌造り / 合掌造

　江戸時代に養蚕のために建造されました。合掌造り家屋には釘を1本も用いず、2本の材木を逆V字形に組み合わせた切妻屋根の構造です。屋根の葺替えは約20年ごとに行われ、縄とネソと呼ばれるマンサクの木を使用します。この集落は豪雪地帯であり、積雪（約3m）を落としやすくするために急勾配（約60度）の屋根にした茅葺家屋です。荻町は 1976 年、相倉と菅沼は 1994 年に「重要伝統的建造物群保存［重伝建］地区」に指定されています。

　　合掌造是江戸時代为养蚕而建造的房屋。这样的房屋不使用钉子，将两根建材合并成倒立的V字形，房顶呈人字形。房顶的稻草20年更换一次，主要使用绳子和被叫作捻柴的金缕梅的

白川乡和五箇山在历史上有名的村落

木材。这个村落位于大雪地带，为了使积雪（约3米）容易滑落，而把房子建成屋顶为陡坡（约60度）的茅草苫房顶的房子。荻町、相仓和菅沼分别于1976年、1994年被指定为"重要传统的建筑物保存（重建）地区"。

Q&A 76　合掌造り

Q 合掌づくり家屋の主要な特徴とはどのようなものですか。合掌造り家屋を西洋に紹介したのは誰ですか。
合掌造房屋的主要特征是什么？是谁把合掌造房屋介绍到了西方？

A

【主旨】

　白川郷と**五箇山**の由緒ある集落は、岐阜と富山の県境の山岳地帯にあります。集落は、祈るときに両手を合わせるのに似た形の合掌造りの家屋でよく知られています。合掌造りの家屋は、積雪に耐えるように建てられた急勾配の茅葺屋根がかけられています。中部地方北部から北陸地方へと延びる山脈は日本有数の豪雪地帯です。

　その特徴の1つは、屋根組みに全く釘を使用していないことで、また、多くの家屋の中央部には囲炉裏が設けられています。かつて囲炉裏からの煙は建物の上層にある骨組みで蚕を飼育するために使用されていました。煤は松木や栗木の柱や梁を害虫から保護するために欠かせませんでした。

　1995年岐阜県白川村にある荻町、富山県南砺市にある相倉と菅沼の3集落がユネスコ世界遺産に登録されました。集落は自然環境と人間社会が見事に適応した伝統的な生活様式を示す顕著な範例です。

　合掌造り建築を1934年に西洋に最初に紹介したのはドイツ人建築家ブルーノ・タウトです。彼は1933年から1936年日本に滞在し、日本の建築を研究するために日本各地を旅行しました。それ以来、合掌造りの特殊性と重要性が広く世界に知られるようになりました。

　白川乡和五崗山在历史上有名的村落，分布在岐阜县和富山县境内的山岳地带。这些村落以与祈祷时双手合十时的形状相似的合掌造房屋而出名。合掌造的房屋，为经得住积雪，其房顶被建成呈陡坡的茅草苫房顶。从中部地区北部到北陆地区延伸的山脉是日本少有的大雪地带。

　合掌造房屋的特征之一是其屋顶不使用钉子，而且很多的房屋中央设

有地炉。以前地炉里冒出的烟用于饲养放在房梁上的蚕。此外，煤也是保护松木或栗木的柱子及房梁免遭虫噬不可或缺的。

1995年岐阜县白川村的荻町、富山县南砺市的相仓和菅沼，这3处地方的村落被指定为联合国教科文组织世界文化遗产。合掌造的村落是展现大自然与人类社会极大融合的一种传统生活方式的显著范例。

德国建筑家布鲁诺·陶特，1934年最早把合掌造建筑介绍到西方。他从1933年到1936年生活在日本，为研究日本的建筑，他游遍日本各地。此后，合掌造的特殊性和重要性在世界上广为人知。

アテンドの知識 / 相关知识

合掌造り建築を世界に紹介したブルーノ・タウト / 把合掌造建筑介绍到世界上的布鲁诺·陶特

建築家ブルーノ・タウト（Bruno Taut:1880-1938）の傑作は、「ベルリンのモダニズム集合住宅群」として2008年に世界文化遺産の一部として登録されています。1933年来日し、「桂離宮」の伝統美を世界に広く紹介した最初の建築家でもあります。

建筑家布鲁诺·陶特（1880-1938）的杰作是"柏林现代主义集合住宅群"，该住宅群于2008年被指定为世界文化遗产的一部分。他于1933年来日，是最初把"桂离宫"的传统美广泛地介绍给世界各国的建筑家。

⑤ 文化遺産 / 文化遗产

広島平和記念碑（原爆ドーム）
广岛和平纪念碑（原子弹爆炸圆顶屋）

1996年12月被列入联合国教科文组织的世界遗产
【所在地】広島県広島市中区大手町1丁目10番地 / 广岛县广岛市中区大手町1丁目10番地
【概要】世界遺産の範囲は原爆ドームが建つ核心地域（3900m²）と平和記念公園（Peace Memorial Park）そして周辺河川地域（約42万m²）です。
　　属于世界遗产范围的是原子弹爆炸圆顶屋建设的核心地区（3900平方米）、和平纪念公园及周边河川地区（大约42万平方米）。

原爆ドーム / 原子弹爆炸圆顶屋

　1945年8月6日午前8時15分、米軍のB-29爆撃機（the Boeing B-29 Superfortress [bomber]）、機名「エノラ・ゲイ」（Enola Gay）によって広島市に原子爆弾が投下されました。その悲劇の象徴になったのが「原爆ドーム」の名で知られる広島平和記念碑です。

　当時は「広島県産業奨励館」と呼ばれていました。もともとは1915年（大正4年）チェコの建築家（Czech architect）ヤン・レッツェル（Jan Letzel：1880-1925）が設計したネオ・バロック様式の「広島県物産陳列館」の建物で、その後改称されました。

　人類史上初めて使用された核兵器の悲惨さを伝える建物であり、ポーランドのアウシュヴィッツと同様に「負の遺産」（negative legacy [heritage]）

广岛和平纪念碑（原子弹爆炸圆顶屋）

5 広島平和記念碑（原爆ドーム）

として、世界に核兵器廃絶（the ultimate elimination of all nuclear weapons）と恒久平和（permanent peace）を訴える人類共通の平和記念碑です。

1945年8月6日上午8点15分，美军轰炸机B-29、机名"艾诺拉·盖"，向广岛市投放了一枚原子弹。象征其悲剧的是以原子弹爆炸圆顶屋闻名的广岛和平纪念碑。

当时被称为"广岛县产业奖励馆"。最初是1915年（大正4年）捷克的建筑家简·勒泽尔（1880-1925）设计的新巴罗克艺术风格的"广岛县物产陈列馆"，之后又改了名称。

原子弹爆炸圆顶屋是传达人类历史上第一次使用核武器的悲剧的建筑，它同波兰的奥斯维辛集中营一样作为"负遗产"，是向世界宣扬杜绝核武器、永久和平的人类共同的和平纪念碑。

Q&A 77 原爆ドーム

Q 原爆ドームの原形は何ですか。
原子弹爆炸圆顶屋的原形是什么？

A

【主旨】
　広島平和記念碑、通称「**原爆ドーム**」は1945年8月6日に最初の原爆が爆発した場所に残された唯一の建造物です。

　原爆ドームは1945年米空軍爆撃機が人類史上初めて核兵器、原子爆弾を投下したときに破壊された旧「広島県産業奨励館」の遺跡です。この地点のほぼ真上の上空で原子爆弾が炸裂したので、建物の壁は部分的に崩壊を免がれました。建物は爆弾投下直後と同じ状態で保存されています。現在は核荒廃の残存物として、また世界平和と核兵器の根絶を祈願するシンボルとして保存されています。

　悲劇的な歴史を伝える原爆ドームは、核兵器が二度と使用されないようにという広島の悲願を力強く象徴するものでもあります。1996年には世界平和への祈願のシンボルの遺跡として世界遺産に登録されました。

　广岛和平纪念碑俗称"原子弹爆炸圆顶屋"，是1945年8月6日人类第一次原子弹爆炸现场残留的唯一建筑物。

原子弹爆炸圆顶屋是1945年美国空军轰炸机于人类历史上第一次投掷核武器、原子弹时,被破坏的旧"广岛县产业奖励馆"的遗址。因为原子弹正是在这个地方的正上方爆炸,所以它的部分墙壁免遭倒塌。人们保存着它被投掷原子弹之后的原貌。现在作为被核武器荒废的残存物及祈祷世界和平、杜绝核武器的象征而被保存起来。

传递悲剧历史的原子弹爆炸圆顶屋,有力地象征着拒绝再次使用核武器的广岛人民的悲壮誓愿。1996年原子弹爆炸圆顶屋作为祈祷世界和平象征的遗址,被列入世界文化遗产。

⑥ 厳島神社

文化遺産 / 文化遗产

厳島神社
严岛神社

1996 年 12 月被列入联合国教科文组织的世界遗产
【所在地】広島県廿日市市宮島町 1-1/ 广岛县廿日市市宫岛町 1-1
【概要】「厳島神社」と「弥山の原始林」の総称。

　瀬戸内海の広島湾に浮かぶ宮島（周囲 31km）には、古来信仰の対象となる最高峰の弥山（標高 535m）が御神体として仰がれ、その北東麓には 1400 年以上の歴史を有する厳島神社が鎮座します。

　　是"严岛神社"和"弥山原始森林"的总称。

　　瀬户内海广岛湾上的宫岛（周围 31km），它的最高峰弥山（海拔 535 米），作为神山自古便是人们信仰的对象受到敬仰，它的东北山脚下坐落着拥有 1400 年历史的严岛神社。

严岛神社

Q&A 78　厳島神社と弥山

Q 厳島神社とその鳥居についてお話し願えますか。弥山についてお話しください。
请阐述一下严岛神社和那儿的鸟居。请说明一下弥山。

A

【主旨】

厳島神社は瀬戸内海に浮かぶ厳島、通称「安芸(あき)の宮島」に鎮座しています。厳島神社は、広島県の廿日市(はつかいち)市にあり、古来神道の聖地として崇敬の対象でした。絵のように美しい島の景観には、海上に突き出た社殿そして本殿から160m離れた広島湾に建つ巨大な朱塗りの鳥居があります。

初期の厳島神社の社殿建造は6世紀頃（593年）と思われますが、現在の神社の建立は12世紀に遡ります。平安末期の1168年に武将平(たいらの)清盛(きよもり)は社殿を建造するために基金を作り、平家の栄華に社殿を捧げました。調和よく統制のとれた神社建造物は高度な芸術性と技術的な技法を顕示しています。この神社の象徴的な特色といえば、前景に立つ大鳥居と、屋根のある廻廊(かいろう)で結ばれた海に浮かぶように見える社殿です。朱塗りの大鳥居は厳島神社の象徴とされています。朱塗りの木造社殿は海上に建立されているため潮が満ちれば社殿は水に浮いているように見えます。いずれも満潮時には水に沈みますが、干潮時には海水は完全に引き、鳥居まで歩いて行けます。

弥山は世界遺産・厳島神社の登録区域内に位置し、古来地元住民によって崇拝されてきました。山麓は806年弘法大師（空海）によって修行の霊山として開山されました。宮島の最高峰である弥山からは、瀬戸内海と周辺の山々の絶景が一望できます。

严岛神社坐落在濑户内海的严岛，俗称"安芸的宫岛"上。严岛神社在广岛县的廿日市市，作为自古以来神道的圣地备受人们的崇敬。如同画卷一般美丽的严岛景观中有突出在海里的神殿和距正殿160m的广岛湾内的巨大朱红色鸟居。

一般认为初期严岛神社的神殿建造于6世纪（593年），而现在的神社可追溯到12世纪。平安末期的1168年，武将平清盛为建造神殿筹措资金，并把平家的奢华体现在神殿的建设中。建筑风格协调的神社体现了高度的艺术性和高超的建筑技法。这座神社的象征性特色是立在前景的大鸟居和由带屋顶的回廊连在一起，看上去像是浮在海上的神殿。朱红色的大鸟居

被认为是严岛神社的象征。朱红色的木制神殿因为建造在海上，所以涨潮时看上去像是浮在水面上一样。满潮时它沉于水底，退潮时海水完全退去，便可以步行走到鸟居。

弥山位于世界遗产严岛神社的列入区域内，为自古以来的原住居民所崇拜。最初弘法大师（空海）在806年把它作为修行的灵山。弥山是宫岛的最高峰，从这儿濑户内海和其周边的群山的美景可以一览无余。

アテンドの知識 / 相关知识

厳島神社の本社の構成は4部門、「本殿」（＝三女神が安置されている所）、「幣殿」（＝神主のみが出入りできる、また神楽を舞う所）、「拝殿」（＝誰もが祈祷できる所）そして「祓殿」（＝祈祷前に心身を清める所）から成っています。「廻廊」（西廻廊・東廻廊）を含めすべての建造物は国宝（National Treasure）に指定されています。

严岛神社的正殿由4部门即"本殿"（放置三女神的地方）、"币殿"（只有神主可以出入的地方，也是舞神乐的地方）、"拜殿"（所有人都可以在此祈祷的地方）、"祓殿"（祈祷前洗涤身心的地方）组成。包括"回廊"（西回廊、东回廊）在内的所有建筑都被指定为国宝。

⑦ 文化遺産 / 文化遗产

古都奈良の文化財
古都奈良的文化遗产

1998 年 12 月被列入联合国教科文组织的世界遗产
【所在地】奈良県奈良市 / 奈良县奈良市
【概要】奈良の世界遺産は、奈良市に点在する神社（1 物件）・仏閣（5 物件）、平城宮跡、春日山原生林の総称（8 物件）。

　奈良は、710 年から 794 年まで日本の首都であり、政治・経済・文化の中心地として繁栄しました。この時代に中国（唐）や韓国との交流を通して日本文化の原型が形成されました。794 年、首都が京都へ遷都した後も宗教都市として栄え、神社仏閣や宮跡の文化遺産が残存します。

　　奈良的世界文化遗产是分布在奈良市的神社（1 处）、寺院（5 处）、平城宫迹、春日山原始森林，这些文化遗产的总称（8 处）。
　　奈良从 710 年至 794 年是日本的首都，作为政治、经济、文化的中心十分繁荣。这个时代，日本与中国（唐）和韩国进行交流，并形成了日本文化的原型。794 年日本首都迁到京都后，奈良作为宗教城市繁荣发展，为后世留下神社、寺院、宫迹等文化遗产。

古都奈良的文化遗产

Q&A 79 奈良の寺院群

Q 古都奈良の文化財におけるユネスコ世界遺産はいくつありますか。遺産についていくつか例をお話しください。
古都奈良的文化遺产中有多少是联合国教科文组织的世界遺产？请举几个关于文化遺产的例子。

A

【主旨】

　ユネスコ世界遺産に登録された「古都奈良の文化財」には奈良県にある古都奈良の8物件の文化遺産が含まれています。文化遺産は仏閣5物件、神社1物件、春日山原始林（特別天然記念物）と平城宮跡（特別史跡）です。日本文化は中国や韓国との文化交流で発展してきました。710年から794年まで日本の首都であった奈良の多数の寺院には、この明白な証となる文化遺産が残存します。仏閣5物件とは、東大寺、興福寺、薬師寺、唐招提寺そして元興寺です。

　登録寺院の例を少し取りあげます。

《1》**東大寺**には世界最大級の木造建造物だと言われる大仏殿があり、日本語の「大仏」で知られる巨大なブロンズ製の大仏像があります。またこの寺院は華厳宗 大本山としての役職を担っています。

　「お水取り」は東大寺の二月堂で3月12日深夜から13日にかけて行われます。この宗教儀式は2週間にわたって行われる修二会の一部です。仏僧は国家安泰と五穀豊穣を祈り、二月堂の欄干で燃える大松明を振り回します。階下に集う参詣者は、悪霊から保護する力があるといわれる火の粉のシャワーを急いで浴びようとします。松明が燃えつきると、13日の早朝に井戸（＝若狭井）から水を汲み、仏に捧げます。この法事は春の到来を告げるのです。

《2》**薬師寺**は皇后（後の持統天皇）の病気回復を祈願して680年に天武天皇によって飛鳥に創建され、718年に現在地（平城京）に移転されました。この寺は法相宗の大本山です。境内の中央にある新しい建物は、壮麗な建造物の原形に基づいて1976年に再建された「金堂」であり、金堂には本尊の「薬師三尊」（国宝）が安置されています。中尊には大理石の台座に座する「薬師如来」、両脇には立像の「日光菩薩」と「月光菩薩」が配されています。境内には奈良のシンボルである三重塔の「東塔」（国宝）があり、寺院唯一の創建当時のまま残存する建造物です。

《3》**元興寺**は奈良時代には「南都七大寺」の1つでした。寺の前身は飛鳥地区で6世紀末頃に建立された日本最古の仏教寺院の飛鳥寺（旧名は法興寺）です。

寺院は平城京（奈良時代の日本の首都）遷都に伴って718年飛鳥から奈良に移転して元興寺に改称されました。

被列入为联合国教科文组织世界遗产的"古都奈良的文化遗产"包括奈良县内的古都奈良的8处文化遗产。文化遗产是指5处寺院、1处神社、春日山原始森林（特别天然纪念馆）和平城宫迹（特别史迹）。日本文化是在和中国、韩国的文化交流中发展起来的。在710年到749年中作为日本首都的奈良，有很多的寺院中保存着成为确凿证据的文化遗产。5处寺院分别是东大寺、兴福寺、药师寺、唐招提寺和元兴寺。

举几个成为文化遗产的寺院的例子。

《1》东大寺里有被认为是世界最大的木质建筑的大佛殿，殿内有在日语里有名的"大佛"——巨大的青铜造的大佛像。另外东大寺还是华严宗的大本山。

"取水"是在东大寺的二月堂从3月12日深夜到13日举行的法式活动。这个宗教仪式是历时两周的修二会的一部分。佛僧们祈祷天下太平、五谷丰登，并在二月堂的栏杆处挥动火把，在台阶下参拜的信徒便急忙接受据说有保护灵魂力量的火星的洗礼。火把燃尽，在13日的早上从井里（若狭井）打水贡献给神佛。这个法事预示着春天的到来。

《2》药师寺是680年天武天皇祈祷皇后（后来的持统天皇）病愈，在飞鸟时期建造的，718年被迁移到现在的地方（平城京）。这个寺院是法相宗的大本山。在寺院中央有座新的建筑物，那是在壮丽的建筑物原型的基础上于1976年重建的"金堂"，金堂里安放着主佛"药师三尊"（国宝）。中尊是坐在大理石台座上的"药师如来"，两旁的立像是"日光菩萨"和"月光菩萨"。寺院内有奈良的标志性建筑三重塔的"东塔"（国宝），这是寺院内唯一残存的创建于当时的建筑物。

《3》元兴寺是奈良时代"南都七大寺"之一。该寺的前身是于6世纪末在飞鸟地区建造的日本最早的佛教寺院飞鸟寺（原名法兴寺）。元兴寺随平城京（奈良时代的日本首都）迁都时于718年从飞鸟迁到奈良并改名为元兴寺。

Q&A 80 春日大社と春日山原生林

7 古都奈良の文化財

Q 春日大社と春日山原生林についてお伺いしたいのです。
请谈一下春日大社和春日山原始森林。

A

【主旨】

　春日大社は768年、有力な藤原氏によって正式に創建されましたが、その起源は奈良時代初期に遡る(さかのぼ)るとされます。大社は三重県の伊勢神宮と同じように幾世紀もの間20年毎に定期的に再建されてきました。神社は御神体(ごしんたい)であるとされる2か所の聖山である「御蓋山(みかさやま)」と「春日山(かすがやま)」の麓に鎮座します。2か所の原生林は特別天然記念物として保護されています。

　春日大社は当初は古都平城京を保護するために建造されましたが、現在は国中に広がる支社の本部としての役割を果たしています。春日大社は社殿・回廊の朱塗(ぬ)りの柱や軒にある1,000基の青銅の吊り灯籠が有名です。また神社の境内や参道に並ぶ2,000基の立ち石灯籠でもよく知られています。2月初旬と8月中旬に行われる有名な万灯籠祭(まんとうろう)には、大小3,000基の明かりのもと青銅製や石造の灯籠によって醸し出される幻想的な風景が見られます。春日大社と春日山原生林はユネスコ世界遺産に登録されています。

　春日大社是768年由势力强大的藤原氏正式建造的神社。相传它的起源可追溯到奈良时代初期。春日大社和三重县的伊势神宫一样，几世纪间它们每隔20年被定期修建一次。该神社的神体坐落在两座圣山"御蓋山"和"春日山"的山麓上。两座山上的原始森林作为特别天然纪念物被保护起来。

　当初建造春日大社是为了保护古都平城京，现在它是日本全国各处的春日大社的总部。春日大社的正殿、回廊里朱红的柱子和屋檐下垂下来的1000个青铜吊灯笼十分有名。另外，神社内及参拜路两旁的2000座石灯笼也颇为人知。在2月初和8月中旬举行的有名的万灯笼祭上，可见到由大小3000座明灯和青铜制或石制灯笼酝酿出的梦幻般的风景。春日大社和春日山原始森林被列入为联合国教科文组织的世界遗产。

第1部　日本の文化・観光

第2部　日本の世界遺産　文化遺産・自然遺産

271

⑧ 文化遺産 / 文化遗产

日光の社寺
日光的神社和寺院

1999 年 12 月被列入联合国教科文组织的世界遗产
【所在地】栃木県日光市山内(さんない) / 栃木县日光市山内
【概要】「東照宮」、「二荒山神社」、「輪王寺」の二社一寺の総称。
　神仏習合（the syncretism [mixture] of Shintoism and Buddhism）の聖地である日光は、奈良時代後期（766 年）に勝道上人(しょうどうしょうにん)が開山しました。世界遺産の登録にさきがけて、「日光山内」の指定名で 1998 年に国の史跡に指定されました。
　该遗产是"东照宫"、"二荒山神社"、"轮王寺"二社一寺的总称。
　作为神佛合一圣地的日光，在奈良时代后期由胜道上人创建。它在列入世界遗产之前于 1998 年被指名为"日光山内"，成为日本国家史迹。

日光的神社和寺院

Q&A 81 東照宮

Q 東照宮とその有名な門について簡単にお話し願えますか。
请简单地谈一下东照宫和宫内有名的门。

A

【主旨】

　東照宮は、1616年に逝去した徳川幕府の礎を固めた徳川家康の壮麗な霊廟を安置するために築かれた建造物から成っています。家康の死後1617年に天台宗の仏僧慈眼大師（天海：1536?～1643）が家康の遺体を静岡県の久能山東照宮から日光に改葬し、東照宮に霊廟を築きました。第二代将軍徳川秀忠（1579～1632）が将軍であった時代の1617年に再建された東照宮は、第三代将軍徳川家光（1604～1651）の時代1636年に大規模に造替されました。神宮には家康の他にも日本の史上有力な人物の豊臣秀吉と 源 頼朝の二霊が祀られています。

　豪華な神宮には、仏教の五重塔と神道の鳥居に見られるように見事な神仏習合の建造物群があります。1636年建立の「**陽明門**」（国宝）は日光の建築様式としてよく知られている例です。「日暮らしの門」の異名をもち、参拝者が日暮れまでその美しさに見とれるほどという意味を有しています。

　1616年打下德川幕府根基的德川家康故去，东照宫是为安置德川家康的壮丽的灵庙而建造的建筑物。家康故去后的1617年，天台宗的佛僧慈眼大师（天海：1536？-1643）把他的遗体从静冈县的久能山东照宫改葬在日光，并在东照宫建造了灵庙。东照宫于1617年由当时的第二代将军德川秀忠重建，于1636年由第三代将军德川家光进行大规模的扩建。神宫内除了家康之外还祭祀着在日本历史上有一席之地的丰臣秀吉和源赖朝两位的亡灵。

　豪华的神宫中，有看似佛教五重塔和道教鸟居的壮观的神佛合一的建筑物群。例如1636年建立的"阳明门"（国宝）就是日光的建筑样式而有名。阳明门也叫"日落之门"，有参拜者直到日落都能看到它的美景之意。

Q&A 82 二荒山神社

Q 二荒山神社と神橋についてお話しください。
请谈一下二荒山神社和神桥

A

【主旨】

　　二荒山神社は783年、勝道 上 人が三神（二荒山大神）である大己貴命（通称大国主命）、その妻・田心姫命、そしてその子・味耜高彦根命を祀って創建されました。神社は日光三霊山、すなわち二荒山（2486m 別称「男体山」）、女峯山（2464m）そして太郎山（2368m）を御神体として奉献されています。この神社は日光山岳信仰の中心となっています。日光の境内中最古である現在の社殿は、1619年に徳川幕府第二代将軍徳川秀忠によって建造されました。

　　大谷川に架かる**神橋**と呼ばれる神聖な橋は二荒山神社に属し、ユネスコ世界遺産の一部でもあります。日光の寺社の表玄関に建つ現在の橋は1904年に架けられました。優雅な反り橋は「日本三大奇橋」の1つです。長さ28m、幅7.4m、水面よりの高さは10.6mあります。神橋は朱色で塗られ金箔の金属飾をつけ、両端は鳥居のような形をした2つの大きな石の橋脚の上にあります。神橋は以前祭事の時だけに使用されましたが、1973年（昭和48年）以降は一般に通行できるようになりました。

【注】「日本三大奇橋」とは錦帯橋（山口県）、猿橋（山梨県）、神橋（栃木県）です。

　　二荒山神社是783年胜道上人祭祀三位山神（二荒山大神）——大己贵命（通称大国主命）、其妻田心姬命、其子味耜高彦根命而建。神社作为日光三灵山即二荒山（2486m 别名"男体山"）、女峯山（2464m）和太郎山的神体而受人敬仰。二荒山神社是日光山岳信仰的中心。现在日光境内最早的神殿，是于1619年由德川幕府第二代将军德川秀忠建造而成的。

　　大谷河上的桥被称作神桥，是座神圣的桥，它属于二荒山神社，也是联合国教科文组织的世界遗产的一部分。现在日光寺社的正门处的桥是1904年修建的，它是座形态优雅的拱桥，是"日本三大奇桥"之一。该桥长28m，宽7.4m，距水面高度为10.6m。该神桥呈红色，桥身有金箔的金属饰品，桥两端处在两块像鸟居形状的大石头上。此神桥以前只在有祭祀活动时使用，1973年（昭和48年）之后开始用于日常通行。

Q&A 83 日光輪王寺

Q 日光輪王寺とその著名な建造物についてお伺いします。
请说一下日光轮王寺和它著名的建筑是什么?

A

【主旨】

　日光輪王寺は東照宮と二荒山の両神社と並びユネスコ世界遺産に登録され、日光地域の多数の仏教建造物群の総称です。日光輪王寺の歴史は、766年に勝道上人が日光地域に**四本龍寺**（しほんりゅうじ）を創建したことに遡ります。寺院は天台宗に属し、日本の天台宗の主要な寺院の1つに数えられています。

　輪王寺で最も有名な建造物は本堂である日光最大規模の**三仏堂**（さんぶつどう）です。本堂内には中央に「阿弥陀如来」、その側面の右側に「千手観音」（せんじゅ）と左側に「馬頭観音」（ばとう）の3体の金箔木造の本尊が安置されています。三仏堂の向側には仏教や徳川ゆかりの展示物を収蔵する宝物殿（ほうもつでん）があります。日光輪王寺は江戸時代造園の美しい典型である**逍遙園**（しょうようえん）と、1653年建立の第三代徳川将軍家光を祀る**大猷院霊廟**（たいゆういん）の所在地としてもよく知られています。

　　日光轮王寺和东照宫、二荒山的两处神社一起被列入联合国教科文组织的世界遗产，是日光地区众多佛教建筑物群的总称。日光轮王寺的历史可追溯到766年胜道上人在日光地区创建的四本龙寺。日光轮王寺属于天台宗，是日本天台宗主要的寺院之一。

　　轮王寺中最有名的建筑物是正殿——日光规模最大的三佛堂。正殿中央供奉着三尊主佛，分别是"阿弥陀如来"，它的右侧是"千手观音"，左侧是"马头观音"。这三尊主佛都是金波塑身的木质雕像。三佛堂的对面是收藏有关佛教和德川家族展示品的宝物殿。日光轮王寺和江户时代美丽园林建设典范的逍遥园，它们作为1653年建造的祭祀第三代德川将军家光的大猷院灵庙的所在地而有名。

⑨ **文化遺産** / 文化遗产

琉球王国のグスク及び関連遺産群
琉球王国的城堡及相关遗产群

2000 年 12 月被列入联合国教科文组织的世界遗产

【所在地】沖縄本島南部：沖縄県の那覇市・南城市・中頭郡中　城　村・北中城村・うるま市・中頭郡読谷村・国頭郡今帰仁村の 3 市 4 村 / 冲绳本岛南部：冲绳县那霸市、南城市、中头郡中城村、北中城村、宇流麻市、中头郡读谷村、国头郡今归仁村在内的 3 市 4 村

【概要】琉球王国が三山王国（＝中 山王国・南山王国・北山王国）に分かれていた頃の 5 か所の「グスク」（＝石造建造物である御城、城砦）そして「玉陵」と「識名園」の史跡群の総称です。

　　該遺址是指琉球王国分为三山王国（中山王国、南山、北山王国）时的 5 处古迹群（石造建筑的城郭、城堡）和 "玉陵"、"识名园" 等史迹群的总称。

琉球王国 / 琉球王国

　12 世紀頃農耕社会が成立し、琉球諸島各地に按司（a ruler of a kingdom in the Ryukyu Islands）が現れ、グスクを拠点とする地方豪族の首長が覇権（supremacy; hegemony）を争いました。1429 年（永享元年）第一 尚 氏王統の尚巴志 (1372-1439) が主要な按司を総括し、三山王国の統一権力を確立し、琉球王朝が成立しました。1879 年（明治 12 年）に沖縄県になるまでの

琉球王国的城堡及相关遗产群

9 琉球王国のグスク及び関連遺産群

450年間、沖縄は独立国でした。

12世纪时随着农耕社会形成，琉球诸岛各地出现按司，以城堡为据点的地方豪族首长开始争夺霸权。1429年（永亨元年）第一尚氏王统的尚巴志（1372-1439）掌握了主要的按司，确立了三山王国的统一权力，成立了琉球王朝。直到1879年（明治12年）成立冲绳县，之前的450年间冲绳一直是独立存在的。

Q&A 84 首里城

Q 首里城についてお伺いします。
请谈一下首里城。

A

【主旨】

　首里城は沖縄県那覇市首里にある琉球王朝の城（グスク）です。首里はかつて琉球王国の王都でした。城は13世紀から14世紀にかけて創建され、15世紀に琉球王国の統一を確立した琉球王の居城兼要塞（ようさい）として改修されたものと考えられます。首里城は第二尚（しょう）氏王朝時代の尚真王（しょうしんおう）（1465-1527）によって修復・拡張されました。明治政府が沖縄県を1879年（明治12年）に設置するまで約400年間、城は島の政治的な統制をはかる中心地としての役割を果たしてきました。城は幾世紀にもわたる多くの戦火、最近では1945年第二次世界大戦の沖縄戦にて破壊されました。1992年（平成4年）には現在の建造物が復元され、首里城公園として一般開園されています。

　丘の頂上にたつ正殿（せいでん）は、朱色で豪華に飾られた建物で沖縄のランドマークでもあります。正殿前に御庭（「うなー」と呼ばれる）広場があり、右側に「北殿（ほくでん）」、左側に「南殿（なんでん）」そして入口の「奉神門（ほうしんもん）」に囲まれています。正殿は国事と祭事を行う公式執務所となっていました。北殿と南殿は行政管理所であり、また中国や日本本土からの使節をそれぞれ歓迎する面会所でした。

　首里城是冲绳县那霸市首里的琉球王朝的城堡。首里曾经是琉球王国的王都。首里城创建于13、14世纪，15世纪时琉球王国确立统一，首里城作为琉球王的居住城及要塞被改建。首里城也被第二尚氏王朝时代的尚真王（1465-1527）修复、扩建。在明治政府1879年（明治12年）设置冲绳

县之前的约 400 年间，首里城作为冲绳岛的政治统治中心发挥着重要的作用。首里城历经几个世纪，遭遇多次战火，最近在 1945 年的第二次世界大战的冲绳之战中被破坏。1992 年（平成 4 年）才复原了现在的城内建筑物，作为首里城被公开。

首里城的正殿坐落在小山的山顶，正殿被装饰成朱红色，豪华靓丽，是冲绳的陆上标志。正殿前是御庭广场（被称为"うなー"），左右两侧分别是"南殿"和"北殿"，入口处是"奉神门"。正殿是办理公事和举行重要仪式的场所。北殿和南殿是行政管理处，也是接待中国或日本本土使节的会见地。

Q&A 85 玉陵

Q 世界遺産の１つである玉陵とはどのようなものですか。
世界遗产之一的玉陵是指的什么？

A

【主旨】

沖縄本島には文化遺産群が散在しています。首里城は琉球王国の政治・宗教生活の中核をなしていたため、その周辺には史跡が多数点在します。首里城の西部には天然石を使用して作られ、石壁に囲まれた巨大な石造建造物の**玉陵**があります。これは琉球の歴代王族の陵墓です。元来、第三代 尚 真（1465〜1527）王が父の初代 尚 円（1415〜1476）を埋葬するために 1501 年に建立した陵墓でした。

陵墓は東から西に向けた 3 墓室から成ります。中室には洗骨前の（遺体を納めた）棺が暫定的に安置されます。東室には王と妃の洗骨された遺骨が納められ、西室には他の王族の遺骨が納められています。陵墓の内部にはサンゴの断片が敷き詰められています。東西の建物上には、この陵墓を守護する魔除けのシーサーという石彫獅子像（県指定の有形文化財）が立っていますが、これは沖縄のシンボルでもあります。

【注】玉陵（the mausoleum where the king and his family members are entombed）は「玉御殿」「霊御殿」などとも書きます。沖縄県最大の破風型王墓があり、国指定の史跡または重要文化財です。

冲绳本岛分布着一些文化遗产。首里城因为是琉球王国的政治、宗教生活的核心，所以它周边有很多史迹。首里城的西部是使用天然石建造

的巨大石制建筑玉陵。玉陵周边围着石壁，它是琉球历代王族的陵墓。玉陵本来是第三代尚真王（1465-1527）为埋葬其父第一代国王尚圆（1415-1476）于1501年建造的陵墓。

陵墓自东向西由3间墓室组成。中间的墓室里是洗骨前（放置遗骨）暂时放置棺材之处，东室存放着国王与王妃的遗骨，西室存放着其他王族的遗骨。陵墓内部铺满了珊瑚的碎片。东西的建筑物上立着守护陵墓、降妖除魔的、称为"西撒"的石刻狮子像，（县指定的有形文化遗产）这也是冲绳的象征。

【注】玉陵也叫"玉御殿"、"灵御殿"，是冲绳县最大的破风型王墓，是国家指定的史迹和重要文化遗产。

⑩ 文化遺産 / 文化遗产

紀伊山地の霊場と参詣道
纪伊山地的灵场和参拜道路

2004年7月被列入联合国教科文组织的世界遗产

【所在地】和歌山県・奈良県・三重県 / 和歌山县、奈良县、三重县

【概要】3県にまたがる山岳霊場（Sacred Sites）(「吉野・大峯」、「熊野三山」、「高野山」)と参詣道（Pilgrimage Routes）(「大峯奥駈道」・「熊野参詣道」・「高野山町石道」)の総称です。

　　该遗产是横跨三县的山岳灵场（"吉野、大峯"、"熊野三山"、"高野山"）和参拜道路（"大峯奥驱道"、"熊野参拜道路"、"高野山町石道"）的总称。

纪伊山地的灵场和参拜道路

Q&A 86 紀伊山地の霊場

Q 紀伊山地の三霊場とはどのようなものですか。
紀伊山地的三灵场是什么样的?

A

【主旨】
　和歌山県、奈良県そして三重県にまたがる紀伊山地にある三霊場はユネスコ世界遺産に登録されています。
　吉野・大峯は紀伊山地の最北端にあり、およそ8世紀頃日本古来の山岳信仰と外来の仏教や道教が習合して成立した日本固有の修験道の聖地として発展しました。それ以来、信奉者たちは山岳に隠遁し、修験道の根本道場となりました。吉野・大峰は標高千数百メートルの山々の連山から成り、北部を「吉野」、南部を「大峯」と呼びます。吉野は桜の名所としてもよく知られています。
　熊野三山は紀伊山地の南東部にある3神社（＝熊野那智大社・熊野速玉大社・熊野本宮大社）の総称で、青岸渡寺と補陀洛山寺の2寺を含みます。熊野三山は神仏習合の宗派とつながっています。熊野那智大社の別宮・飛龍神社の御神体である**那智の滝**（幅13m、高さ133m）は日本三名瀑の1つとして知られています。滝のしぶきに触れると長生きできると信じられているので滝つぼ近くに集う観光客が多いようです。
　高野山は100以上（現在は117）の寺院が密集する山頂にある比類なき一大宗教都市です。特に有名な寺院が**金剛峯寺**であり、816年、真言宗の開祖弘法大師（空海）によって創建されました。寺院は山岳修行の道場として建造されました。高野山は来訪者を快く宿泊させる宿坊設備のある寺院の所在地としてもよく知られています。宿坊では一般の旅館では経験できない真の伝統的な日本文化を体験することができます。経典の模写に参加したり、僧侶の伝統的な精進料理を食することができるのです。今では海外からの来日者の間で非常に人気が高まっています。
　これらの聖地を結ぶ巡礼路は「熊野古道」としてよく知られています。その多くには険しい石段がありますが、豊かな自然景観の中で、神秘的な歴史遺跡を堪能する絶好の機会を提示する古道を散策する価値は十分にあります。
　横跨和歌山県、奈良県和三重県三县的纪伊山地的三灵场，被列入联合国教科文组织的世界遗产。

吉野、大峯在纪伊山地的最北端，作为大约 8 世纪时期形成的日本固有的修验道的圣地发展起来。修验道是日本自古的山岳信仰和外来的佛教、道教相结合而形成的。自此之后信奉者归隐山林，吉野、大峯遂成为了修验道的根本道场。吉野、大峯由海拔数千百以上的山连绵组成，北部称为"吉野"，南部称为"大峯"。吉野也因樱花而有名。

　　熊野三山是纪伊山地东南边的 3 座神社（熊野那智大社、熊野速玉大社、熊野本宫大社）的总称，它包括青岸渡寺和补陀洛山寺两座寺院。熊野三山与神佛结合的宗教相关。熊野那智大社的别宫、飞龙神社供奉的神体——那智瀑布（宽 13m，高 133m），作为日本有名的三瀑布之一而为人所知。因为人们相信如果触到了瀑布飞溅的水花则能够长寿，所有总有很多游客聚集在瀑布附近。

　　高野山的山顶上有着 100 座以上（现在 117 座）的寺院，是宏伟无比的宗教圣地。特别有名的寺院是金刚峯寺，816 年由真言宗的鼻祖弘法大师（空海）建造而成。同时该寺院也是作为山岳修行的道场而被修建。高野山也因为山上的寺院为来访者提供舒适的住宿设施而闻名。这儿的住宿有着在一般旅馆所体验不到的真正的传统的日本文化。在这儿既可以参加经典的誊写，也可吃到僧侣们传统的素餐。现在的高野山在海外来日的游客间也有很高的人气。

　　连接这些圣地的巡礼道也叫"熊野古道"，广为人知。这些古道上都有些崎岖的石阶，在众多的自然景观中，漫步在能够充分欣赏到神秘历史遗迹的古道上是十分有意义的。

アテンドの知識 / 相关知识

補陀洛山寺 / 补陀洛山寺

　　和歌山県 東 牟婁郡にある天台宗の寺院。4 世紀頃開山の古刹で、平安時代の作である重要文化財の木造千手観音立像が本尊として安置されています。境内には「補陀洛渡海船」（＝平安時代から江戸時代にかけて、約 30 日分の食料を積み込み、南方に補陀洛浄土を目指し渡海する船）が復元されています。

　　补陀洛山寺是和歌山县东牟娄郡天台宗的寺院。它是 4 世纪开山时的古刹，供奉着平安时代雕塑的重要文化遗产的木质千手观音立像。寺内放置着被复原的"补陀洛渡海船"。（是指从平安时代到江户时代，装载着大约 30 天的食物，开往南方补陀洛净土的船）

Q&A 87 熊野古道

Q 熊野古道について手短にお話しください。
请简单的介绍一下熊野古道。

A

【主旨】

　熊野古道は紀伊半島を縦横に結ぶ一連の古代熊野巡礼路の総称です。参詣道は、紀伊山地の南東部にある熊野三山の霊場、熊野本宮大社・熊野那智大社・熊野速玉大社への今昔を越えた巡礼路です。

　熊野古道には紀伊半島の山岳地帯へのびている参詣道がいくつかあります。中辺路は紀伊半島の西海岸にある田辺市から出発し、熊野本宮に向かう山中東部へと横断します。小辺路は北から南へと向かい紀伊半島を切り抜け、高野山の寺院群と熊野三山を結びます。大辺路は田辺市から海岸線に沿いながら南部に向けて補陀洛山寺へと結びます。伊勢路は伊勢神宮と熊野三山の間を紀伊半島の東部海岸に沿って通じています。

　熊野古道是纵横纪伊半岛一连串古代熊野巡礼道的总称。参拜道路是指沿袭至今的，通往纪伊山地东南部的熊野三山灵场——熊野本宫大社、熊野那智大社、熊野速玉大社的巡礼路。

　在熊野古道上也有几条延伸至纪伊半岛的山岳地带的参拜道路。中边路是指从纪伊半岛西海岸的田边市出发，延向熊野本宫的路，这条路横穿山中东部。小边路是指从北向南跨越纪伊半岛，连接高野山的寺院群和熊野三山的路。大边路是指从田边市出发，沿着海岸线延续至南部，连接补陀洛山寺的路。伊势路是沿纪伊半岛东部海岸，连接伊势神宫和熊野三山的路。

Q&A 88 高野山

Q 高野山にある2か所の巡礼地についてお話しください。
请谈一下高野山上的两处参拜的地方。

A

【主旨】

　高野山は和歌山県北東部の標高1000メートル級の山々が連なる山地一帯の総称です。日本には高野山という名称の山は存在しません。高野山域には100以上の寺院が点在し、一大宗教都市を形成しています。その頂上には弘法大師空海によって816年に開山された高野山真言宗総本山である**金剛峯寺**があります。高野山は京都の比叡山と青森県の恐山と並ぶ日本三大霊山の1つです。

　高野山には有名な二大巡礼地があります。1つは広大な墓所に囲まれた空海の霊廟である**奥の院**です。日本最大の墓所には、弘法大師の霊廟までの約2キロに及ぶ参道に総数20万基を超えるといわる墓石が並んでいます。奥ノ院は高野山最大の聖地であると同時に人気の高い巡礼地とされています。

　もう1つは高野山の中心地である**壇上伽藍**で、826年に宗教行事を行うため境内に建立されました。根本大塔や金堂、不動堂などを含む20余りの建造物群があります。

　高野山是和歌山县东北部海拔1000米以上的山绵延而成的山地一带的总称。在日本没有叫作高野山的山。高野山区域有100座以上的寺院，形成了一个大的宗教都市。在山的最高峰上有弘法大师空海于816年开山建造的，号称高野山真言宗总寺院的金刚峯寺。高野山和京都的比叡山、青森县的恐山合称为日本三大灵山。

　高野山有两处有名的参拜地。一个是被很大墓地所环绕的空海的灵庙——奥之院。在这个日本最大的墓地里，距弘法大师的灵庙约2公里的参拜道路上排列着大约20万个的墓碑。奥之院是高野山最大的圣地，也是人气最高的参拜地。

　还有一处是高野山的中心地——坛上伽蓝，它是826年为进行宗教仪式而在寺院内建造的。它是包括根本大塔、金堂、不动堂在内的20多座建筑的建筑物群。

11 石見銀山遺跡とその文化的景観

文化遺産 / 文化遗产

石見銀山遺跡とその文化的景観
石见银山遗迹及其文化景观

2007年6月被列入联合国教科文组织的世界遗产
【所在地】島根県大田市大森町を中心とし、同市の仁摩町と温泉津町に広がる /
以岛根县大田市大森町为中心，包括大田市的仁摩町和温泉津町
【概要】戦国時代後期から江戸時代前期にかけて最盛期を迎えた日本最大の銀山。
　大航海時代の16世紀には、世界で流通する銀の3分の1が日本の銀であったと言われています。「銀鉱山跡と鉱山町」、「石見銀山街道」、「銀の積み出し港と港町」が自然と共存する文化産業遺産です。

　石见银山是日本最大的银山，从战国时代后期到江户时代前期是其最为鼎盛之时。
　据说在大航海时代的16世纪，在世界上流通的1/3的白银都产自日本，"银矿山迹和矿山町"、"石见银山街道"、"白银码头和白银町"它们是和自然共存的文化产业遗产。

石见银山遗迹及其文化景观

Q&A 89 石見銀山

Q 石見銀山についてお話しください。
请谈一下石见银山。

A

【主旨】

　石見銀山の遺跡は日本海に面する島根県に位置します。石見銀山は1526年の再発見から1923年の閉山まで高品質の銀を産出する世界有数の銀鉱の1つでした。鉱山から発掘された銀は硬貨として広く使用されていました。1526年、石見銀山は九州博多の豪商・神屋寿禎(かみやじゅてい)によって再発見されました。彼は石見銀鉱の大規模な開発に尽力しました。石見銀山で採鉱された銀の品質は非常に高く、東アジア(韓国や中国)貿易で高度な信用を得ていました。この鉱山から発掘する銀は東アジアを経てヨーロッパへと輸出されました。世界産出銀の3分の1を占めていた16世紀には産出もその絶頂を極めました。世界における経済と文化の交流において極めて重要な役割を果たしていました。

　石見銀山の大きな特色は、鉱山者が勤労に励みながら、自然と調和した文化的景観を損なうことなく注意深く環境保存に尽力したことです。特に、温泉津(ゆのつ)の町景観は2004年（平成16年）に日本政府から重要伝統的建造物群保存地区に指定されました。町は石見銀山とその周辺地域の行政の中心地として16世紀後半には活気に満ちていました。温泉津は地元の代官や著名な大名、作家や芸術家を接客する由緒ある温泉街でした。町並みは、江戸時代初期の風情をそのまま変わることなく残しています。

　石见银山遗址位于日本海对面的岛根县。该银山从1526年重见天日到1923年被封，出产了高质量的白银，在世界也是为数不多的银矿之一。从该矿山产出的白银多被用于制作硬币。1526年石见银山又被九州博多的富商——神屋寿祯发现，之后神屋寿祯一直致力于石见银矿的大规模开采。石见银山开采出的白银品质极高，在东亚（韩国、中国）贸易中有着很高的信用。从矿山开采的白银，经由东亚输出到欧洲。石见银山产出的白银占世界银产量的1/3，且在16世纪时是其开采的极盛时期。石见银山在世界经济和文化交流中发挥着极为重大的作用。

　石见银山的最大特色是，开矿者一方面努力开采银矿，另一方面十分注重矿山的环境保护，在开采中不损坏矿山与自然协调的文化景观。特别

11 石見銀山遺跡とその文化的景観

是温泉津町的景观，该景观于 2004 年（平成 16 年）被日本政府指定为重要传统建造物群保护地区。温泉津町作为石见银山和其周边地区的行政中心，在 16 世纪后半期是个充满活力的城市。温泉津是有着接待当地地方官员、著名大名、作家或艺术家历史渊源的温泉街。城市内的布置依然是保留了江户时代初期的风情。

アテンドの知識 / 相关知识

石見銀山と神屋寿禎（生没年不詳）/ 石见银山和神屋寿祯（生卒年不详）

石見銀山は鎌倉時代に発見されましたが、本格的な開発が進められたのは、神屋寿禎による銀山再発見以降と言われています。神屋寿禎は、戦国時代筑前（現・福岡県）博多の貿易商兼鉱業家です。1526 年、出雲大社裏の鷺銅山へ銅を仕入れに日本海を行く途中、船上から山が光り輝くのに気づき石見銀山を発見しました。1533 年（天文 2 年）には再び石見に赴き白銀を採掘しました。銀の精錬術（灰吹法）を学んで石見銀山を発展させ、採掘した銀を中国や朝鮮の高級織物などと交換し巨利を得ました。

その後石見銀山は、最盛期の江戸時代には幕府直轄領となり、世界最大級の銀山となりました。1969 年（昭和 44 年）には日本を代表する鉱山遺跡として国によって史跡に、2007 年（平成 19 年）には産業遺産としてはアジア初の世界遺産に指定されました。

石见银山是在镰仓时代被发现的，而对它真正开采是从神屋寿祯再次发现银山之后开始的。神屋寿祯是战国时代筑前（现在的福冈县）博多地区的贸易商和矿业家。1526 年他去出云神社的鹭铜山采购铜矿，途径日本海，从船上他看到有座山光彩奕奕，便由此发现了石见银山。1533 年（天文 2 年）他再次去石见开采白银。他学会白银的精炼术（灰吹法）开发石见银山，把开采出来的白银和中国、朝鲜的高级纺织品交换，获得巨额利润。

之后的石见银山在其鼎盛时期的江户时代成为幕府的直辖领地，成为世界最大的银山。1969 年（昭和 44 年）作为代表日本的矿山遗址被日本指定为史迹，并于 2007 年（平成 19 年）作为产业遗产被指定为亚洲首处世界遗产。

温泉津 / 温泉津

温泉津は日本海岸に臨む大森銀山（石見銀山）の銀積み出し港として江戸時代に繁栄した古風な温泉街です。全長 800m の静かな町並みは、江戸時代前期の景観とほとんど変わっていません。開湯は 1,300 年前と伝えられ、歴史ある温泉施設が点在します。温泉街としては初めて、国の重要伝統的建造物群保存地区に選

定されました。1,000年以上の歴史をもつ温泉津温泉は、原爆症に対する効能が高いことでも注目を浴びました。

　温泉津作为面临日本海岸的大森银山（石见银山）的白银码头，是在江户时代繁荣发展起来的、带有古风古韵的温泉街。全长800m，其中静谧的街内景观依然是江户时代前期的模样，丝毫没有改变。据说以温泉待客始于1300年前，有着很多有历史渊源的温泉设施。作为温泉街，首次被选定为国家重要传统的建筑物群保存地区。拥有1000年以上历史的温泉津温泉，也因为其对原爆症有很好的疗效而受到关注。

石见银山资料馆

温泉津街道

文化遺産 / 文化遗产

平泉―仏国土（浄土）を表す建築・庭園及び考古学的遺跡群
平泉——代表佛教净土的建筑・庭园以及考古学遗迹群

2011 年 6 月被列入联合国教科文组织的世界遗产

【所在地】岩手県西磐井郡平泉町 / 岩手县西磐井郡平泉町

【概要】平泉（Hiraizumi）は平安時代末期、ほぼ百年に及ぶ奥州藤原氏（清衡・基衡・秀衡・泰衡）の支配下にあった時代に日本列島北部における政治・文化・宗教の中心地でした。11 世紀から 12 世紀に渡って権力を行使した拠点の名残があり、山や川などの自然の地形を活かし、阿弥陀如来が治める「仏国土（浄土）」（the Buddhist Pure Land）を現世に表現した寺院や庭園などの考古学的遺跡群が残存します。大陸発の仏教と日本の自然思想や美的感覚の融合がみられる遺跡です。

　　平泉是平安时代末期，由奥州藤原氏（清衡、基衡、秀衡、泰衡）近百年统治下日本列岛北部的政治、文化、宗教中心。在平泉残存着自 11 世纪到 12 世纪权力的集中地，即利用山河等自然地形再现阿弥陀如来治世的"佛教净土"的寺院、庭园等考古学的遗迹群。它们是可看到兴起于大陆的佛教与日本自然思想、对美的感受的融合的遗迹。

平泉——代表佛教净土的建筑・庭园以及考古学遗迹群

Q&A 90 平泉

Q 平泉の世界遺産について簡単にご説明ください。
请简单阐述一下平泉的世界遗产。

A

【主旨】

「**平泉**—仏国土（浄土）を表す建築・庭園及び考古学的遺跡群」は中尊寺、毛越寺、観自在王院跡、無量光院跡そして金鶏山の5件から構成されています。その特色は、平泉がほぼ百年に及ぶ奥州藤原氏の支配下にあった時代に日本列島北部における政治と文化の中心地であった11世紀から12世紀に遡る権力の拠点の名残です。

中尊寺は、850年第三代天台座主の円仁（慈覚大師）によって開創されました。藤原清衡は平泉に移り住んだ後、1105年中尊寺の諸堂宇［堂塔］の中興に着手しました。清衡は寺院の拡大を続行し、1124年には阿弥陀如来に捧げた金色堂を加えて完成させました。最盛期には境内には40余の堂宇がありましたが、1337年には金色堂を残してほとんど焼失しました。

観自在王院は藤原基衡の妻によって毛越寺と並んで建立されましたが、1573年に焼失しました。藤原秀衡によって阿弥陀像とともに建立された**無量光院**も、その後焼失しました。**金鶏山**は98mほどの小さな円錐形の山で、経塚（＝12世紀の仏教経典を土中に埋葬する塚）が造営されました。この小さな山は中尊寺と毛越寺のほぼ中間に位置し、この山のみが原型を保持しています。

"平泉——代表佛教净土的建筑・庭园以及考古学遗迹群"是指中尊寺、毛越寺、观自在王院迹、无量光院迹和金鸡山这五处地方。其特点为平泉作为奥州藤原氏近百年的统治下日本列岛北部政治、文化中心，从11世纪至12世纪一直是权力中心之所在。

中尊寺是850年第三代天台住持僧圆仁（慈觉大师）开创。藤原清衡移居平泉后，于1105年着手复兴中尊寺的各堂宇（堂塔）。清衡继续扩建中尊寺，并于1124年完成了供奉阿弥陀如来的金色堂。中尊寺最兴盛时，寺院内有40多座堂宇，1337年除了金色堂几乎全被烧毁。

观自在王院是由藤原基衡的妻子与毛越寺一起建成的。1573年被烧毁。无量光院寺和阿弥陀像一起由藤原秀衡和建造，之后也被烧毁。金鸡山是高约98m呈圆锥形的小山，并建有经塚（12世纪的佛教经典埋于土中形成

12 平泉—仏国土（浄土）を表す建築・庭園及び考古学的遺跡群

的塚）。这座小山位于中尊寺和毛越寺的近乎中间的位置，只有它还保持着原样。

アテンドの知識 / 相关知识

円仁（794-864）/ 圆仁（794–864）

　円仁は平安初期の仏僧で、天台宗山門派の開祖。下野（栃木県）出身。808 年（15 歳）比叡山に登り、真澄（伝教大師）に師事。838 年（45 歳）遣唐使の船に乗り入唐しました。帰朝後、854 年に延暦寺第三代天台座主になり、天台密教を確立しました。850 年に毛越寺を、860 年には立石寺（=山寺）を開山したと言われます。没後には日本最初の大師号である「慈覚大師」を授けられました。

　圆仁是平安初期的佛教僧侣，天台宗山门派的鼻祖。出生于下野（栃木县）。808 年（15 岁）登上比叡山，师从真澄（传教大师）。838 年（45 岁）搭乘遣唐使的船来到大唐。归国后，854 年成为延历寺第三代天台住持，确立了天台密教。据说是他在 850 年和 860 年时分别开创了毛越寺和立石寺（山寺）。死后被授予日本第一位大师称号——"慈觉大师"。

Q&A 91　毛越寺の庭園

Q 毛越寺とその有名な庭園についてお話しください。
请阐述一下毛越寺和其有名的庭园。

A
【主旨】
　毛越寺は 850 年に円仁によって創建され、藤原秀衡が父基衡の死後に中興しましたが、建物の原形は度重なる火災で消滅しました。しかし美しい大泉が池を有する**浄土式庭園**は見事に残存しています。日本に今なお現存する華麗な平安風庭園のすぐれた範例です。池は砂浜を有する日本の海岸の景観美を表し、流れはゆるやかに海に注ぐ自然の河川を連想させます。庭園は、さながら現世における阿弥陀の西方極楽浄土の華麗な面影を明示しているようです。1952 年には特別史跡、1959 年には特別名勝に指定されました。

　例年 5 月には、庭園で平安貴族の娯楽を再現した「曲水の宴」が行われます。参

291

加者は遣水(やりみず)の近くに座り、杯が流れ着く前に詩歌を詠みます。長寿祈願の儀式である「延年の舞(えんねんのまい)」(国指定・重要無形民俗文化財)は毛越寺の堂宇にて行われます。

毛越寺是850年由圆仁创建，藤原秀衡的父亲基衡死后兴盛，其建筑的原型因多次火灾而被烧毁。而美丽的大泉还依然完好得保存着有水池的净土式庭园。它是日本现今尚存的，依然带有华丽的平安朝时代庭园特点的优秀范例。水池代表着有海滨沙滩的日本海岸的美景，池中的水流让人联想到缓慢淌入大海的自然的河川。庭园也好像代表着现世的阿弥陀西方极乐净土的华丽面貌。1952年被指定为特别史迹，并于1959年被指定为特别名胜。

每年的5月份，在庭园内举办再现平安贵族间娱乐的"曲水宴"。参加者坐在园内水流的旁边，要在酒杯顺水漂到自己跟前之前咏诗。另外，在毛越寺的堂宇也有祈祷长寿的仪式"延年舞"。(国家指定的重要非物质民俗文化遗产)

アテンドの知識 / 相关知识

大泉が池 / 大泉池

毛越寺を代表する浄土庭園にある池(東西約180m、南北約90m)で、平安時代の優雅な作庭当初の姿を今に伝えます。池の中央部には勾玉状(まがたま)の中島があり、すべて玉石が敷かれ、周囲には、州浜(すはま)や枯山水風の築山、出島(つきやま)や飛島(でじま)(とびじま)などの石組が配置されています。見る者に優雅な風情と仏の教え、「浄土」を観想させる壮観な庭園です。

大泉池是代表毛越寺净土庭园的水池(东西长约180m，南北宽90m)，至今还保存着平安时代建园时的优雅的原状。水池中央有勾玉状的中岛，岛上全是玉石地面，其周围布置的是沙洲或做成枯山水状的假山、出岛或飞岛等自然石。毛越寺净土庭园是座让观赏者感受优雅风情、体会佛教教诲，感受"净土"的壮观的庭园。

曲水の宴 / 曲水宴

曲水の宴(ごくすいのえん［うたげ］／きょくすいのえん［うたげ］)は、平安時代の宮中での雅な歌遊び。庭に流れる水辺で、上流から流した杯が自分の前から流れ過ぎないうちに詩歌を作ります。

曲水宴是平安时代在宫中举行的高雅的咏诗游戏。是要让在庭园内的水道旁的人，在从上流漂下来的酒杯还未流经自己面前时作诗的一种游戏。

遣水 / 遣水

日本の造景庭園内に水を導き、流れが池に注ぐようした人工的な小さな流水(路)。曲がりくねる水路に多様な石組みが配置されます。

12 平泉—仏国土（浄土）を表す建築・庭園及び考古学的遺跡群

遣水是指在日本的造景庭园内做成的引水入池的人工水路，婉转曲折的水路里有各种自然石的布置。

Q&A 92 金色堂

Q 金色堂には誰が埋葬されていますか。
请问谁被埋葬在金色堂？

A

【主旨】
　金色堂〈国宝〉は地上の極楽浄土を模した御堂で、1124年、藤原清衡によって創建されました。金色堂の名称は、その外部の大部分が金箔や螺鈿細工で華麗に装飾されていることに由来します。内陣には六地蔵尊と二天像（＝持国天と増長天）が並列した阿弥陀三尊が安置されています。阿弥陀三尊の下には各々藤原三代（＝清衡、基衡、秀衡）のミイラ化した遺体と第四代最後の当主・泰衡の首級が納められた須弥壇があります。中尊寺の境内は特別史跡に指定されています。

　平泉領主の霊安堂である金色堂は、湿気と害虫からお堂を保護する覆堂内に設置されたガラスパネルを通して見ることができます。現在の覆堂は1965年（昭和40年）に耐震や防火用の強固な鉄筋コンクリートで建造されています。金色堂に見られる芸術品や仏像は「讃衡蔵」と呼ばれる宝物館に収蔵保管されています。公開展示されており、拝観者は往時の芸術的な偉業を偲ぶことができます。

　金色堂（国宝）是模仿人间极乐净土的殿堂，1124年由藤原清衡创建。之所以叫金色堂是因为它的外部大部分被用金箔或螺钿工艺品装饰得华美、富丽堂皇。堂内正殿供奉着与六地藏尊、二天像（持国天和增长天）并列的阿弥陀三尊。阿弥陀三尊的下面是藤原三代（清衡、基衡、秀衡）被做成木乃伊的遗体和放置第四代最后的领主——泰衡首级的须弥坛。中尊寺的寺院内被指定为特别史迹。

　金色堂也是平泉领主的灵安堂，覆堂是保护金色堂不受湿气和虫害而设的殿堂，可通过在覆堂设置的玻璃板看到金色堂。现在的覆堂是1965年（昭和40年）建造的，是用抗震、防火的坚固钢筋混凝土建造而成。金色堂里可见到的艺术品及佛像均被收藏保管在被叫作"讃衡藏"的宝物馆里。这些艺术品及佛像被公开展出，供参拜者可以由此缅怀以前人们的艺术造诣。

⑬ 文化遺産 / 文化遗产

富士山—信仰の対象と芸術の源泉
富士山——信仰的对象和艺术之源

2013 年 6 月被列入联合国教科文组织的世界遗产

【所在地】静岡県の富士宮市、裾野市、富士市、御殿場市、駿東郡小山町、静岡市ならびに山梨県の富士吉田市、富士河口湖町、山中湖村、忍野村、鳴沢村、身延町 / 静冈县的富士宫市、裾野市、富士市、御殿场市、骏东郡小山町、静冈市以及山梨县的富士吉田市、富士河口湖町、山中湖村、忍野村、鸣泽村、身延町

【概要】富士山（標高 3,776m）は美しく荘厳な姿を基盤とし、多種多様な「信仰の対象」と「芸術の源泉」になった名山。世界遺産には、成層火山（stratovolcano）の富士山そのものだけでなく、その周辺に点在する富士山域（特に標高約 1,500m 以上の重要地域）、登山道（4 か所の登山道）、周辺神社（8 か所の浅間神社）、沼湖（富士五湖と忍野八海）、胎内樹型（2 か所）、その他に御師住宅、遺跡、瀑布、海岸など幅広く 25 物件が含まれています。

　富士山（海拔 3776m）是座美丽而庄严的山，它是各种"信仰的对象"和"艺术之源"的名山。成为世界遗产的不仅仅是成层火山的富士山本身，而是包含分布在它周边的富士山地域（特别是海拔约 1500m 以上的重要地域）、登山道（4 处的登山道）、周边神社（8 座浅间神社）、沼湖（富士五湖和忍野八海）、胎内树型（两处）、和其他的御师住宅、遗迹、瀑布、海岸等范围极广的 25 项内容。

富士山——信仰的对象和艺术之源

13 富士山─信仰の対象と芸術の源泉

富士山 / 富士山

　10万年以上前に誕生した小御岳火山が起源で、その後古富士火山、新富士火山の2世代にわたる噴火活動によって、美しい円錐形をした現在の富士山が形成されました。古来、日本人は噴火を繰り返す富士山を「神が宿る山」として敬意をはらい、崇拝してきました。富士山の噴火を鎮めるために、山麓に「浅間神社」を建立し、祈願しました。平安時代には噴火がおさまり、富士山は「修行の山」となり、多数の修験者が登山するようになりました。室町時代には修験者に加え、武士や庶民が登山するようになり、江戸時代には富士山を「神聖な山」として登山する「富士講」という信仰が生まれました。

　富士山は「日本三名山」、「日本百名山」の山であり、「富士箱根伊豆国立公園」（1936年）、その後「特別名勝」（1952年）、「史跡」（2011年）に指定されています。

　富士山起源于10万年前出现的小御岳火山，之后经历了后古富士火山、新富士火山二代的喷发，形成了现在美丽的锥形形状的富士山。自古以来，人们把反复爆发喷火的富士山称为"神住的山"，并尊敬和崇拜它。为了镇住富士山喷火，人们在山麓建立"浅间神社"，并在此祈祷。平安时代喷火平息后，富士山成为"修行之山"，很多修行者开始登山。室町时代，包括修行者，很多武士、庶民也开始登山，江户时代富士山被称为"圣神的山"，并产生了登山的"富士讲"信仰。

　富士山是"日本三名山""日本百名山"，先后被指定为"富士箱根伊豆国立公园"（1936年）、"特别名胜"（1952年）、"史迹"（2011年）。

Q&A 93 富士山

Q 富士山が文化遺産に登録されたのはなぜでしょうか。
富士山为什么被列入文化遗产？

A

【主旨】
　山梨県と静岡県の境界にまたがる**富士山**は、「自然」遺産ではなく「文化」遺産として指定され、「富士山：信仰と芸術の源泉」の名で世界遺産に登録されました。
　美しい円錐形の日本最高峰、富士山は古来霊山として崇敬され、幾世紀にもわ

295

たり詩人や芸術家の間で芸術の源泉とされてきました。日本国のシンボルである富士山は、往々にして文学や絵画の題材として選ばれ、日本固有の文化を育むのに一役かってきました。富士山が有する優美さは、頻繁に短歌や俳句の詩人によって賞賛され、画家によって描かれてきました。その著名な芸術家の一人に、富士山の種々の景観を描いた浮世絵の連作である「富嶽三十六景」を創作した葛飾北斎が名を連ねています。

　文化遺産に登録された富士山の 25 か所には日本の有名な観光名所が含まれています。富士山本宮浅間大社と山麓にある他の神社、富士五湖、忍野八海、白糸ノ滝、そして静岡県の駿河湾の美しい海岸にある三保の松原などです。三保の松原は 4km に及ぶ白浜青松の砂州で、富士山が一望できる風光明媚な地です。

　古来長きにわたり日本の詩人や芸術家にとって富士山は恰好のテーマでした。多くの人々が、富士山頂からご来光と呼ばれる日の出を見るために人生一度はその頂に立つことを夢みています。

　横跨山梨县和静冈县境界的富士山不仅是"自然"遗产，也被指定为"文化"遗产，以"富士山：信仰和艺术之源"列入世界遗产。

　日本最高峰的富士山的山顶呈优美的圆锥形，自古以来作为灵山受到人们的敬仰，被称为几个世纪诗人或艺术家们的艺术之源。作为日本国象征的富士山往往也被选定为文学和绘画的题材，为日本固有文化的培育起着重要的作用。富士山的优美，频频被短歌或俳句的诗人所赞美，被画家所临摹。其中有位著名的艺术家葛饰北斋，他创作了连续版画《富岳三十六景》，《富岳三十六景》是描述富士山各种景观的浮世绘。

　作为列入文化遗产的富士山 25 项中有日本有名的观光地。像富士山本宫浅间大社及分布在山麓间的其他神社、富士五湖、忍野八海、白系瀑布以及静冈县内骏河湾美丽的海岸上的三保之松原等。三保之松原长约 4km，白沙青松，是可将富士山尽收眼底的风光明媚之地。

　自古以来富士山就是日本诗人、艺术家们的绝好题材，很多人梦想着一生中有一次能站在富士山的山顶，眺望被称为"来光"的富士山日出。

13 富士山—信仰の対象と芸術の源泉

Q&A 94 富士五湖

Q 富士五湖と樹海についてお話しください。
请阐述一下富士五湖和树海。

A

【主旨】

　山梨県には富士山の北部山麓にある**富士五湖**〈2011年国の名勝に指定〉など観光名所が多数点在します。五湖は東から西へ山中湖、河口湖、西湖、精進湖そして本栖湖です。山中湖は「マリモ」があることで知られ、河口湖は「逆さ富士」の現象で有名です。本栖湖は富士五湖の最西端に位置し、五湖中では一番の水深です。千円紙幣の裏面に描かれた逆さ富士のモデルで有名です。観光客は瑠璃色にきらめく湖水の景観美に驚嘆します。

　富士五湖の近くには西湖と精進湖の間に**青木ケ原樹海**があります。樹海は周囲16キロにも及ぶ広大な原生林であり、時として人が迷い込み、不幸な死にいたるほどです。湖の南方には紅葉台があり、この樹海の全景が展望できます。

　在山梨县境内的富士山的北部山麓上，分布着富士五湖（2011年被指定为国家名胜）等很多旅游景点。五湖自东往西分别是山中湖、河口湖、西湖、精进湖、本栖湖。山中湖因为湖中有"球藻"而为人所知，河口湖因为"富士山倒影"现象而有名。本栖湖位于富士五湖的最西面，是五湖中最深的湖。一千日元的纸币上印着的富士山倒影的图就是从这里拍摄的，这儿也因此得名。游客们惊叹于透着碧蓝色的湖水的美丽。

　富士五湖附近，在西湖和精进湖之间有青木原树海。树海方圆16km均是茂密的原始森林，有时人们会在里面迷路，甚至有人走不出来死在里面。五湖的南面有红叶台，在这儿能看到树海的全景。

297

Q&A 95 忍野八海

Q 忍野八海とは何ですか。
忍野八海是什么？

A

【主旨】

　忍野八海は山梨県忍野村にある8か所の湧水池から成ります。この池の湧水には富士山麓の雪溶けの水が流れ込んでいます。水は富士山の深い地下にしみ込み、約20年以上の歳月をかけて溶岩の多孔性層を通って濾過され、その結果非常に綺麗な湧水となります。800年（延暦19年）頃に富士山が噴火した時に、溶岩流によって湧水は二分断され、山中湖と忍野湖が形成されました。忍野湖は富士五湖と関連しますが、河川侵食のために干上がって盆地となり、湧水池の八か所だけが残ったのが忍野八海です。

　忍野村は美しい富士山を背景にした忍野八海の絶景を見る格好の場所です。富士山は長年霊山と崇められているため、忍野八海の水は英語では「神の泉」と呼ばれています。忍野八海は国の天然記念物、また日本名水百選に指定されています。

　忍野八海是山梨县忍野村的8处清泉组成的涌泉群。泉中的水是富士山的雪溶化后的雪水。雪水渗入富士山的地下，经过20多年，通过溶岩的多孔性层的过滤，形成了非常清澈的泉水。800年（延历19年）富士山喷发时，溶岩流把泉水分在两处，形成了山中湖和忍野湖。忍野湖和富士五湖相连，由于河川侵蚀，湖水枯竭，变成盆地。目前只有8处涌水泉留下来，就是忍野八海。

　忍野八海背靠美丽的富士山，忍野村是观赏其美景的绝佳之地。因为富士山常年被尊崇为灵山，所以忍野八海的水用英语也被称为"神泉"。忍野八海是日本国的天然纪念物也被指定为日本名水百选。

アテンドの知識 / 相关知识

富士講 / 富士讲

　富士講（the Fuji-ko society; the confraternities of devotional Mt. Fuji; the Edo-period Shinto sect dedicated to the worship of Mt. Fuji）とは富士山の信仰教団のことで、富士山を信仰し参拝するための講社（religious association: 同一信仰を持つ人々に

13 富士山―信仰の対象と芸術の源泉

よる宗教的な結社）です。江戸時代中期に各地域で組織化され、神道系の教義を説きました。多くの人が富士山のふもとの湖や滝などの神聖な場所を巡り、山頂を目指して登山しました。

富士讲是指富士山信仰团体，因为信仰、参拜富士山而组成的讲社（拥有同一信仰的人组成的宗教结社）。江户时代中期各地形成组织，宣讲神道的教义。很多人在富士山脚下的湖泊及瀑布等神圣的地方巡游，并以登到富士山顶为目标。

御師 / 御师

御師（おし／おんし）とは「御祈り師(おいのりし)」の意味です。元来富士山の神霊の信仰者を指導する宗教者を指しました。特定の社寺に属し、富士講の信徒のために祈祷（prayer）を行い、参詣者（worshipper）のために食事や宿泊（accommodations）・案内（guide）などの世話をする下級の神職者です。富士講の人々は富士山に登る前に、御師住宅に泊まりました。☆伊勢神宮や熊野三山への参詣者を指導する御師もよく知られています。

御师是指"祈祷师"的意思。原来指的是为富士山神灵的信仰者做指导的宗教人士。他们属于特定的社寺，为富士讲的信徒祈祷，为参拜者提供食宿或引路，是下级神职人员。富士讲的人在登富士山前，会住在御师住宅里。其中以为参拜伊势神宫和熊野三山的参拜者做指导的御师最为有名。

忍野八海 / 忍野八海

忍野八海（Eight Springs of Mt. Fuji）は山梨県の南東部・富士北麓(ほくろく)、四方を山に囲まれた風光明媚な高原盆地の忍野村にある湧水群です。富士山の雪解け水が地下の溶岩の間で濾過(ろか)され、湧水となって8か所から湧き出ています。富士山信仰に関する巡拝地として八海それぞれに守護神の「八大竜王(はちだいりゅうおう)」が祀られています。富士登山を行う修行者たちはこの水で穢(けが)れを祓っていました（purify one's bodies prior to climbing the mountain）。国の天然記念物に指定されています。

忍野村位于山梨县东南部、富士山北麓的高原盆地之中，而此高原盆地风光明媚，四面环山，忍野八海则是忍野村的涌泉群。富士山溶化的雪水，经过地下溶岩的过滤后形成泉水，从8个地方喷涌出来。这里有富士信仰的巡拜地——八海，并祭祀着守护八海的守护神"八大龙王"。登富士山修行的修行者们用八海的水掸去浮尘。忍野八海被指定为国家的天然纪念物。

胎内樹型(たいないじゅけい) / 胎内树型

胎内樹型（Lava Trees Moulds）とは、937年（承平25年）の富士山の噴火によって流れ出た溶岩が大木を取り囲んで固まり、いくつもの樹木が重なり合って溶岩

299

流の中に残ったまま形成されたものです。燃え尽きた樹幹の跡が空洞として残存する洞窟を「溶岩樹型」と言います。その形が、女性の「胎内」に例えられ、胎内信仰に繋がりました。富士講の修行者たちは登拝する際、この空洞を巡って身を清めました。大小100以上の溶岩樹型が点在する中で、その代表的な事例が「吉田胎内樹型」と「船津胎内樹型」です。

洞内に浅間大神の化身（incarnation）である富士山の祭神（木花開耶姫命［このはなさくやひめのみこと］）を祀っています。国の天然記念物に指定されています。

所谓的胎内树型是指937年（承平25年）富士山喷发时，它喷发出来的岩浆把大树包裹，而且几棵大树重合着被包括在溶岩流中，并残留在其中形成的树型。燃烧殆尽的树干形成空洞，残存下的洞窟被称为"溶岩树型"。其形状被比喻成女性的"胎内"，所以便和胎内信仰联系在一起。富士讲的修行者们在登山祭拜时，要绕着空洞转圈以清身。富士山下有大小100个以上的溶岩树型，其中有代表性的是"吉田胎内树型"和"船津胎内树型"。

洞窟内祭祀着浅间大神的化身富士山祭神（木花开耶姫命）。胎内树型被指定为国家天然纪念物。

三保の松原 / 三保之松原

静岡県静岡市の三保半島に広がる景勝地。国指定の名勝。虹の松原（佐賀県）と気比の松原（福井県）と並ぶ「日本三大松原」の1つであり、また耶馬溪（大分県）と大沼（北海道）と並ぶ「日本新三景」の1つでもあります。

三保之松原是静冈县静冈市三保半岛上的旅游景区。是国家指定的名胜。它分别与虹之松原（佐贺县）、气比之松原（福井县）合称为"日本三大松原"，与耶马溪（大分县）、大沼（北海道）合称为"日本新三景"。

⑭ 文化遺産 / 文化遗产

富岡製糸場と絹産業遺産群
富冈制丝厂和丝绸产业遗产群

2014 年 6 月被列入联合国教科文组织的世界遗产

【所在地】群馬県富岡市・伊勢崎市・藤岡市・下仁田町 / 群马县富冈市、伊势崎市、藤冈市、下仁田町

【概要】養蚕と日本の生糸産業の革命に決定的な役割を果たした4つの施設跡の総称。
　(1) 富岡製糸場は、1872 年に明治政府が設立し、1987 年の閉鎖まで 115 年間続いた日本初の官営器械製糸工場です。(2) 田島弥平旧宅は、風通重視の飼育法「清涼育」を確立した田島弥平が、1863 年に建てた近代養蚕農家です。(3) 高山社跡は、換気と温度調整を行う養蚕法「清温育」を開発した高山長五郎が、1884 年に自宅に設立した養蚕教育機関の建物です。(4) 荒船風穴は、標高 840 m の山中にあり、岩のすき間から吹き出す冷風を利用して蚕の卵の保存がなされた場所です。敷地全体は国指定の史跡、また重要文化財です。

　　这儿是对养蚕和日本的生丝产业革命起决定性作用的 4 处设施的遗迹总称。(1) 富冈制丝厂于 1872 年由明治政府设立，直到 1987 年被封，共持续 115 年，是日本最早的官营机械制丝厂。(2) 田岛弥平旧宅，是田岛弥平因重视通风饲养法，采用"清凉饲养"，于 1863 年建成的近代养蚕农家。(3) 高山社遗址是开发换气和调整温度的"清温饲养"法养蚕的高山长五郎，于 1884 年在自家建立的进行养蚕教育的建筑物。(4) 荒船风穴是位于海拔 840 米的山中，利用从岩石缝中吹进来的冷风保存蚕卵的地方。以上 4 处地方均是国家指定的历史遗迹，是重要文化遗产。

富冈制丝厂和丝绸产业遗产群

Q&A 96 富岡製糸場

Q 富岡製糸場について手短にお話し願えますか。
请简单地谈一下富冈制丝厂。

A

【主旨】

　富岡製糸場は1872年（明治5年）日本初の製糸場の官営模範工場として創設されました。富岡製糸場はフランス人技師ポール・ブリューナ(1840-1908)に習い器械製糸技術を導入しました。「製糸場」の構成は繭倉庫などの木骨レンガ造の建造物と製糸工場です。1987年の最終的な閉鎖まで百年以上も操業し、その建造物は富岡市に譲渡されました。他に3物件の関連施設も世界遺産の一部として登録されています。「養蚕農家」、近代的な養蚕業技術のために設立された「教育機関」、そして岩場の穴から吹出する冷風を利用する「蚕種（蚕の卵）倉庫」の施設です。

　富岡製糸場とその関連遺跡は19世紀末の明治維新後の養蚕業と絹産業の刷新において非常に重要な役割を果たしました。絹産業を近代化し、世界への絹の普及に貢献したのです。

　富冈制丝厂是1872年（明治5年）建立的第一座官营模范制丝厂。富冈制丝厂从法国人技师保罗·布鲁内特(1840-1908)那儿学习并引进机械制丝技术。"制丝厂"由蚕茧仓库等木质框架、砖造建筑物和制丝工厂组成。该制丝厂直到1987年最终关闭，共经营了上百年。它的建筑物均转交于富冈市，其他3处的相关设施也被列入为世界遗产的一部分。这些设施是"养蚕农家"为近代养蚕技术而设的"教育机关"，以及利用从岩石缝里刮进的冷风的"蚕种仓库"。

　富冈制丝厂及相关遗迹为19世纪末明治维新后的养蚕业及丝绸产业的发展发挥了非常重要的作用。为丝绸产业的近代化及向世界的普及也做出了贡献。

14 富岡製糸場と絹産業遺産群

富冈制丝厂

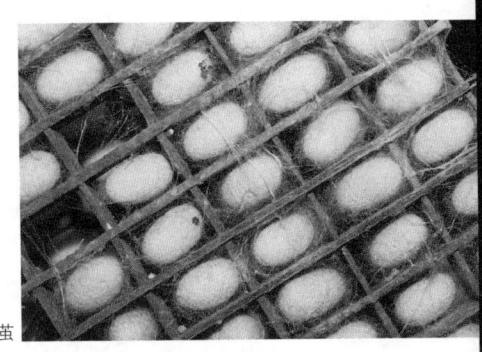

制丝机

蚕的茧

第1部 日本の文化・観光

第2部 日本の世界遺産 文化遺産・自然遺産

⑮ 自然遺産 / 自然遗产

屋久島
屋久岛

1993 年 12 月被列入联合国教科文组织的世界遗产

【所在地】鹿児島県熊毛郡(くまげぐん)屋久島町 / 鹿儿岛县熊毛郡屋久岛町

【概要】九州最南端の大隅半島（the Osumi Peninsula）の佐多岬（Cape Sata）から南南西に約 60km の海上に浮かぶ山岳島です。九州最高峰である宮之浦岳(みやのうらだけ)（標高 1,936m）を含む、屋久杉（the Yaku-Sugi; Japanese cedar; crytomeria Japonica：樹齢 1,000 年以上の老樹のスギ）が無数に自生する大自然の島です。島の面積（約 500km^2）のうち約 21%（島の 5 分の 1）が世界遺産に登録されています。

　屋久岛位于九州最南端的大隅半岛的佐多岬的西南方向，是距佐多岬 60 公里的山岳岛。它包括九州最高峰宫之浦岳（海拔 1936m）。岛上有无数的野生屋久杉（树龄 1000 年以上的古老的杉树），是一座纯自然生态的岛。整个岛面积（约 500 平方公里）的近 21%（占岛面积的 1/5）被列入世界遗产。

屋久島 / 屋久岛

　中央部に聳える宮之浦岳をはじめ 1,000m 級の山々が 40 座以上連なり「洋上のアルプス」と呼ばれています。日本一の降水量がスギ原生林を育み、1954 年には特別天然記念物に指定されました。天然スギは標高 1,000〜1,500m の範囲に多く自生し、その数は 2,000 本を越えます。

屋久島

標高 1,200 〜 1,300m 付近には「紀元杉」(推定樹齢 3,000 年) や「縄文杉」(推定樹齢 2,000 〜 7,200 年) などの巨木がみられます。また樹齢 1,000 年未満のスギは小杉と呼ばれます。2,000m 近い山々があるため、亜熱帯から亜寒帯の植物が海岸線から山頂にかけて垂直に分布しており、カシ (oak tree)、シイ (chinquapin tree)、クス (camphor tree) などが日本最大の常緑広葉樹林 (照葉樹林 an evergreen forest) を形成しています。島の 90%を占める神秘的な森には特異な生態系 (ecosystem) が育まれ、島固有種 (endemic species) の植物が 50 種近く、屋久島を南限とする植物は約 150 種、北限とする植物は約 20 種も見られます。また島固有種の動物ヤクシマザル (Yaku monkey) やヤクシカ (Yaku deer) が生息し、島北部の永田浜は世界有数のアカウミガメ (loggerhead sea turtle) の産卵地としてよく知られています。その島の特性から「東洋のガラパゴス」とも呼ばれます。

　　屋久岛由以耸立在中央部的宫之浦岳为首，40 多座 1000 米以上的山组成，被称为 "海上阿尔卑斯"。日本第一的降水量养育了屋久岛上的杉树原始森林，1954 年被指定为特别天然纪念物。天然杉树高大约 1000-1500 米，多是野生树木，而且数量超过 2000 棵。在海拔 1200-1300 米附近的山上可见到巨树，它们是 "纪元杉"（推测树龄 3000 年）和 "绳文杉"（推测树龄 2000-7200 年）。另外树龄不满 1000 年的杉树被叫作小杉。在近 2000 米处因有很多山，所以从海岸线到山顶垂直分布了从亚热带到亚寒带的植物，形成了橡树、栎树、樟树等日本最大的常绿广叶树林（照叶林）。

　　占岛面积 90% 的神秘森林养育了岛上特有的生态系统，岛内特有的植物近 50 种，屋久岛以北植物近 150 种，以南植物约 20 种。另外，岛上生活着特有的动物屋久猿猴、屋久鹿，岛北部的永田町是世界上稀有动物红海龟的产卵地。由于该岛的此特征，故被称为 "东方的加拉帕戈斯"。

Q&A 97　屋久島

Q 屋久島の特徴は何ですか。
屋久岛的特征是什么？

A

【主旨】

　屋久島の主な特徴と言えば、地上最大の気温と季節の変化です。この島は降雨量が多く、「ひと月に35日間は雨が降る」とさえ言われています。年間降雨量が多いため、屋久島のシンボル「屋久杉」を含め深緑の森で覆われています。「屋久杉」（天然記念物に指定）の用語は樹齢1,000年以上に及ぶ杉樹木にのみ使用されます。この地域で茂る「屋久杉」は、その根を葉や茎からさえも広げ、奇形を呈しています。1966年に発見された1,300メートルの標高に位置する杉は、世界最古の樹木と推定されています。「**縄文杉**」と呼ばれ、樹齢は2,000年から7,200年とも言われています。

　屋久島は鹿児島県の大隅半島南端から約60kmの南方海上に位置する亜熱帯の島です。この島の山岳地域では数か月にも及ぶ積雪がある一方、海水の温度は18度より下がることがありません。この島では亜熱帯から亜寒帯の両面に及ぶ多様な植物を目にすることができます。豊富な降水と標高の違いによる気温の変化があるため、珍しい動植物が多数生息しています。植物相はマングローブから高山植物にまで分布し、動物相ではヤクシマザルやヤクシカのような屋久島固有の特性がみられます。

　島全域の75パーセントは山岳地帯です。九州最高峰の**宮之浦岳**（1,936m）を含み1,500m以上の山岳が多数散在しています。宮之浦岳は山々に囲まれ、また屋久杉で知られる有名な杉の密林で覆われた島の中心地にあります。屋久島は「洋上のアルプス」の呼び名があります。

　　　屋久岛的最主要的特征是岛上的气温和季节的变化是陆地上最大的。这个岛降水量很多，可以说"一个月下35天的雨"。因为年降雨量居多，所以整个岛被岛上的象征物"屋久杉"等众多绿色植物形成的森林所覆盖。"屋久杉"（被指定为天然纪念物）这个概念只用于树龄在1000年以上的杉树。这里的繁茂的"屋久杉"竟然从树叶和树茎处生根，形成奇特的树形。1966年在海拔1300米处发现的杉树，被推测为世界上最古老的树木。它们被叫作"绳文杉"，据说树龄在2000-7200年之间。

15 屋久島

　　屋久岛是距鹿儿岛县的大隅半岛南端 60 公里的南方海域的亚热带岛屿。这个岛的山岳地带数月积雪，而海水的温度从未下降到 18 度以下。在这个岛上可以见到从亚热带到亚寒带的多种植物。由于丰富的降水和海拔的不同而带来的温度变化，使岛上繁衍着很多稀有的动植物。植物主要是红树属植物、高山植物，动物是屋久猿猴、屋久鹿等。从这些动植物上可以看到屋久岛固有的特征。

　　该岛的 75% 处于山岳地带，包括九州最高峰宫之浦岳在内的很多 1500 米以上的山岳。宫之浦岳被群山环绕，是被屋久杉这种有名的杉树林覆盖的岛的中心地。屋久岛也被称为"海上阿尔卑斯"。

第 1 部　日本の文化・観光

第 2 部　日本の世界遺産　文化遺産・自然遺産

⑯ 自然遺産 / 自然遗产

白神山地
白神山地

1993年12月被列入联合国教科文组织的世界遗产

【所在地】 青森県の南西部から秋田県北西部にかけて広がる山地 / 从青森县的西南部到秋天县西北部的广袤的山地

【概要】 約8,000年前頃に形成された東アジア最大規模の「ブナの原生林」(the untouched virgin [unspoiled primeval] forest of Japanese beech trees）が広がる山岳地帯です。

　　白神山地是生长着大约8000年前形成的东亚最大的"橡胶原始森林"的山岳地带。

白神山地 / 白神山地

　白神山地は、ヨーロッパのブナ林に比べ植物相が多様で、多種多様な動植物の生息地となっています。植物の生態系（an ecosystem; an ecology system）や動物の遺伝子保存（gene conservation; genetic preservation）の場として学術的に貴重な場と言えます。

　最高峰の向白神岳（むかいしらかみだけ）（1,243m）、主峰の白神岳（1,232m）など標高1,000m級の山が連なり、その森林には500種以上の植物が生育し、ニホンカモシカ（Japanese serow：国指定の特別天然記念物）、ヤマネ（Japanese dormouse：国指定の天然記念物）、クマゲラ（black woodpecker：国

白神山地

指定の天然記念物）やイヌワシ（golden eagle：国指定の天然記念物）など希少な動物や、また2,000種以上の昆虫が生息します。遊歩道が整備されているため、白神山地全体が美しい大自然の景観を鑑賞できる森林博物館の様相を呈しています。

　　白神山地与欧洲的橡胶树林相比，植物种类繁多，而且是各种动植物的繁衍生息地。白神山地可以说就植物生态系统的研究及动物遗传因子的保存在学术研究上占有一席之地。

　　白神山地的最高峰向白神岳（1243m）与主峰白神岳（1232m）等海拔1000m以上的山相连，那里的森林里生长着500种以上的植物，还生活着日本羚羊（国家指定的特别天然纪念物）、日本睡鼠（国家指定的天然纪念物）、黑啄木鸟（国家指定的天然纪念物）、山鹰（国家指定的天然纪念物）等稀有动物及2000种以上的昆虫。因为修建了步行道，白神山地整体呈现出一幅可观赏大自然美景的森林博物馆之象。

Q&A 98　白神山地

Q 白神山地の特徴は何ですか。
白神山地的特点是什么？

A

【主旨】
　白神山地は青森県の南西部から秋田県北西部にかけて広がる130,000haの山丘地帯の総称です。
　白神山地の主要な特色は、**ブナ**の原生林であり、世界の森林の中でもユニークなものです。人の手が加えられていない原始林の大部分を構成しているのがブナの樹木です。これは東アジアに残された、最後のブナ天然林の1つであると同時に世界最大のブナ森林の1つでもあります。
　ブナの原生林と並び、白神山地の主要な特徴といえば、深い渓谷に沿って切り開かれ、湖や滝などが散在する山々の景色で、個々に訪れる人やトレッキングをする人々を引きつけてやみません。**十二湖**は白神山地北西部の山麓にあるブナの密林に囲まれた神秘的な湖です。実際には湖は全部で33の湖沼の集合体です。中でもコバルトブルーの水をたたえた透明度の高い「青池」は非常に美しく、多く

の来訪者を魅了しています。**暗門滝**は白神山地の中で最も美しい景観を呈しています。徒歩でも行けるので、人気の高い観光目的地になっています。観光客にとっては必見です。

　白神山地の連山は、植物の自生地また動物の生息地として重要な環境を供給しています。世界でも非常にユニークな植物、また保護された種のヤマネ（リスとネズミの中間の動物、日本固有種）、黒キツツキ（木や崖などに穴を掘り、そこに巣をつくる鳥）、ツキノワグマ、日本カモシカ、日本ザルそしてイヌワシなどの珍しい動物の生息地でもあります。貴重な動植物の宝庫であるブナの原生林、そして人気ある多くの観光地はさながらの森の博物館のようです。

　白神山地是从青森县西南部至秋天县西北部的面积为 130000ha 的山岳地带的总称。

　白神山地的主要特点为有着在世界森林中独一无二的橡胶原始森林。构成无人类染指的原始森林的树木大多是橡胶树。它是仅剩的东亚独有的最后一片橡胶天然林，同时也是世界最大的橡胶森林之一。

　白神山地的主要特点除了橡胶原始森林外，还有就是它横穿溪谷而形成的湖泊或瀑布的美景。这些景色让来访的游客及登山者们流连忘返。十二湖是白神山地西北部山麓中被橡胶树林四面包围的神秘湖泊。实际上十二湖全部由 33 个湖泊组成。其中"清池"的水清澈透底，湖水呈钴蓝色，非常漂亮，吸引了很多来访者。暗门瀑布是白神山地最美的景观，只因徒步便可到达，它成为了人气最高的观光目的地。

　白神山地的绵延的山峰作为动植物的繁衍栖息地，为动植物的生长提供了重要的环境支持。那儿有着在世界上都十分罕见的植物，及被保护的睡鼠（介于松鼠和老鼠之间的动物，日本特有）、黑啄木鸟（在树木及悬崖上凿洞，并在上面筑巢的鸟）、黑熊、日本羚羊、日本猿猴及山鹰等动物，白神山地也是这些稀有动物的生息地。白神山地既有着贵重的动植物宝库的橡胶原始森林，又是人气较高的观光地，犹如森林博物馆。

アテンドの知識 / 相关知识

ブナの木 / 橡胶树

　ブナ（beech tree）はブナ属の落葉高木の総称。以前ブナの木は椎茸(しいたけ)栽培以外にはあまり活用されず、白神山地でも手つかずでした。自然の中で倒れ放置されたブナは、他の樹木や生物の生存に不可欠な栄養分を供給します。白神山地のブナの原始林には多種多様な樹齢の大木が見られます。特に人為的な影響を受けない原生林地区が広がる場所は世界でも珍しく、1997 年には白神山地で新しい酵母菌「白神こだま酵母(こうぼきん)」が発見され、その広がりがバイオビジネスの世界でも注目を浴

びています。

　橡胶树是橡胶科的落叶高木的总称。以前橡胶树除了用于香菇栽培外别无它用。白神山地的橡胶树未曾被用过。在大自然中倒掉的橡胶树，为其他树木及生物的生存提供着不可缺少的营养。白神山地的橡胶树林中可见各种树龄的大树。尤其是在没有受到人为因素影响的广大白神山地的原生林中，1997年发现了在世界上极为稀少的新型酵母菌"白神山神酵母"。随着传播越来越广，在生物商业的领域中受到瞩目。

⑰ 自然遺産 / 自然遗产

知床
知床

2005 年 7 月被列入联合国教科文组织的世界遗产

【所在地】北海道斜里郡斜里町、目梨郡羅臼町 / 北海道斜里郡斜里町、目梨郡罗臼町

【概要】オホーツク海（the Sea of Okhotsk）に面する知床半島（the Shiretoko Peninsula）の陸域と知床国立公園に隣接する海域（海岸線から約 3km 沖まで）の面積 71,100ha が世界遺産に登録されています。

　　該遺产被列入世界遗产的部分包括鄂霍次克海对面的知床半岛的陆地部分和与知床国立公园相邻接的面积为 71100ha 的海域（从海岸线到海面之间 3km 的地方）。

知床 / 知床

　陸域には、知床最高峰の羅臼岳（1661m）や硫黄山（1562m）などの千島火山帯（the Chishima volcanic zone）が縦走します。針葉樹（エゾマツやトドマツなど）や落葉広葉樹（ミズナラやシナノキなど）の原生林（virgin [primeval] forest）が広がり、ヒグマ（brown bear）、エゾシカ（Yezo deer）、キタキツネ（north fox）などの哺乳動物（mammals）、ロシアから飛来し越冬する希少種のオジロワシ（white-tailed eagle：天然記念物）などの鳥類が生息します。

　海域には、世界最南端に接岸する流氷（drift ice; ice floe; ice floating on the surface of the water）が訪れます。知床

知床

の海を覆いつくす流氷がもたらす大量のプランクトン（plankton：浮遊生物）は、様々な海洋生物の栄養源、生命の糧となっています。秋になると、海を回遊して体いっぱいに栄養を蓄えたサケ（salmon）の仲間は、故郷知床の河川を遡上し、山に生きる野生動物の餌として捕食されます。動物の排泄物や死骸、魚の食べ残しなどは植物の栄養素になり陸地に還元され、知床の森を豊かにします。生きるものと死んでいくものが、海と山の栄養の循環をつくっています。

流氷がもたらす「陸海一体の多様な生態系」(a full mountain-to-the-sea [marine and terrestrial] ecosystem) を育む相互作用（interaction）こそが、知床の価値を高めていると言えます。

　　知床陆地部分是指包括知床最高峰罗臼岳（1661m）和硫黄山（1562m）等的南北走向的千岛火山带。该地区分布着针叶树（鱼鳞云杉、椴松等）、落叶广叶树（粗齿栎、椴树等）的原始森林，另外这里还生活着棕熊、北海道鹿、北狐等哺乳动物和从俄罗斯飞来的越冬的稀有鸟类白尾海雕（天然纪念物）。

　　知床的海域部分有从世界最南端漂来的浮冰。覆盖知床海面的浮冰带来大量的浮游生物，为各种海洋生物提供生命所需的食物和营养。一到秋天，回游来的鲑鱼膘肥体壮，在故乡知床的河川里逆流而上，成为山里野生动物的食物。而动物的排泄物及死骸、吃剩下的鱼等变成植物的营养返还陆地，让知床的森林更加繁茂。在这里有生命的和无生命的形成了海与山的营养循环。

　　可以说正是由流冰带来的、陆海相互作用形成的"陆海一体的多样生态系统"，提高了知床的价值。

Q&A 99　知床

Q 知床の特徴は何ですか。
知床的特点是什么？

A

【主旨】
知床は北海道の北東部約65km沖合まで伸び、オホーツク海に長く突き出てい

る狭い半島です。知床は北太平洋の海にせり出す断崖(だんがい)や海食岩(かいしょくがん)の見られる美しい半島です。知床は原生林の地域でも知られ、火山、カルデラ湖それに海の断崖沿いに見られる滝などから成っています。

知床の主な特色は世界に類をみない生態系システムにあり、海洋・陸域生態系の連鎖を示す典型例となっています。知床は北半球における流氷観察の南限です。そのため、流氷の影響を受けた海洋生態系が陸域生態系へ作用を及ぼす地域の好例となっているのです。知床沖合へ回遊するサケやマスは、陸域生態系を支える重要な食物資源となります。そこには、ヒグマやオジロワシといった希少動物も多く含まれます。このようにして、知床は世界でも珍しい野生動物の重要保護地域となっているのです。

知床にいる多種多様な野生動物はこの地域の最も魅力的な特色の１つでもあります。秋には、オホーツク海や北太平洋からやって来るサケやマスが産卵のため川の上流にさかのぼります。冬には、白い尾のオジロワシがロシアのカムチャッカ半島からやって来ます。他方ではアザラシが流氷上で子を育てます。半島の多くの場所では約200頭のヒグマや多数のエゾシカが見られます。

オホーツク海に面する海岸沿いの絶壁は100m以上の高さでそそり立ち、観光客は直接海上に流れ込む大小の滝や海鳥の群れを見ることができます。冬になれば、流氷に覆われた知床海岸がオホーツク海を白い雪原に変え、観光客は美しい海景を堪能できるのです。

知床是从鄂霍次克海突出、延伸至北海道东北部，直至海面约65公里的狭小的半岛。知床是能看到突出至北太平洋海面的断崖及海蚀岩的美丽半岛。同时它也因为岛上的原始森林而知名。岛上有火山、破火山口湖及沿海断崖的可见的瀑布等。

知床的主要特点为有世界上罕见的生态体系，是海洋、陆地生态一体的典型。知床是北半球能够观察到流冰的最南端，因此它是受流冰影响的海洋系统对陆地生态系统有作用的最好的例子。回游至知床海面的鲑鱼、鳟鱼是支撑陆地生态系统的最重要的食物资源。在知床有很多棕熊、白尾海雕等稀有动物。因此知床也是世界上珍奇野生动物的重要保护区域。

知床的各种野生动物也是知床地区最大的魅力之一。秋天，从鄂霍次克海或北太平洋游来的鲑鱼、鳟鱼为产卵逆流而上。冬天，有白色尾巴的白尾海雕从俄罗斯的堪察加半岛飞来。另外，海豹们在浮冰上养育幼崽。在半岛的很多地方都能看到大约200多头的棕熊和很多的北海道鹿。

鄂霍次克海对面的海洋上有100多米高的绝壁，游客在这儿能看到直接流入大海的大大小小的瀑布及海鸟群。如果到了冬天，鄂霍次克海上白茫茫一片，游客们可欣赏到美丽的海景。

18 小笠原諸島

自然遺産 / 自然遗产

小笠原諸島
小笠原群岛

2011年6月

【所在地】東京都小笠原村 / 东京都小笠原村

【概要】小笠原諸島は、東京都特別区の南南東に約1,000km離れた太平洋上に浮かぶ大小30余の島々から成り立っています。

　約4,800万年前から数百万年かかって海洋プレートのみにより形成された海洋島であり、一度も大陸と地続きになっていません。そのため、島の生物は環境に合わせて独自の進化を遂げ、小笠原諸島にのみに生きる多数の固有種（indigenous species）が希少な生態系（rare ecosystems）を形成しています。

　小笠原群岛位于东京都特别区的东南方向，距东京1000km，由太平洋上的30多个岛组成。

　小笠原群岛是大约4800万年以前，历经数百万年的时间，仅由海洋板块形成的海洋岛，从未与大陆相连过。因此，岛上的生物随着环境完成了独自的进化，小笠原群岛上有很多岛上独有的生物，并形成了罕见的生态系统。

小笠原群岛

Q&A 100 小笠原諸島

Q 小笠原諸島の特徴は何ですか。
小笠原群岛有什么特点？

A

【主旨】

　小笠原諸島は太平洋に散在する大小30ほどの島の総称です。東京の都心から約1,000キロ南にあります。諸島は3つの列島から成り、その全域は小笠原国立公園の一部です。現在人が住居する島は父島と母島の2島のみです

　小笠原列島は、これまで日本の本州やどの大陸とも一度もつながったことがなく、そのおかげで島々の生態系は外からの影響を受けずに進化しました。したがって、この地域では固有の動植物種が豊富です。160種以上の固有種の植物、それに100種以上の当島固有の動物が生息します。これはエクアドル領ガラパゴス諸島の野生生物と似た状況です。この豊富な固有性を有する自然遺産のおかげで小笠原諸島は「東洋のガラパゴス」の異名で呼ばれています。

　小笠原諸島がユネスコに指定されたことで観光客も増えた一方、そうした傾向により自然環境の破壊につながるのではないかと心配する島民もいます。自然保護活動の一環として、小笠原諸島で最も人気のある**南島**には2時間だけ滞在でき、父島からの小型船で1日にわずか100人の観光客しか行くことができません。観光客はこの島へはどのような種子や外来種をも持ち込まないように留意しなければなりません。また当地の動植物を採集したり、害を及ぼしたりしないようにすべきです。

　　小笠原群岛是分散在太平洋内的30多个岛屿的总称。在东京都之南，距东京都约1000公里。该群岛为3个列岛组成，整体均属于小笠原国立公园。现在有人类居住的只有父岛和母岛两处。

　　小笠原群岛因为至今从未有过与日本本州等大陆地区相接过，所以岛上的生态系统的发展没有受到外界的影响，该地域的特有动植物种类丰富，岛上大约有160种以上的特有植物，并生存着100种以上的特有生物。这与厄瓜多尔的多拉帕格斯群岛上的野生生物相似。这种丰富的特有自然遗产让小笠原群岛被称为"东方的加拉帕格斯"。

　　小笠原群岛被联合国教科文组织列入自然遗产后，游客与日增多，岛

18 小笠原諸島

民们也开始担心越来越多的游客是否会破坏小岛的自然环境，作为自然保护活动的一个环节，只能在小岛最有人气的南岛上停留 2 个小时，从父岛上开过来的船只 1 天只能承载 100 名游客。人们必须留意不让观光者带来外界的种子或物种。观光者也不应该采集当地的动植物，或给它们带来伤害。

アテンドの知識 / 相关知识

南島 / 南岛

「沈水カルスト地形」という石灰岩特有の地形をもつ父島南西沖の小さな無人島。島内は多種多様な植生に加え海鳥やウミガメの産卵地として知られています。海は野生のイルカ、美しい熱帯魚や珊瑚が見られる南国の楽園で、エコツーリズムの島です。2003 年以降は南島適正利用規定が厳しくなり、上陸には東京都のガイドが同行します。ガイド 1 人につき 15 名が利用でき、1 日当たり 100 名のみ、最大利用時間は 2 時間です。

　　南岛是父岛西南海面上的无人小岛。岛上地形是被称为"喀斯特地形"的石灰岩特有的地形。岛上不仅有多种多样的动植物，同时也因为是海鸟、海龟的产卵地儿有名。南岛的海里有野生的海豚、美丽的热带鱼、珊瑚等，是南国的乐园。南岛是环保旅游的岛，自 2003 年之后，南岛使用规定变得严格，登岛的游客需有东京的导游陪同，而且每 15 名游客配 1 名导游。每天只能有 100 名游客，在岛上最多待两个小时。